KUCHNIA
BEZ PSZ

MARTA SZLOSER
WANDA GĄSIOROWSKA

KUCHNIA POLSKA BEZ PSZENICY

Ponad 300 sprawdzonych domowych przepisów

BUKOWY LAS

Wskazówki zawarte w tej książce mają jedynie charakter informacyjny i nie mogą zastąpić porady lekarza lub dietetyka.

ISBN 978-83-64481-13-0

Projekt okładki: Mariusz Banachowicz
Fotografia na przodzie okładki: Jacek Chabraszewski/Shutterstock
Fotografie na wkładce i skrzydełkach: Marta Szloser
Redakcja: Katarzyna Kondrat
Korekta: Iwona Huchla
Redakcja techniczna: Adam Kolenda

Wydawca:
Wydawnictwo Bukowy Las Sp. z o.o.
ul. Sokolnicza 5/76, 53–676 Wrocław
www.bukowylas.pl, e-mail: biuro@bukowylas.pl

Wyłączny dystrybutor:
Firma Księgarska Olesiejuk
Spółka z ograniczoną odpowiedzialnością Sp.j.
ul. Poznańska 91, 05–850 Ożarów Mazowiecki
tel. 22 721 30 11, fax 22 721 30 01
www.olesiejuk.pl, e-mail: fk@olesiejuk.pl

Druk i oprawa: Toruńskie Zakłady Graficzne „Zapolex" Sp. z o.o.

I

WSTĘP

1. Dla kogo jest ta książka

Dla celiaków, glutenowych nadwrażliwców i alergików. Dla „atypowców", którzy nie zostali zdiagnozowani tuż po urodzeniu i byli leczeni na wszystko, tylko nie na choroby związane z reakcjami na białka glutenowe. Dla coraz liczniejszego grona osób zainteresowanych zdrowym odżywianiem, pozbyciem się pszennego brzucha i z wielu innych przyczyn rozważających wyłączenie glutenu z diety. Jeśli należysz do którejś z tych grup, na pewno znajdziesz tu coś dla siebie!

2. O co chodzi z tym glutenem?

Gluten to frakcja białek występujących w zbożach nazywanych glutenowymi: w pszenicy i jej odmianach (z orkiszem włącznie), a także w życie, jęczmieniu i owsie. Ma doskonałe właściwości fizykochemiczne, spulchnia i uelastycznia wypieki oraz polepsza zwartość miąższu. To jemu zawdzięczają swoją konsystencję chleby i ciasta przygotowywane z wymienionych wyżej zbóż, jak również inne produkty, do których gluten jest dodawany po wyizolowaniu go z mąki pszennej. Jest pożądany zarówno przez przemysł, jak i konsumentów. Niestety, nie jest korzystny zdrowotnie.

Białka glutenowe inicjują i nasilają reakcje zapalne. Ale to nie wszystko. Mąki ze zbóż glutenowych zawierają opioidy pokarmowe – substancje w sposób bardzo powolny uzależniające mózg człowieka i, podobnie jak gluten, szkodliwe dla zdrowia. Dlatego tak wielu osobom nie słabnie apetyt na bułeczki, ciasteczka, pizze... Wciąż chcą więcej! Często odbija się to również na ich wadze. Para gluten-opioidy zawsze znajduje się w ziarnach zbóż glutenowych i nie da się jej uniknąć, podobnie jak przykrych zdrowotnych konsekwencji, które powoduje. W tym kontekście genetyczny protest organizmu celiaka wobec glutenu jest bardziej zrozumiały, a wszystkim innym wszechobecność pszenicy i glutenu w diecie powinna dać do myślenia. Liczne nacje nie mają ich w swoim menu, jadają wyłącznie ryż, proso, kukurydzę, amarantus, tapiokę czy rośliny strączkowe. Wiele wskazuje, że wychodzi im to na zdrowie. Czyżby ludzie ci byli bezglutenowcami z natury? Nie wnikając w jej tajemnice, warto brać przykład z takiego sposobu odżywiania.

Gdzie znajdziesz gluten? Niemal wszędzie! Występuje nie tylko w pokarmach, których zboża glutenowe są podstawowym składnikiem, takich jak pieczywo, ciasta i makarony. Jest dodawany niemal do wszystkiego. Do wyrobów rybnych, mięsnych i garmażeryjnych, serów, jogurtów, lodów, sosów, proszku do pieczenia, budyniu, czekolady i wyrobów czekoladowych, zup w proszku, gotowych dań warzywnych, gum do żucia czy niektórych suszonych owoców. Długo by wyliczać. Mniej czasu i miejsca zajęłoby napisanie, gdzie go nie ma*.

Gluten opanował nawet... pszenicę! W sensie powszechności nazewnictwa. Zaczynamy kojarzyć w pierwszej kolejności nie gluten z pszenicą, a pszenicę z glutenem. W tytule naszej książki pszenica występuje niemal

* Zob. tabelę produktów, które zawierają, mogą zawierać lub nie zawierają glutenu, na stronie Polskiego Stowarzyszenia Osób z Celiakią i na Diecie Bezglutenowej: www.celiakia.pl/produkty-dozwolone/.

w roli jego synonimu. Ale to jednak od niej wszystko się zaczęło i dlatego jej oddajemy tytułowe pierwszeństwo.

3. Nasze rozstanie z pszenicą i spółką

Osoby związane wspólną historią zawsze łączy to coś, co dla ludzi spoza kręgu wtajemniczonych jest niedostępne. Podobne doświadczenia pozwalają na lepsze wzajemne zrozumienie, co jest szczególnie mocno widoczne w przypadku kwestii zdrowotnych. Wiemy, jak bardzo irytujące bywa wysłuchiwanie mądrości kogoś, kto sam nie doświadczył danego problemu, a proponowanych innym zaleceń nie wprowadza we własnym życiu. Z tego względu praca nad książką skierowaną głównie do osób ze zdiagnozowaną chorobą trzewną (celiakią), nadwrażliwością lub alergią na gluten stała się dla nas, po części, specyficznym wyzwaniem. Dlaczego po części?

Nie jesteśmy celiakami, ale prawie dwa lata temu obie przeszłyśmy na dietę bezglutenową z wyboru i nie zanosi się na to, abyśmy od niej odstąpiły. Nie robimy sobie przerw, weekendów z pszennymi bułkami, żadnych wyjątków podczas świąt albo wizyt u jedzących „normalnie" przyjaciół. Co prawda nie doświadczamy przykrych objawów celiakii, ale wiemy, z jakimi problemami celiacy borykają się na co dzień w sklepach, restauracjach i we własnej kuchni. Dietetycznie funkcjonujemy tak jak oni. Mamy nadzieję, że zawarte w książce przepisy, komponowane przez nas od podstaw, wyszperane w starych zeszytach, otrzymane od znajomych albo adaptowane z pszennych na bezglutenowe, zasmakują celiakom i urozmaicą ich menu, a osoby jedzące „normalnie" zachęcą do choćby krótkiego bezglutenowego eksperymentu.

W naszym przypadku rezygnacja z glutenu to nie jedyna zdrowotno-żywieniowa zmiana. W różnym czasie wykluczyłyśmy z diety także cukier, produkty wysoko przetworzone i zawierające szkodliwe E-dodatki, mięso (poza okazjonalnie jedzonymi rybami) oraz krowie mleko w każdej postaci. Udział dwóch ostatnich w przepisach zawartych w tej publikacji jest z naszej strony swego rodzaju kompromisem poczynionym z myślą o osobach, które nie zamierzają wprowadzać w swoim odżywianiu aż tak dalekosiężnych zmian. Wyłączenie z diety glutenu jest na początku wystarczająco dokuczliwe. Nie wszystko naraz. Oczywiście bardzo gorąco zachęcamy do coraz zdrowszego i bardziej świadomego gotowania, do wyeliminowania kolejnych żywieniowych trucizn, ale raczej stopniowo. Z własnego doświadczenia wiemy, że jeden dietetyczny krok najczęściej pociąga za sobą kolejne. Potrzeba tylko czasu.

Dlaczego wyeliminowałyśmy gluten z jadłospisu? Dlaczego na własne życzenie tak „utrudniłyśmy" sobie życie? Powodem całego zamieszania jest nasza dociekliwość, w tym wypadku związana z wpływem glutenu na zdrowie. Negatywnym wpływem. Nie ukrywamy, że jego odstawienie, mimo dobrowolności decyzji, dla każdej z nas było na początku wyzwaniem. Jedzenie przez całe dotychczasowe życie zbóż glutenowych wyrobiło w nas silny nawyk, a walka z nim wymagała konsekwentnego postępowania popartego czymś więcej niż tylko żywieniową ciekawością. Wiedziałyśmy jednak, że stawka jest wysoka, a nasze wysiłki uzasadnione.

Zgłębiałyśmy wiedzę o glutenie w kontekście szerszym niż podstawy przekazywane w mediach i to okazało się dla nas skutecznym sposobem wejścia w dietetyczny przełom. Kiedy nasze wątpliwości zostały rozwiane medycznymi wyjaśnieniami, pojawiła się trwała motywacja do dalszego kulinarnego działania w tym kierunku. Początkowa mocno ograniczająca argumentacja: „Chyba powinnam zrezygnować z glutenu dla dobra własnego zdrowia" w miarę napływu informacji została zastąpiona przez konstruktywną: „Chcę i rezygnuję ze szkodliwego glutenu". Maszyna ruszyła, podstępne białko zniknęło z naszego życia. Stopniowo zaczęłyśmy odczuwać na sobie zdrowotne korzyści powziętej decyzji, a wraz z nimi rosła nasza kulinarna satysfakcja.

Wyeliminowanie z diety białek glutenowych równa się wyeliminowaniu substancji toksycznych dla każdego organizmu, nie tylko dla celiaka, alergika czy osoby z nadwrażliwością. Jeśli więc masz możliwość wyboru, to im szybciej się z nimi pożegnasz, tym lepiej dla ciebie! Ostatnie zdanie brzmi szokująco? A jednak! Coraz częściej gluten jest wykluczany z diety nie z powodu diagnozy lekarskiej, lecz dzięki rosnącej wiedzy społeczeństwa. Liczne badania naukowe dowodzą, że jego obecność w diecie, poza prowokowaniem objawów celiakii, nadwrażliwości i alergii na gluten, stanowi przyczynę poważnych problemów zdrowotnych, określanych jako reakcje atypowe i niekojarzonych, niestety, z działaniem tego podstępnego białka. Mając to na uwadze, popatrz na swój układ trawienny nie jak na ułomny, niedoskonały system, lecz jak na swego rodzaju tarczę nakierowaną na specyficzną ochronę twojego zdrowia. I to w naprawdę szerokim kontekście. Jeśli i ty zechcesz doszukać się w glutenowym zakazie czegoś więcej niż tylko zakazu, będzie ci o wiele łatwiej!

Odstawienie glutenu, choćby krótkotrwałe, umożliwia zweryfikowanie na własnej skórze, a raczej na własnym zdrowiu i samopoczuciu, wszystkiego, co o jedzeniu produktów glutenowych mówi się w mediach i co można przeczytać lub usłyszeć w zróżnicowanych poglądowo wypowiedziach ekspertów z dziedziny medycyny oraz dietetyki. Pierwsze własne spostrzeżenia poczyniłyśmy już po kilku tygodniach od wyeliminowania glutenu z diety. Zdrowotne uciążliwości, różnie przez nas doświadczane, zaczęły stopniowo znikać, poprawiło się samopoczucie, rozjaśniły myśli, uregulowała przemiana materii, a z nią waga ciała, wzrosła odporność organizmu. Kolejne obserwacje, po upływie około pół roku, całkowicie utwierdziły nas w słuszności powziętej decyzji, a gluten postawiły na przegranej pozycji.

Dziś gotowanie bez glutenu (oraz innych „szkodliwości") jest dla nas całkowicie naturalne. Pozorne zubożenie diety o setki produktów zawierających gluten tak naprawdę otworzyło nam oczy na wielką różnorodność składników dotąd pomijanych. Miejsce pszenicy, orkiszu, żyta i jęczmienia, obfitujących w to szkodliwe białko, zajęły inne gatunki zbóż, wcześniej jadane dość rzadko (gryka, proso) albo bardzo rzadko (quinoa, amarantus). Nasze menu zyskało na odżywczości i smakowitości. Nie tęsknimy za tym, co jadłyśmy wcześniej, a w naszych obecnych wypiekach nie próbujemy za wszelką cenę odtworzyć pszennej konsystencji. Cieszymy się nowymi składnikami i możliwościami. Mamy nadzieję, że i wam efekty naszych kulinarnych eksperymentów przypadną do gustu!

4. Zadbaj o siebie – zacznij gotować!

Większość gotowych wyrobów bezglutenowych, dostępnych obecnie na sklepowych półkach, ma skład daleki od korzystnego dla zdrowia i najczęściej niezadowalający smak. Myślimy tu głównie o wszelkiego rodzaju wypiekach – chlebach, bułkach, ciasteczkach i ciastach. Każdemu, kto zechce wziąć sprawy w swoje ręce, pomogą w tym nasze przepisy. Zamiast kupować bezglutenowe gotowce, zacznij samodzielnie przyrządzać zdrowe i smaczne posiłki, a szybko zdemaskujesz wiele pozornych uciążliwości przypisywanych bezglutenowemu gotowaniu. Przekonasz się, że chleby wyrastają, pierogi nie rozpadają się we wrzątku, naleśniki nie przywierają do patelni, a o przepisy na torty, muffinki, serniki i inne słodkości proszą wszyscy znajomi. Jedząc własnoręcznie przygotowane potrawy, z dobrej jakości składników, nie tylko odczujesz korzyści zdrowotne, lecz także, podobnie jak my, po prostu rozsmakujesz się w tych wszystkich bezglutenowych pysznościach!

Nasze przepisy to w przeważającej części potrawy wegetariańskie i wegańskie, ale i mięsożercy na pewno znajdą dla siebie kilka ciekawych propozycji. Większość potraw mięsnych możesz przygotować w wersji wegetariańskiej, a wiele wegetariańskich (poza wypiekami na jajkach) w wersji wegańskiej. Dania kaszowo-roślinne stanowią podstawę naszego menu. Przeważnie są to proste przepisy wykorzystujące lokalne produkty, czasem uzupełniane odrobiną „egzotyki" – wszak cytrusy, kokos czy quinoa są w polskich kuchniach dostępne już od wielu lat. Zachęcamy do używania produktów krajowych, do cieszenia się rodzimymi jabłkami i kaszą jaglaną, ale nie przechodzimy obojętnie obok bananów i amarantusa. Wśród naszych propozycji znajdziesz zarówno klasyczne dania kuchni polskiej, jak i potrawy bardziej nowoczesne, także z innych stron świata – wszystkie przyrządzone z dostępnych w Polsce składników.

Nie używamy bardzo popularnych gotowych mieszanek mąk bezglutenowych, „wzbogacanych" skrobią pszenną bezglutenową, gumą guar, hydroksypropylometylocelulozą lub innymi E-dodatkami, nadającymi gotowym wypiekom sztuczny smak i zapach niemający nic wspólnego ze smacznym, aromatycznym chlebem czy ciastem. Naprawdę można doskonale sobie bez nich poradzić! My właśnie tak gotujemy i pieczemy. Z dostępnych mąk naturalnie bezglutenowych komponujemy własne mieszanki do wypieku chleba i ciast, bez dodatku żadnych sztucznych polepszaczy. Zamiast cukru i szkodliwych syntetycznych słodzików używamy stewii (naturalnie słodkiej rośliny) oraz ksylitolu („cukru" brzozowego), wykorzystujemy słodycz bananów, daktyli oraz innych owoców, a nawet warzyw (marchewki, buraka). Odczuwanie smaku potraw tak bardzo się nam zmieniło, że nie jesteśmy w stanie zjeść żadnego paskudnego gotowca – od razu wyczuwamy wszystkie zawarte w nim „sztuczności"! Dlaczego miałybyśmy przygotowywać imitacje jedzenia, skoro możemy raczyć się prawdziwym? Ty też możesz!

Jakie są koszty takiej zmiany? Cóż... Nie ukrywamy, że nasza kuchnia jest nieco droższa od przeciętnej. I że wdrożenie się w nowy styl gotowania wymaga na początku trochę większego nakładu pracy. Ale przecież chodzi o twoje zdrowie i dobre samopoczucie! Jeśli chcesz jeść pysznie, zdrowo, różnorodnie, z najlepszych naturalnych składników, nie możesz oczekiwać, że jednocześnie będzie tanio i bezwysiłkowo. Trzeba coś z siebie dać, ustalić priorytety. Możesz nadal jeść sklepowe frytki i batony, tłumacząc się brakiem czasu lub ochoty, by przygotować je samodzielnie w domu. W porządku, w końcu i tak na coś trzeba umrzeć. Jakże często słyszymy tę przedziwną „wymówkę" przed zmianą diety... Tymczasem wyeliminowanie z kuchni glutenu lub zamiana bezglutenowych gotowców na domowe potrawy, przekąski i desery naprawdę nie jest aż taka trudna.

Z czasem nauczysz się wybierać ze sklepowych półek produkty najkorzystniejsze jakościowo oraz cenowo. Doświadczenie sprzyja kuchennej ekonomii. W celu zmniejszenia kosztów składników zachęcamy do przeglądania ofert sklepów internetowych, mających zazwyczaj niższe ceny niż sklepy stacjonarne, oraz do kupowania większych opakowań produktów z długim terminem przydatności, takich jak kasze czy makarony.

Zacznij od gotowania według naszych wskazówek, dokładnie odtwarzając przepisy – zwłaszcza te z wykorzystaniem mąki (chleby, ciasta, pierogi, naleśniki). Po kilku tygodniach praktyki będziesz gotować swobodnie, a z czasem prawdopodobnie wejdziesz w etap twórczej inwencji kulinarnej, zaczniesz modyfikować książkowe receptury według indywidualnego smaku albo wymyślając własne. Satysfakcja gwarantowana!

5. Od zawsze jadasz bezglutenowo

Otóż to! Niemal od urodzenia wszyscy dość często spożywamy potrawy naturalnie bezglutenowe, przyrządzane w domu z warzyw, owoców, nabiału, mięs, tłuszczów i bezglutenowych zbóż. Zupa pomidorowa z ryżem, bigos, jajecznica, mizeria, kapusta z grochem – to tylko kilka przykładów. Nowa dieta, czy raczej sposób odżywiania, jest pewnym wyzwaniem, ale zanim nauczysz się robić pyszne bezglutenowe chleby, naleśniki i pierogi, zanim podejmiesz nowe kulinarne próby, możesz korzystać z całego dobrodziejstwa dostępnych w sklepach bezpiecznych produktów i przygotowywać z nich pozbawione glutenu dania, które zapewne gościły na twoim stole od zawsze.

6. Doktor Davis a dieta polska

Kuchnia polska bez pszenicy to uzupełnienie książek amerykańskiego lekarza Williama Davisa – *Dieta bez pszenicy* oraz *Kuchnia bez pszenicy*[*] – skierowane do polskiego odbiorcy. Nie jesteśmy lekarzami, więc nie skupiamy się na opisywaniu dolegliwości i chorób związanych z glutenem. Koncentrujemy się na praktyce, czyli zaopatrzeniu polskiej spiżarni oraz przepisach kulinarnych przedstawiających zdrowsze, bezglutenowe wersje tradycyjnych polskich dań, przygotowane z dostępnych w naszym kraju składników.

Z doktorem Davisem łączy nas wiele wspólnego – w sensie żywieniowym, ale są także pewne różnice. W naszej książce znajdziesz przepisy na potrawy z produktów, których Davis nie używa, a wręcz odradza ich stosowanie. Jego zalecenia są bardzo restrykcyjne, np. ograniczenie bądź całkowite wykluczenie z diety składników wysokowęglowodanowych: ziemniaków, kukurydzy, ryżu, kaszy jaglanej, gryczanej i innych. Dla większości naszych rodaków takie wskazania żywieniowe są zapewne kłopotliwe, zwłaszcza gdy wcześniej z jadłospisu zostały już usunięte wszystkie produkty zawierające gluten. Davis stawia na dietę warzywną,

---

[*] W. Davis, *Dieta bez pszenicy. Jak pozbyć się pszennego brzucha i być zdrowym* (oryg. *Wheat Belly: Lose the Wheat, Lose the Weight, and Find Your Path Back to Health*), Bukowy Las, Wrocław 2013, 328 s.; W. Davis, *Kuchnia bez pszenicy. 150 przepisów, które pomogą pozbyć się pszennego brzucha i wyzdrowieć* (oryg. *Wheat Belly Cookbook. 150 Recipes to Help You Lose the Wheat, Lose the Weight and Find Your Path Back to Health*), Bukowy Las, Wrocław 2013, 462 s.

białkową i w części owocową. I choć jego medycznie uzasadnione argumenty są przekonujące, to jednak wprowadzenie ich w życie, szczególnie z dnia na dzień, może zniechęcić wiele osób w naszym kraju do jakichkolwiek zmian. Problemem jest także dostępność składników (różnice między rynkiem polskim i amerykańskim) oraz inne tradycje żywieniowe (mam nie jeść ziemniaków?).

W naszej książce proponujemy bardziej ulgowe podejście do tematu, wierząc, że umiar jest złotym środkiem i że małymi krokami możemy wywołać większą rewolucję, niż wytaczając od razu ciężkie działa. Dlatego właśnie, z umiarem, jadamy produkty wysokowęglowodanowe, jakimi są zboża bezglutenowe, warzywa strączkowe i owoce o dużej zawartości cukru. Nie odwracamy się, jak zaleca doktor Davis, od swojskiej jaglanki, gryki, fasoli czy ziemniaków.

7. Co znajdziesz w książce?

Po wstępie zamieściłyśmy rozdział dotyczący używanych przez nas składników. Koniecznie go przeczytaj, ponieważ są w nim zawarte praktyczne wskazówki dotyczące bezglutenowego gotowania i korzystania z naszych przepisów oraz cenne informacje na temat doboru produktów, ich jakości, a nawet konkretnych marek szczególnie przez nas polecanych.

> Ze względu na możliwą zawartość śladowych ilości glutenu produkty bez certyfikatu są odpowiednie jedynie dla osób będących na diecie bezglutenowej z wyboru. Osoby ze zdiagnozowaną celiakią, alergią lub nadwrażliwością na gluten powinny wybierać certyfikowane produkty bezglutenowe ze znakiem przekreślonego kłosa.

W dalszej części książki są już tylko smakowite receptury. Zaczynamy od chlebów i bułek, a następnie przedstawiamy pomysły na słodkie i słone śniadania – pasty i pasztety do kanapek, kasze z owocami, gofry z kozim serem, naleśniki, omlety i racuszki. Na pierwsze danie serwujemy zupy, a na drugie rozmaite kaszowo-warzywne wariacje – pierogi, kotleciki, pyzy, makarony, zapiekanki. Do tego sałatki i przekąski, idealne jako podwieczorek lub drugie śniadanie. I oczywiście słodkości! Lekkie desery oraz wspaniałe torty, szybkie ciasta i muffinki, ciasteczka i batoniki – z owocami, płatkami, orzechami, czekoladą… I mniej typowe – z burakami albo fasolą. Wszystko bez glutenu i bez cukru! W ostatnim rozdziale z przepisami podajemy najważniejsze podstawowe receptury, np. na ciasta naleśnikowe i pierogowe, biszkopty, mleka roślinne, masło klarowane i masło orzechowe, domowe słodzidła, mieszanki przypraw, sosy, domowe tofu czy jogurt.

Łącznie oferujemy do wypróbowania ponad 300 smakowitych i zdrowych propozycji. Dużo, ale tak naprawdę to jedynie garstka naszych pomysłów. Niemal codziennie w kuchni rodzą się kolejne! Być może znasz niektóre receptury z bloga Marty „Na kuchennym progu”[*], ale większość z nich w książce pojawia się w nieco zmienionej, ulepszonej wersji. Może cię zdziwić brak wielu potraw typowych dla kuchni polskiej, np. żurku, białego i czerwonego barszczu, kutii, mazurków, pierników, makowców… Wszystkie te pyszności planujemy zamieścić w naszej następnej książce, z przepisami świątecznymi i na specjalne okazje, razem z kolejnymi pomysłami na bezglutenowe biszkopty, naleśniki, pierogi, gofry, babeczki itp.

Napisałyśmy taką książkę, jakiej same potrzebowałyśmy na początku naszej bezglutenowej historii. Polskojęzycznych publikacji adresowanych do celiaków jest w księgarniach niewiele, w dodatku większość z nich

[*] Zob. www.nakuchennymprogu.pl.

jest dla nas niesatysfakcjonująca. Najczęściej ich autorzy skupiają się wyłącznie na bezglutenowości i wykorzystują składniki niemające wstępu do naszych kuchni (jak choćby gotowe miksy mąk, cukier czy wysoko przetworzone produkty zawierające np. syrop glukozowo-fruktozowy albo tłuszcze trans). My proponujemy coś zupełnie innego. Cieszymy się, że trzymasz w ręku *Kuchnię polską bez pszenicy*, i mamy nadzieję, że dzięki naszym przepisom bezglutenowe gotowanie i pieczenie stanie się dla ciebie czystą przyjemnością.

8. Zanim zaczniesz gotować...

Przed przystąpieniem do gotowania koniecznie przeczytaj cały rozdział o produktach. Znajdziesz tam wiele praktycznych informacji na temat składników i naszych sposobów bezglutenowego gotowania oraz pieczenia. Dowiesz się również, na co zwracać uwagę podczas zakupów oraz jakich produktów i półproduktów używamy na co dzień.

II

PRODUKTY

1. Z deszczu pod rynnę – jak nie wpaść w pułapkę wysoko przetworzonej żywności bezglutenowej

Jeżeli od dziecka jesteś celiakiem, nie doświadczasz stresu płynącego z nagłych zmian diety. Jadasz w większości to, co do twojego jadłospisu wprowadzili rodzice, i przyzwyczajasz się do takiego sposobu odżywiania. Z czasem zauważasz inne kulinarne możliwości, szukasz nowych rozwiązań. Sięgasz po nieznane dotąd przepisy, książki… Jak choćby teraz.

Jeśli jednak nagle zaczynasz odżywiać się bezglutenowo, od momentu diagnozy postawionej w późniejszym etapie życia, konieczność zmiany diety z dnia na dzień prawdopodobnie jest dla ciebie bardzo męcząca – nie tylko emocjonalnie, lecz także organizacyjnie. Masz wrażenie, że odjęto ci od ust największe przyjemności, że nie pozostanie ci do jedzenia nic poza marchewką, sałatą i wodą. Sięgasz po gotowe bezglutenowe pokarmy, głównie chleby, bułki i słodkie wypieki, uznając je za bezpieczne i wygodne. Chyba właśnie za nimi tęskni najwięcej celiaków i osób na diecie bezglutenowej.

Piszemy tu o składzie pieczywa i słodkich wypieków, ale „pułapka rynny" to także inne produkty – budynie, makarony, pasztety, wędliny, sery, gumy do żucia, soki itd. Właściwie wszystko, co zostało w jakiś sposób przetworzone. Chleb, produkt dla większości osób powszedni i niezbędny, jest dla nas swego rodzaju reprezentantem innych produktów, które można albo kupić gotowe w sklepie, albo przyrządzić samemu, w o wiele zdrowszej, a często także bardziej ekonomicznej wersji.

Czy naprawdę zadowala cię smak i konsystencja gotowców? Domyślamy się, że nie! Znamy to uczucie głębokiego rozczarowania, kiedy kubki smakowe po raz pierwszy stykają się z kęsem kupionego w sklepie i zapakowanego w foliowy woreczek bezglutenowego pieczywa. Okropność! Spróbowałyśmy go dla zasady, żeby wiedzieć, jak smakuje. A nuż rzuci nas na kolana... Niestety, otrzymałyśmy to, czego się spodziewałyśmy, i tylko upewniłyśmy się w przekonaniu, że w naszych kuchniach nie zagoszczą produkty o tak niezadowalającym smaku i w ogromnej większości o wątpliwej jakości składzie. Po przejściu na dietę bezglutenową, która może być kolejnym krokiem do lepszego zdrowia, nie chcemy wpadać w nowe tarapaty!

Dlaczego krytykujemy gotowce? Przecież dla wielu celiaków i osób na diecie bezglutenowej to – ich zdaniem – jedyny żywieniowy ratunek! A może powinniśmy być wdzięczni, że „wspaniałomyślni" producenci zapełniają sklepowe półki coraz większą liczbą różnorodnych bezglutenowych „smakołyków"? Cóż... Naszym zdaniem, poza smakiem, zresztą dość dyskusyjnym, często nie oferują nic dobrego. Ich skład pozostawia wiele do życzenia. Bywają pełne mało przyjaznych dla ludzkiego organizmu E-dodatków. A przecież, o czym już wspomniałyśmy, nie w tym rzecz, by eliminując z diety niebezpieczny gluten, prowokować szkodliwą chemią spożywczą inne dolegliwości. Na pewno znasz przysłowie: „Zamienił stryjek siekierkę na kijek"... Jeśli już musisz (z powodu choroby) lub chcesz (z wyboru) odżywiać się bezglutenowo, czyli zdrowiej, pomyśl o pozbyciu się z jadłospisu również innych podstępnych składników.

Co zatem jeść? Najlepiej samodzielnie przygotowane bezglutenowe wypieki (i nie tylko!). Nikogo, kto piecze własne chleby i ciasta, apetyczne i z doskonałych jakościowo składników, bez szkodliwych E-dodatków, nie trzeba przekonywać o ich walorach smakowych i zdrowotnych. Spróbuj zachęcić taką osobę do kupienia gotowego chleba w markecie! My na pewno się nie skusimy.

Może kiedyś przyjdzie czas, gdy w sklepach będzie dostępne naprawdę smaczne i zdrowe bezglutenowe pieczywo w rozsądnej cenie. Zanim to jednak nastąpi – i jeśli cenisz sobie własne zdrowie oraz dobry smak – zacznij wypiekać własny chleb. I nie tylko! Skorzystaj z naszych prostych przepisów – czasem wystarczy mąka, woda, sól, keksówka i nagrzany piekarnik. Gdy po pewnym czasie nabierzesz wprawy, trudno ci będzie wrócić do przemysłowych wyrobów. Jeśli zawsze będziesz mieć w kuchni własne wypieki, wytrawne i słodkie, na pewno nie wpadniesz z glutenowego deszczu pod pełną niezdrowych dodatków bezglutenową rynnę. Ale zanim wybierzesz się na kolejne zakupy, najpierw poznaj „wroga" i naucz się odczytywać etykiety zamieszczone na produktach spożywczych.

1.1. Z lupą na zakupy, czyli jak czytać etykiety

Jakość żywności spada. Szczególnie tej powszechnie dostępnej w każdym sklepie, w dużej ilości i szerokim asortymencie. Ale z drugiej strony żywność wytwarzana ekologicznie lub dobrej jakości, choć niecertyfikowana, zyskuje coraz większy udział w produkcji i sprzedaży. Co pocieszające, również ceny zaczynają być bardziej przystępne dla szerszej grupy konsumentów. Kto wybiera taką żywność? Czy jedynie ci, którzy rozumieją jej wpływ na zdrowie i których na nią stać bez wyrzeczeń? Owszem, ale nie tylko. Kupują ją również osoby świadome i bardzo zaradne ekonomicznie, potrafiące wśród proponowanych nam w sklepach pokarmowych śmieci wyszukać produkty dobrej jakości w atrakcyjnej cenie. Niestety, większość ludzi akceptuje spożywczą (byle)jakość, robiąc codzienne zakupy bez zastanowienia się, co tak naprawdę kupują, z czego składają się wybierane przez nich produkty i jaki mają wpływ na ich zdrowie oraz samopoczucie. Nie myślą o długoterminowych skutkach jedzenia tego, co zalewa sklepowe półki.

Warto sprawdzać skład każdego produktu, nawet takiego, który poza głównym składnikiem nie powinien zawierać nic więcej (np. sok pomarańczowy 100% czy naturalny przecier pomidorowy). Ile mięsa jest w mięsie, owoców w marmoladzie albo kakao w uroczych apetycznych czekoladowych pralinkach? Co zlizują z kolorowego lizaka twoje małe i większe pociechy?

Podczas kolejnej wyprawy do marketu przyjrzyj się koszykom zakupowym innych ludzi – ile nieprzetworzonych, wartościowych produktów w nich znajdziesz? Często żadnego. A teraz przyjrzyj się swojemu koszykowi.

1.1.1. Tajemnicze E

Szkodliwe dodatki do żywności możesz zdemaskować dzięki znajomości kodów E oraz ich interpretacji opartej na wiarygodnych źródłach. Jeśli w tym momencie z jakiegoś powodu stwierdzisz, że na pewno wymaga to za dużo fatygi, że nie znasz kodów E, że nie masz czasu na ślęczenie nad nimi (z lupą lub bez), a nawet jeśli przeczytasz, to i tak nie zapamiętasz i pogubisz się podczas zakupów, tyle tego jest... I najważniejsze: jeśli zastanawiasz się, co pozostanie ci do jedzenia, skoro wszystko jest „złe", a wybór produktów masz już i tak ograniczony z racji diety bezglutenowej... Odetchnij z ulgą – rozeznanie się w tajemniczym E-gąszczu jest prostsze, niż ci się wydaje! A do tego naprawdę warte zdrowotnego zachodu.

Aby ułatwić szybkie i kompleksowe zapoznanie się z tematem, w tym rozdziale podajemy kilka praktycznych wskazówek, a przy okazji polecamy lekturę książki Billa Stathama *E213. Tabele dodatków i składników chemicznych, czyli wiesz, co jesz*[*]. Znajdują się w niej przydatne ogólne

[*] B. Statham, *E213. Tabele składników i dodatków chemicznych, czyli wiesz, co jesz. Poradnik konsumenta* (oryg. *The Chemical Maze – Shopping Companion*), wydawnictwo RM, Warszawa 2012, wyd. II (skrócone), 158 s.

informacje oraz spis około 300 najczęściej pojawiających się w żywności E-dodatków. Książka jest niewielka, więc możesz zabierać ją ze sobą na zakupy (przynajmniej na początku) i na bieżąco sprawdzać budzące wątpliwość składniki. Osobom ze słabym wzrokiem radzimy, aby lepiej zabierały ze sobą lupę! Producenci uwielbiają pisać maczkiem, mimo iż na opakowaniach często jest dużo wolnego miejsca. Nie wstydź się i nie przejmuj tym, że inni będą ci się dziwnie przyglądać. Po kilku wizytach w sklepie zapamiętasz, które produkty warto kupować, i zamiast snuć się między półkami, szybko zrobisz zakupy, a resztę czasu poświęcisz na przyjemniejsze rzeczy.

Jeśli nie chcesz kupować książki, a zależy ci na szybkim zapoznaniu się z listą E-dodatków oraz ich charakterystyką, zajrzyj do „Kuchni edukacyjnej"[*] Wandy, gdzie znajdziesz tabelę, którą możesz wydrukować i zabrać na zakupy, albo ściągnij z Internetu jedną z aplikacji na urządzenia mobilne objaśniającą kody E (np. E-food, E-składniki, Zdrowe Zakupy) i korzystaj z niej w czasie zakupów.

Wszystkie dodatki do żywności wpisane są na „Listę E" (Europa), sporządzoną i aktualizowaną przez struktury Unii Europejskiej. Numery E to kody dodatków, uszeregowane według następujących kategorii:

- E100–E199 – barwniki,
- E200–E299 – konserwanty[**],
- E300–E399 – przeciwutleniacze,

---

[*] Zob. www.kuchnia-edukacyjna.com/2014/02/08/tabele-stathama-lista-e-dodatkow-do-zywnosci.

[**] Do tej grupy należą m.in. azotyny (potasu E249 i sodu E250) oraz azotany (potasu E252 i sodu E251) używane głównie w przetwórstwie mięsa, ryb i serów żółtych jako substancje konserwujące oraz nadające im odpowiedni smak, zapach i barwę (peklowanie). Szczególne niebezpieczeństwo stanowią nitrozoaminy – związki pochodne azotynów i azotanów (po ich przekształceniu się do azotynów). Powstają one w dużych ilościach podczas ogrzewania pożywienia konserwowanego związkami azotu (smażenia, pieczenia, grillowania). Mają silne działanie rakotwórcze. W książce używamy nazwy „azotyny" w odniesieniu do wszystkich wymienionych wyżej E-dodatków.

- E400–E499 – emulgatory, stabilizatory, środki zagęszczające,
- E500–E599 – dodatki o zróżnicowanym przeznaczeniu,
- E600–E699 – wzmacniacze smaku,
- E700–E799 – antybiotyki,
- E900–E1299 – dodatki o różnym zastosowaniu,
- E1300–E1400 – modyfikowane skrobie.

Zapisy unijne dotyczące stosowania E-składników zapewniają bezpieczeństwo „wzbogacanej" nimi żywności. Jednak niezależnie przeprowadzane badania naukowe* dowodzą, że znaczna liczba substancji z „Listy E" wykazuje działanie alergenne, podrażniające, a nawet kancerogenne! Bywa, że dawka ich dziennego spożycia na początku uznawana za bezpieczną z czasem okazuje się szkodliwa i dana substancja jest ograniczana lub wycofywana z użycia. Milczy się na temat dziennych zbiorczych dawek tych substancji, przekraczających tzw. dawkę bezpieczną (różne E spożywamy przecież codziennie nie w jednej dopuszczalnej porcji, lecz wielokrotnie, w różnych produktach!). Pomija się informacje o szkodliwych efektach wynikających z ich wzajemnego, synergistycznego wpływu na ludzki organizm oraz o negatywnych skutkach ich długotrwałego kumulowania się w organizmie.

Czytając etykiety, pamiętaj, że im mniej pozycji na liście składników, tym lepiej. Składniki są uporządkowane od tych, których jest w danym produkcie najwięcej, do tych, których jest najmniej. Często na pierwszym

* Przykładem (jednym z wielu) są wyniki badań przeprowadzonych w 2007 r. na Uniwersytecie w Southampton w Wielkiej Brytanii. Dowiedziono w nich szkodliwego wpływu barwników (tzw. Toksyczna Szóstka z Southampton) na układ nerwowy dzieci, powszechnie i od wielu lat stosowanych w produktach spożywczych (kisielach, budyniach, słodyczach, napojach itp.). Zawierające je produkty zostały (dopiero w 2010 r.!) wycofane z obrotu rozporządzeniem unijnym lub nałożono na producentów obowiązek umieszczania na etykietach klauzuli o ich szkodliwym wpływie na zdrowie dzieci. Jak widać, coś, co uznano za bezpieczne, za jakiś czas może okazać się szkodliwe...

miejscu znajduje się cukier, sól lub woda albo nawet wszystkie trzy obok siebie. Plus kilka różnych „czerwonych" bądź „żółtych" E. Czy aby na pewno właśnie za coś takiego chcesz zapłacić? Mamy jedno życie i nie warto stopniowo, dzień po dniu, zatruwać się tartrazyną, sacharyną, ortofenylofenolem, czernią brylantową lub monolaurynianem polioksyetylenosorbitolu.

Raz jeszcze apelujemy: czytaj etykiety! Nie kupuj wody z konserwantami, emulgatorami i barwnikami zamiast szynki, mleka z cukrem i burakami zamiast truskawkowego jogurtu albo masy makowej zawierającej „aż" 28% prawdziwego maku, a poza nim 72% wypełniaczy. Nie męcz się z jedzeniem paskudnego watowatego puchu – skosztuj smacznego, bezglutenowego pieczywa, które przyrządzisz we własnej kuchni w miarę szybko i bezproblemowo. I zawsze będziesz wiedzieć, co jesz. A jeśli nie jesteś typem „zrób to sam" – szukaj, aż znajdziesz. Chodzi przecież o twoje zdrowie i dobre samopoczucie. W wielu sklepach kupisz produkty lepszej jakości, mniej przetworzone lub zupełnie pozbawione szkodliwych polepszaczy. Warto porównywać artykuły spożywcze różnych producentów pod kątem składu oraz ceny za kilogram/litr.

1.1.2. Kody PLU

Oprócz „Listy E", będącej spisem dodatków do żywności, jakość produktów określają także kody PLU (*price look-up*). Stosuje się je do produktów świeżych, nieprzetworzonych. Informują one kupującego o warunkach uprawy, producencie lub kraju pochodzenia oraz rodzaju produktu i jego rozmiarze. Kody PLU są drukowane na opakowaniach zbiorczych (kartonach, skrzynkach) lub na miniaturowych naklejkach umieszczanych bezpośrednio na owocach i warzywach. Najczęściej oznakowane są w ten sposób produkty pochodzące z importu, rzadziej z upraw polskich.

Warto zapamiętać:

- 9 na początku 5-cyfrowego kodu PLU oznacza produkt ekologiczny;
- 4 na początku 4-cyfrowego kodu PLU oznacza produkt z upraw konwencjonalnych;
- 8 na początku 5-cyfrowego kodu PLU oznacza produkt genetycznie zmodyfikowany (GMO).

W marketach przeważają produkty z upraw konwencjonalnych (4). Jest to informacja bardzo uogólniona, obejmująca zarówno uprawy rosnące w ziemi, z dostępem światła słonecznego, jak i uprawy szklarniowe, oświetlane światłem sztucznym i zasilane większą dawką m.in. środków pobudzających wzrost.

Jeśli nie możesz odnaleźć kodu PLU na produkcie lub opakowaniu, informację o nim poda ci sprzedawca (choć nie zawsze wie, że ją posiada). Numery kodów są spisywane na podręcznych ściągawkach, z których korzystają sprzedawcy i kasjerzy, gdy nie mogą zeskanować kodu kreskowego.

1.1.3. Certyfikowana żywność ekologiczna

Jakość dostępnej na rynku żywności określają systemy wspólnotowe (UE) oraz wewnętrzne poszczególnych krajów Unii. Spełnienie konkretnych wymogów przy uprawie, hodowli i przetwarzaniu jest potwierdzane przyznaniem certyfikatu równoznacznego z prawem i obowiązkiem stosowania ustalonego logo. Istnieje pewna liczba różnych lokalnych certyfikatów tego typu, jeśli jednak produkt jest certyfikowany jako ekologiczny zgodnie z wymogami UE, zawsze obok logo krajowego jest umieszczane logo unijne.

Produkty oznaczone logo rolnictwa ekologicznego pochodzą bezpośrednio z certyfikowanych gospodarstw ekologicznych lub zostały przygotowane w zamkniętych opakowaniach oraz przynajmniej 95% składników zostało wyprodukowanych metodami ekologicznymi. Unia Europejska gwarantuje ich wiarygodność, niezależnie od miejsca wytworzenia. Logo jest obowiązkowe dla wszystkich produktów rolnictwa ekologicznego, wytwarzanych w każdym kraju UE. W większości (!) wypadków oznacza dobrą jakość nabywanej żywności. Niestety, tu również znajdujemy składniki mające niewiele wspólnego ze zdrowym odżywianiem, np. syrop glukozowo-fruktozowy, tłuszcze utwardzone (trans) czy cukier trzcinowy. Nie przekonuje nas wówczas zamieszczona na etykiecie informacja, że składniki te wyprodukowano z surowców pochodzących z upraw ekologicznych. Syrop fruktozowy z ekokukurydzy także jest szkodliwy dla naszego zdrowia! Jakie jeszcze nieciekawe składniki producenci dodają do swoich ekologicznych wyrobów? Jeśli tylko możesz, kupuj produkty oznaczone poniższym logo, pamiętając, by zachować czujność i… czytać etykiety.

1.1.4. Znakowanie produktów bezglutenowych

Symbolem przekreślonego kłosa oznacza się żywność niezawierającą glutenu. Jest to znak towarowy zastrzeżony na terenie całej UE i jego użycie bez licencji jest zabronione. Od lat funkcjonuje jako powszechny w całej Europie symbol gwarancji bezpieczeństwa dla osób na diecie bezglutenowej. Oznaczone nim produkty są regularnie badane pod kątem zawartości glutenu i całkowicie bezpieczne dla osób z celiakią. Nie oznacza to jednak, że wszystkie charakteryzują się wysoką jakością, jeśli chodzi o skład. Niestety, wiele produktów z przekreślonym kłosem zawiera niekorzystne E-dodatki, podobnie jak żywność konwencjonalna. Dlatego czytanie etykiet w czasie zakupów jest niezbędne.

2. Z czego gotujemy? Zaopatrzenie bezglutenowej spiżarni

Gotujemy z produktów, które nie tylko są korzystne dla organizmu, lecz także w najrozmaitszych kulinarnych kombinacjach po prostu świetnie smakują! W większości produkty przez nas polecane nie rujnują domowego budżetu i są dostępne dla każdego w sklepach sieciowych (głównie na zdrowych stoiskach), delikatesach, w sklepach ze zdrową żywnością, zielarniach lub aptekach (np. liofilizaty, olej lniany) oraz w licznych sklepach internetowych. Ceny produktów lepszej jakości w wielu przypadkach są porównywalne do cen produktów konwencjonalnych (zawsze sprawdzaj ceny za kilogram lub litr!). Jesteśmy bardzo wybredne w doborze składników spożywczych, z których gotujemy, ucieramy, pieczemy i smażymy prezentowane w tej książce potrawy. Mamy nadzieję, że i ciebie przekonamy do takiego podejścia.

Wszystkie używane przez nas produkty są oczywiście bezglutenowe (proszek do pieczenia, makarony, mąki, kasze itp.), choć nie wszystkie posiadają certyfikat bezglutenowości (znak przekreślonego kłosa, zob. s. 25).

> Ze względu na możliwą zawartość śladowych ilości glutenu produkty bez certyfikatu są odpowiednie jedynie dla osób będących na diecie bezglutenowej z wyboru. Osoby ze zdiagnozowaną celiakią, alergią lub nadwrażliwością na gluten powinny wybierać certyfikowane produkty bezglutenowe ze znakiem przekreślonego kłosa.

Ale bezglutenowość to tylko jedna z cech używanych przez nas produktów. Na co jeszcze zwracamy uwagę, robiąc zakupy spożywcze? Które produkty kupujemy, a których unikamy? O tym piszemy na kolejnych stronach.

2.1. Polecamy – odradzamy

Wyrób w sobie nawyk kontrolnego czytania etykiet produktów spożywczych, które kupujesz już od pewnego czasu i których skład był dla ciebie zadowalający. Zdarza się, że producenci zmieniają receptury: raz ujmują coś szkodliwego, innym razem dodają wątpliwy jakościowo składnik. Jedna partia danego produktu może mieć nieco inny skład niż druga. Niestety moglibyśmy podać wiele przykładów takich sytuacji. Jednym z nich jest cukier niegdyś niewystępujący w sokach dla dzieci Kubuś, a dziś dodawany do każdej buteleczki, zamiennie z syropem glukozowo-fruktozowym. Może się więc zdarzyć, że nawykowo sięgniesz po dobrze ci znany, wartościowy produkt, ale będzie to już zupełnie coś innego…

W dalszej części rozdziału zamieszczamy krótką charakterystykę produktów, jakie wykorzystujemy w naszych kuchniach. Podajemy konkretne marki i nazwy producentów, których wyroby cenimy sobie ze względu na wartościowy skład. Ale nawet te polecane produkty sprawdzaj przed włożeniem do koszyka. Ich skład, który oceniamy dziś jako bardzo dobry, niekoniecznie będzie taki za tydzień, miesiąc, rok… Choć mamy ogromną nadzieję, że będzie. Działa to również w drugą stronę – coś, co dziś odradzamy czy krytykujemy, za jakiś czas może stać się produktem o składzie wolnym od pokarmowej szkodliwości. Dlatego zawsze czytaj etykiety.

Poza wymienianymi przez nas markami na pewno jest w sklepach wiele innych, równie wartościowych produktów. Rynek zdrowej żywności rozwija się bardzo dynamicznie. Skorzystaj z naszych wskazówek, uzbrój się w tabele E-dodatków Billa Stathama i… ruszaj na własne sklepowe poszukiwania!

2.2. Nie samą pszenicą… Zamienniki zbóż glutenowych

Ziarna bezglutenowe stanowią podstawowe zaopatrzenie naszych spiżarni i wdzięczną bazę do rozmaitych wypieków. Używamy gryki, ryżu, kukurydzy, prosa (kaszy jaglanej), quinoa, amarantusa oraz okazjonalnie owsa (certyfikowanego bezglutenowego). Oprócz wymienionych zbóż stosujemy także inne produkty, które w dużym stopniu odgrywają podobną rolę, takie jak mąka z orzechów, migdałów, orzeszków ziemnych, sezamu, pestek dyni, roślin strączkowych i kasztanów jadalnych oraz skrobia z ziemniaków (mąka ziemniaczana) i manioku (tapioka).

Przez brak glutenu powyższe składniki charakteryzują się mniejszą kleistością i sprężystością, co jest szczególnie ważne w przypadku wypieków. Brak glutenu wpływa także na okres świeżości wypieków i potraw. Bezglutenowe naleśniki czy pierogi najlepsze są w dniu przyrządzenia, a gofry zaraz po upieczeniu, na ciepło. Chleby należy zjeść w ciągu 2–3 dni, podobnie słodkie wypieki (o ile nie są kruche lub nie stoją w lodówce – takie wytrzymają troszkę dłużej). Zazwyczaj im dłużej się je przechowuje, tym bardziej maleje ich smakowitość.

W naszych mącznych przepisach nie stosujemy mieszanek mąk dostępnych w handlu, wzbogacanych E-dodatkami. Przyrządzamy je samodzielnie z różnych rodzajów mąk bezglutenowych, bez udziału takich polepszaczy, jak guma guar, guma ksantanowa, hydroksypropylometyloceluloza, syrop glukozowy i inne. Im tańsza mieszanka, tym więcej w niej polepszaczy. Poza tym sklepowe mieszanki nie dają tak dobrych smakowo wyników jak domowe mączne połączenia, a ich ceny często są kosmiczne, zupełnie nieadekwatne do użytych składników! Niektóre miksy kosztują kilka razy więcej niż mąki, które zastosowano do ich przygotowania. Na przykład jedna z dostępnych w handlu mieszanek na chleb kasztanowy ma bardzo wysoką cenę ze względu na dodatek drogiej mąki kasztanowej. Tylko że po przeczytaniu składu okazuje się, iż tej drogiej mąki jest w mieszance niecałe 8%… Reszta to mąka ryżowa i skrobia ziemniaczana, których nawet kilogramowe (!) opakowania kosztują łącznie ponad połowę mniej niż cała rzeczona mieszanka, ważąca jedynie 400 g... W naszych przepisach udowadniamy, że gotując i piekąc bezglutenowo, można sobie doskonale poradzić bez sklepowych miksów mąk, a także gumy guar.

Zachęcamy do kupowania kilogramowych lub półkilogramowych opakowań różnych mąk i do samodzielnego ich łączenia w domu, zgodnie ze wskazówkami podawanymi przy naszych przepisach. Koszt wypieków okazuje się wtedy całkowicie przystępny. Możesz go jeszcze bardziej obniżyć, jeśli kupisz kilogramowe opakowanie gryki, ryżu czy quinoa i zmielisz je na mąkę w blenderze, elektrycznym młynku lub wyciskarce do soków z opcją mielenia ziaren. Droższe lub mniej dostępne mąki, takie jak migdałowa, kokosowa, dyniowa, kasztanowa czy skrobia z tapioki, kupisz bez problemu w sklepach ze zdrową żywnością oraz w sklepach internetowych, najczęściej w cenie korzystniejszej niż w sklepach stacjonarnych. Coraz częściej można je spotkać również w supermarketach i mniejszych sklepach (na dziale zdrowym, orientalnym, mącznym lub bakaliowym). Same obserwujemy, jak z miesiąca na miesiąc rozwija się zaopatrzenie, jak powstają nowe ekostoiska i jak coraz większa konkurencja na rynku zdrowej żywności wpływa na obniżenie jej cen. Rozejrzyj się i poszukaj, a na pewno znajdziesz dla siebie odpowiednią ofertę.

2.2.1. Proso (kasza jaglana)

Otrzymywana z prosa kasza jaglana jest lekkostrawna i bardzo pożywna. Obok bogactwa witamin i minerałów zawiera deficytową w naszej diecie krzemionkę i jako jedyna spośród zbóż alkalizuje (odkwasza) układ trawienny. Doskonale wpasowuje się w wymagania diety bezglutenowej, działając regenerująco na śluzówkę układu pokarmowego. Aby w jak największym stopniu skorzystać z rozpuszczalnej w wodzie krzemionki, zawsze płucz kaszę bezpośrednio przed użyciem, gotuj bez wcześniejszego namaczania i w żadnym wypadku nie zmieniaj wody, w której kasza już się gotuje.

Polecamy: kaszę i mąkę jaglaną oraz płatki jaglane firm Bio Planet, Bio Raj, BioAvena (szczególnie atrakcyjne cenowo), Biofuturo, Ekoprodukt, Natu, Piotr i Paweł, Provita, Symbio, a także produkty firmy Radix-Bis (bez dodatków), proso ekspandowane (popping) bez dodatków, niesłodzone, firm Batom, Fresano, Natu, Radix-Bis.

2.2.2. Gryka

Szczególną korzyść z wprowadzenia gryki (inaczej tatarki, hreczki) do jadłospisu odnoszą wegetarianie i weganie będący na diecie bezglutenowej. Gryka jest zasobna w białko doskonale zbilansowane składem aminokwasowym. Jego wartość biologiczna jest wyższa od białka pszenicy, a nawet mięsa wieprzowego i w ponad 80% zbliżona składem do białka wzorcowego, jakim jest białko jaja kury. To zbilansowanie daje kolejną korzyść – dzięki łączeniu gryki z roślinami strączkowymi lub z pozostałymi ziarnami zbóż bezglutenowych w różnego rodzaju mieszankach mącznych i potrawach bardzo dobrze przyswajamy zawarte w nich białka roślinne.

Kasza gryczana użyta np. jako składnik pasztetów ogranicza rozwój różnego rodzaju drobnoustrojów, drożdży i pleśni. Mąka gryczana jest cennym składnikiem w kuchni bezglutenowej – dodaje potrawom i wypiekom zarówno lekkości, jak i kleistości, dobrze utrzymuje wilgotność.

Jeśli masz dostęp do upraw gryki, możesz wykorzystać świeże pędy lub liście, niezwykle bogate w rutynę. Dodaj je do sałatki lub zupy zamiast pietruszki czy koperku.

Polecamy: mąkę gryczaną oczyszczoną Melvit; mąkę gryczaną pełnoziarnistą Bio Planet oraz Nos Regions ont du Talent (w asortymencie sklepów E.Leclerc); kaszę gryczaną nieprażoną (białą) firm Bio Planet, BioAvena, Melvit, Natu, Symbio; płatki gryczane Bio Planet, Szarłat, Szczytno; otręby gryczane Bio Planet i Melvit.

Odradzamy: kaszę pakowaną w perforowane woreczki foliowe.

2.2.3. Ryż

Dostępne w handlu ryże długoziarniste należą do odmian sypkich, średnioziarniste są lekko kleiste, a krótkoziarniste (okrągłe) najbardziej kleiste. Każdą z odmian poddaje się obróbce przemysłowej, w wyniku której otrzymywany jest ryż naturalny (brązowy, pełnoziarnisty), ryż oczyszczony (biały) i parboiled. Pod względem wartości odżywczych najwartościowsze są ziarna ryżu pełnoziarnistego, należy je jednak dłużej gotować. Ziarna wypolerowane, białe, są miękkie i najdelikatniejsze w smaku, ale pozbawione warstw zawierających substancje odżywcze. Optymalne jakościowo są ziarna parboiled, o cechach pośrednich pomiędzy brązowymi a białymi.

O jakości ryżu świadczy procentowa zawartość ziaren połamanych. Wydzielają one w czasie gotowania nadmierne ilości skrobi, co sprawia, że nawet gatunek sypki zaczyna się kleić. Im więcej połamanych ziaren, tym gorszej jakości ryż. Wymierną wskazówką w tym względzie jest cena – im wyższa, tym lepsze ziarna.

W miarę możliwości wybieraj produkty oznaczone certyfikatem ekologiczności, gwarantującym pochodzenie ryżu i produktów ryżowych z upraw niemodyfikowanych genetycznie.

Polecamy: ryże i mąki ryżowe certyfikowane Bio Life, Bio Planet, Biofuturo, Natu; ryż jaśminowy Bio Planet, Fresano, Golden Sun; ryż parboiled 1 kg Britta; mąkę ryżową Melvit; płatki ryżowe Bio Planet, Organic, Natu, Vita Natura; kleik ryżowy naturalny Bobo Vita, Melvit;

ryż ekspandowany BioAvena, Natu; wafle ryżowe BioAvena, Kupiec, Sonko, Wasa (naturalne lub z dodatkami typu algi, wiórki kokosowe, słonecznik, sezam, pestki dyni).

Odradzamy: ryż pakowany w perforowane woreczki foliowe; kleiki ryżowe smakowe i z E-dodatkami (dopuszczalna jest jedynie witamina B_1); wafle ryżowe w polewach, np. czekoladowej lub jogurtowej.

2.2.4. Kukurydza

Kukurydza jest rośliną przeciętną, jeśli chodzi o wartości odżywcze. Pod względem kaloryczności lokuje się w połowie rankingu naszych rodzimych upraw strączkowych, a z dużą, ponad 70-procentową zawartością skrobi wymaga racjonowania w każdej diecie, również bezglutenowej.

Kupując świeże kolby kukurydzy, zwracaj uwagę na to, aby miały zielone liście i ściśle przylegające do siebie jasnożółte ziarna. Po lekkim naciśnięciu ziarna powinny wydzielać mleczny sok – są wtedy młode i najsmaczniejsze. Kolby ciemnożółte są przejrzałe, mączyste i mają twarde ziarno.

W miarę możliwości wybieraj produkty ekologiczne, z kukurydzy niemodyfikowanej genetycznie.

Polecamy: kukurydzę pasteryzowaną Pudliszki oraz EkoWital (w słoiczku); mąkę i kaszkę kukurydzianą Bio Planet, Natu, Symbio; mąkę Radix-Bis; niesłodzone naturalne płatki kukurydziane Ania, Bio Planet, Natu; naturalne wafle kukurydziane BioAvena, Good Food.

Odradzamy: płatki kukurydziane słodzone syropem glukozowo-fruktozowym, cukrem, słodem, koncentratem owocowym; płatki śniadaniowe smakowe, barwione, aromatyzowane, ze szkodliwymi E-dodatkami.

2.2.5. Quinoa (komosa ryżowa)

Quinoa (czyt. kinła), zwana też ryżem peruwiańskim, zawiera do 22% pełnowartościowego białka, w skład którego wchodzą wszystkie niezbędne aminokwasy (co w pokarmach roślinnych stanowi wyjątek), a także dużą ilość nienasyconych kwasów tłuszczowych, minerałów i witamin. Charakteryzuje się najmniejszą w grupie zbóż zawartością skrobi (ok. 48%). Zawiera dość dużo saponiny – gorzkiej, antyodżywczej substancji utrudniającej trawienie (usuwa się ją, płucząc ziarna przed użyciem).

Aby skorzystać z dobrodziejstwa kwasów Omega-3 zawartych w komosie ryżowej, zmiel jej ziarna bezpośrednio przed spożyciem i posyp nimi np. warzywną sałatkę doprawioną olejem lnianym (lub innym olejem zawierającym mało kwasów nasyconych oraz kwasów Omega-6 i Omega-9, które w czasie trawienia konkurują enzymatycznie z kwasami Omega-3).

Bogate w tłuszcz ziarna quinoa przechowuj w chłodnym miejscu, w szczelnym szklanym pojemniku. Kupuj tylko te o długim okresie przydatności do spożycia (ponieważ stały na sklepowej półce krótko i nie zdążyły zjełczeć).

Jeśli masz dostęp do świeżej komosy ryżowej, możesz przygotowywać z jej liści sałatkę lub używać ich jako składnika dań warzywnych.

Polecamy: ziarno quinoa, płatki i mąkę firm Bio Planet, Bio Raj, Biofuturo, Bionica, Castagno, Sante.

2.2.6. Amarantus (szarłat)

Odżywczość amarantusa jest doskonała. Wyróżnia się dużą zawartością żelaza, wapnia, białka o znakomitym składzie aminokwasowym oraz tłuszczów bogatych w nienasycone kwasy tłuszczowe. Ze względu na dużą zawartość antyoksydantów, w tym skwalenu, kwasy tłuszczowe utleniają się z amarantusowych nasion bardzo wolno, co jest korzystne m.in. dla ich przechowywania.

Wywar z nasion szarłatu łagodzi stany zapalne błony śluzowej żołądka, jest więc korzystnym dodatkiem do bezglutenowych zup. Mąka amarantusowa przyspiesza proces fermentacji ciasta i zwiększa objętość wypieków, a skład bogaty w przeciwutleniacze wpływa na przedłużenie ich świeżości.

Polecamy: nasiona, mąkę, płatki i amarantus ekspandowany (popping) firm Bio Planet, Ekoprodukt, Szarłat; mąkę prażoną firmy Ekoprodukt.

2.2.7. Owies

W porównaniu z pozostałymi zbożami glutenowymi owies zawiera bardzo małą ilość białek glutenowych, lepiej przyswajalne węglowodany, 2–3-krotnie więcej tłuszczów (w tym wartościowe NNKT), więcej aminokwasów egzogennych (dostarczanych z pożywieniem), a ponadto witaminy i minerały.

Śluzy owsiane stanowią doskonałą warstwę ochronną dla jelit, zapobiegającą zaparciom i podrażnieniom. Wyciągi z ziela owsa działają wykrztuśnie oraz przeciwbólowo w chorobach reumatycznych. Jeśli masz do dyspozycji wyciskarkę, z zielonej trawy owsianej możesz uzyskać wartościowy sok doskonale nadający się do wzbogacania np. koktajli.

W diecie bezglutenowej mają zastosowanie wyłącznie certyfikowane bezglutenowe produkty z owsa (ze znakiem przekreślonego kłosa).

Polecamy: płatki owsiane bezglutenowe Big Oz, BioAvena, BioHarmonie, Provena; mąkę owsianą bezglutenową Provena.

Odradzamy: „zdrowe” ciasteczka i batoniki owsiane z dużą ilością cukru, syropu glukozowo-fruktozowego oraz E-dodatków.

2.2.8. Skrobie bezglutenowe: mąka ziemniaczana i tapioka

Skrobie to niemal czyste, łatwo przyswajalne węglowodany (m.in. ze śladowymi ilościami białka). Zależnie od swego roślinnego pochodzenia w niedużym stopniu różnią się cechami fizykochemicznymi wpływającymi na zagęszczanie, emulgowanie i elastyczność wyrobów mącznych, do których są dodawane. Wymagają uważnego dawkowania, ponieważ ich nadmierna ilość może spowodować stwardnienie konsystencji przygotowywanej potrawy.

W naszych przepisach używamy dwóch najpopularniejszych rodzajów skrobi roślinnej – zapewne dobrze wszystkim znanej taniej mąki (skrobi) ziemniaczanej, a także coraz częściej spotykanej w naszych sklepach skrobi z tapioki (otrzymywanej z bulw manioku). W niewielkich ilościach dodajemy je do niektórych wypieków, gofrów, naleśników, sosów, a także do ciast pierogowych.

Dzięki mące ziemniaczanej wyczarujesz pyszny domowy kisiel lub budyń, a z tapiokowego granulatu – w postaci białych kuleczek, które po ugotowaniu stają się przezroczyste – przyrządzisz smaczne i efektowne desery. Kulki tapioki, małe lub duże, nadają się również jako dodatek do zupy zamiast makaronu, kaszy czy ryżu (od czasu do czasu, dla urozmaicenia).

Polecamy: mąkę ziemniaczaną Kupiec, Melvit, Pepees; eko mąkę ziemniaczaną Bio Planet, Biofuturo; skrobię z tapioki Biofuturo, Merre; granulat z tapioki Biosfera, Ekogram Zielonki, Fresano, Merre, Natu, TRS; grysik tapiokowy Eko Taste.

2.2.9. Spulchniacze do bezglutenowych wyrobów mącznych

W celu poprawienia konsystencji i lepszego wzrostu słodkich wypieków oraz chlebów używamy kilku bezglutenowych spulchniaczy, choć nie zawsze są one potrzebne. Najczęściej wybieramy produkty bio: proszek do pieczenia, sodę oczyszczoną, drożdże oraz suszony zakwas (jeśli nie przygotowujemy samodzielnie świeżego). Pamiętaj, że konwencjonalny proszek do pieczenia zawiera dodatek mąki pszennej lub jej śladowe ilości!

W części naszych wypieków (i nie tylko) w roli naturalnego spulchniacza i/lub sklejacza używamy łupinek babki jajowatej* albo zmielonego korzenia żywokostu**. Oba produkty kupisz w sklepach ze zdrową żywnością, zielarniach i aptekach, a łupinki babki także w dobrze zaopatrzonych delikatesach i marketach.

Polecamy: bezglutenowy proszek z kamieniem winnym, bez fosforanów, firm BioVegan, BioVita, Provita; spożywczą sodę oczyszczoną oraz drożdże instant Dr. Oetker; suszone bezglutenowe zakwasy chlebowe BioVegan; 100% łupinki nasiennej babki jajowatej (Ispagul) firm Artmade, Ekogram Zielonki, Farmvit, Flos, Herba Studio, Natvita, Natur-Vit; 100-procentowy suszony i rozdrobniony korzeń żywokostu firm Farmvit, Flos, Ziołowy Zakątek.

2.2.10. Makarony

Bezglutenowe makarony dobrej jakości są produkowane w 100% z mąki z wodą, czasem z dodatkiem soli. Zadowalają smakiem i konsystencją, a niektóre są o wiele lepsze niż pszenne! Stanowią doskonałą bazę do szybkiego posiłku.

---

* Nasiona lub łupinki babki jajowatej (*Plantago ovata*, *Plantago ispaghula*) zawierają, oprócz naturalnych śluzów działających osłonowo i ułatwiających przesuwanie się treści pokarmowej w jelicie, również substancje przeciwzapalne i regenerujące śluzówkę. Dodawane do potrawy w niewielkich ilościach w kontakcie z płynami zwiększają swoją objętość, pełniąc funkcję spulchniacza. Wydzielane śluzy wpływają na lepsze łączenie się składników, nie powodując jednak nadmiernej kleistości konsystencji; są neutralne smakowo. Jedna z nazw handlowych babki jajowatej to Ispagul.

** Korzeń żywokostu, podobnie jak siemię lnu, wydziela śluzy będące dobrym naturalnym spoiwem bezglutenowych mas mącznych. Ponadto hamuje stany zapalne w przewodzie pokarmowym i pobudza ziarninowanie uszkodzonego nabłonka. Oczywiście stosowane przez nas ilości żywokostu nie są dawkami terapeutycznymi, ale ziarnko do ziarnka...

Polecamy: makaron kukurydziano-ryżowy oraz kukurydziano-ryżowo-gryczany Bezgluten (rurki i świderki); makarony kukurydziane Sam Mills (spaghetti i świderki); makarony kukurydziane 3 Pauly (spaghetti, rurki, makaron na lasagne); makarony kukurydziano-ryżowe Farabella (spaghetti, rurki, muszelki, cannelloni, makaron na lasagne); makarony Tao Tao ryżowe, białe i brązowe (nitki, wstążki i rurki), ryżowo-tapiokowy, grochowo-fasolowy, a także papier ryżowy; inne makarony zawierające w składzie tylko bezglutenową mąkę i wodę, ewentualnie sól; dla urozmaicenia biomakarony Terrasana – gryczano-batatowy, z czarnym i brązowym ryżem, z brązowego ryżu z dynią i imbirem, z brązowego ryżu z wodorostami wakame.

2.3. Orzechy twarde do zgryzienia oraz ziarna i pestki

Jako pokarmy oleiste, zależnie od rodzaju, orzechy, ziarna i pestki zawierają bogactwo kwasów tłuszczowych nasyconych i nienasyconych, a dodatkowo witaminy, mikroelementy i niewiele cukrów. Jako źródło kwasów Omega-3 i Omega-6 w najkorzystniejszych proporcjach plasują się kolejno: siemię lniane* (4:1), nasiona konopi (3:1), orzechy włoskie (1:4), orzechy makadamia (1:6), kminek (1:20), pekany (1:21), pistacje (1:52), sezam (1:53), orzechy laskowe (1:88), mak (1:92). Orzeszki piniowe (1:200), a w szczególności migdały (1:2000) powinny być racjonowane w diecie.

Podczas namaczania orzechów i ziaren dezaktywują się występujące w ich cienkiej skórce substancje utrudniające trawienie, a aktywują cenne dla procesu trawienia enzymy oraz proces kiełkowania (cukry złożone rozkładają się do cukrów prostych, białka do aminokwasów, tłuszcze do kwasów tłuszczowych). Mówiąc prościej, dzięki namaczaniu orzechów

* Nasiona uprawianego powszechnie lnu niskolinolenowego nie mają w swoim składzie korzystnych proporcji kwasów tłuszczowych Omega. Szukaj wartościowego pod tym względem siemienia lnianego złocistego (np. lnu budwigowego).

i nasion zyskuje się więcej energii oraz substancji odżywczych przy mniejszym wysiłku ze strony układu trawiennego. Warto je moczyć zwłaszcza wtedy, gdy są dodawane do potraw w postaci surowej. Różne orzechy i pestki wymagają różnego czasu namaczania:

6–12 godzin: orzechy laskowe, pistacje, migdały;

4–8 godzin: nasiona sezamu, pestki dyni i słonecznika;

2–6 godzin: orzechy włoskie, brazylijskie, pekany, bukwy (orzeszki bukowe);

1–2 godziny: orzechy bez skórki: makadamia, nerkowce, piniowe.

Warto nabywać orzechy oraz pestki w łupinach, ponieważ nie są zjełczałe i zachowują bogactwo substancji odżywczych, w tym nietrwałych tłuszczów. A dodatkowo są tańsze niż łuskane. Jeśli wyczuwasz gorzki smak, co zdarza się dość często w przypadku kupionych w sklepie orzechów wyłuskanych, oznacza to, że zawarte w nich wielonienasycone kwasy tłuszczowe utleniły się i tym samym orzechy stały się szkodliwe dla zdrowia.

Kupując mąki z migdałów lub innych orzechów, zwróć uwagę na stopień ich zmielenia. Z grubszych (z kawałkami orzechów, czasem występują pod nazwą orzechów tartych) uzyskasz nieco pulchniejsze ciasto, natomiast drobne mączki bardziej zagęszczają konsystencję i należy je łączyć z innymi mąkami. Ale za to nadają się świetnie do ciastek i naleśników. Orzechy możesz zemleć samodzielnie w maszynce do mięsa, jednak ostrożnie zastępuj nimi mąki kupione w sklepie. Mielone w ten sposób orzechy wydzielają dużą ilość tłuszczu i stają się kleiste, przez co konsystencja wypieku może się nieco zmienić (mączki sklepowe są częściowo odtłuszczane). Warto mleć orzechy samodzielnie, ponieważ dzięki temu mąka będzie o wiele tańsza i świeża (jeśli użyjesz świeżych orzechów), ale lepiej robić to w elektrycznym młynku do kawy lub ziół albo w blenderze. Dzięki krótkiemu mieleniu orzechów w młynku (lub starciu na drobnej tarce) uzyskasz mąkę grubą. Mieląc orzechy w młynku nieco dłużej, uzyskasz drobną mączkę, podobną do sklepowej, jednak trochę bardziej wilgotną, tłustą. Co chwilę kontroluj stopień zmielenia orzechów, aby nie zaczęło się z nich robić „masło".

Do posypywania potraw oraz do chlebków witariańskich używamy nasion wysokolinolenowej odmiany złocistego siemienia lnianego. W wypiekach i potrawach gotowanych możesz używać odmiany lnu niskolinolenowego. Aby uzyskać len grubo lub drobno mielony, zmiel go bezpośrednio przed użyciem w blenderze lub młynku.

Ze względu na jełczenie kwasów tłuszczowych mąki z dużą zawartością tłuszczów: kokosową, dyniową, migdałową oraz orzechowe należy przechowywać w chłodnym miejscu, a po otwarciu opakowania najlepiej w lodówce.

Polecamy: orzechy i pestki sprzedawane w łupinach; mąki z orzechów (migdałowe, z orzechów włoskich, laskowych, kokosowych), orzeszków ziemnych (arachidową) oraz nasion i pestek (sezamową, dyniową, słonecznikową) firm Biosfera, Efavit, Ekogram Zielonki, Fresano, Natu, Provita, Radix-Bis; tarte migdały, orzechy włoskie i laskowe oraz mak mielony firmy BackMit; mąkę kasztanową Bauckhof, Bios, Futura, Incola, Natu, Provita; biomasło sezamowe (jasne i ciemne) oraz fistaszkowe Horizon, biomasło fistaszkowe oraz z różnych orzechów firmy Terrasana; naturalne masła orzechowe Meridian; masła firmy Primavika – naturalne migdałowe i sezamowe oraz fistaszkowe 95% (bez soli i cukru, z największą zawartością orzeszków przy bardzo przystępnej cenie); inne naturalne masła orzechowe i pestkowe (bez słodzików i E-dodatków, najlepiej 100%); masła domowego wyrobu (zob. „Przepisy podstawowe i dodatki"); złociste siemię lniane budwigowe firmy Oleofarm, siemię lniane Złoty Oliwin firmy Zielony Nurt.

Odradzamy: orzechy w polewach „czekoladowych" i chrupiących panierkach; masła orzechowe z dodatkiem cukru, syropu glukozowo-fruktozowego i utwardzonych tłuszczów roślinnych; masła orzechowo-czekoladowe; gotowe masy makowe.

2.4. Tłuste ABC

Tłuszcze spożywcze zawierają kwasy tłuszczowe nasycone lub/i nienasycone (wodorem). Do kwasów tłuszczowych nienasyconych łatwo przyłączają się atomy tlenu, przez co kwasy te ulegają utlenieniu i stają się substancjami toksycznymi dla naszych organizmów.

Tłuszcze zawierające wyłącznie kwasy tłuszczowe nasycone lub posiadające ich przewagę to tłuszcze zwierzęce (smalec, łój, masło, pełna śmietana) oraz część tłuszczów roślinnych (olej kokosowy/masło kokosowe, masło kakaowe, olej palmowy). W czasie smażenia nie utleniają się one do postaci toksycznej (o ile nie przekroczy się właściwego dla nich punktu dymienia) i doskonale nadają się do obróbki w wysokiej temperaturze (z wyjątkiem świeżego masła).

Tłuszcze z przewagą kwasów tłuszczowych nienasyconych to głównie oleje roślinne oraz tran z wieloryba i oleje z ryb. Dzielą się na: Omega-9 (jednonienasycone), przeważające w składzie oliwy z oliwek, oleju migdałowego i arachidowego; Omega-6 (wielonienasycone), znajdujące się w oleju sojowym, słonecznikowym, kukurydzianym, arachidowym, z pestek winogron, sezamowym; Omega-3 (wielonienasycone), przeważające w oleju lnianym, tranie i tłuszczach rybich.

Tłuszcze utwardzone (uwodornione, zawierające izomery trans) są produkowane metodą przemysłową, ingerującą w budowę kwasów tłuszczowych nienasyconych. Mają szkodliwy wpływ na organizm i należy ich bezwzględnie unikać. Należą do nich margaryny roślinne i różnego rodzaju miksy tłuszczów roślinnych oraz zwierzęcych. Tłuszcze utwardzone, oprócz glutenu i syropu glukozowo-fruktozowego, to najczęstsze dodatki do żywności produkowanej konwencjonalnie. Spotyka się je w wyrobach cukierniczych, masarskich, mleczarskich, płatkach śniadaniowych itd., często pod nazwą „tłuszcz utwardzony"/„olej roślinny".

Każdy tłuszcz użyty do smażenia można ogrzewać tylko do określonej granicznej temperatury nazywanej punktem dymienia. Po jej przekroczeniu cząsteczki ogrzewanego tłuszczu zaczynają się rozpadać, tracąc wszelkie własności odżywcze. Wydziela się przy tym toksyczna akroleina. Jeśli przekroczysz punkt dymienia, wylej tłuszcz i umyj patelnię – stracisz tłuszcz, ale zyska na tym twoje zdrowie. Z niewielkimi różnicami interpretacyjnymi **wartości punktów dymienia dla różnych tłuszczów wynoszą:**

olej z awokado 250°C,
olej palmowy 220°C,
olej ryżowy rafinowany 213–230°C,
masło klarowane 200–205°C,
olej kokosowy 185–205°C,
olej rzepakowy tłoczony na zimno 130–190°C,
oliwa z oliwek tłoczona na zimno 130–180°C,
smalec wieprzowy 120–218°C*.

Polecamy:

tłuszcze zwierzęce: masło klarowane, masła świeże pełnotłuste bez dodatków; smalec dobrej jakości (o wysokiej temperaturze dymienia, pochodzący ze sprawdzonego źródła);

tłuszcze roślinne: ekologiczne margaryny roślinne bez tłuszczów trans i E-dodatków; biooleje roślinne; oleje tłoczone na zimno; oleje rafinowane nieuwodornione (filtrowane na zimno); śmietanki kokosowe bez dodatków;

do smażenia: masło klarowane Mlekowita; smalec dobrej jakości; olej ryżowy 100% bez GMO firmy Suriny (rafinowany, podwójnie filtrowany na zimno – nieuwodorniony); oliwę sansa (oliwę z wytłoczyn z oliwek); bioolej kokosowy Natvita (organiczny, nieuwodorniony, niebielony, bezzapachowy – zapach wytrącany parą wodną);

---

* Rozpiętość temperatur zależna jest od jakości słoniny – ta pochodząca z uboju zwierząt z gospodarstw ekologicznych, karmionych w sposób naturalny, nie zawiera zanieczyszczeń chemicznych, co korzystnie wpływa na jej wytapianie/wysoką temperaturę dymienia.

do krótkiej obróbki cieplnej: powyższe oraz: olej kokosowy, oliwę z oliwek extra virgin; biooliwę z oliwek extra virgin firmy De Prado;

do pieczenia: masło klarowane Mlekowita; olej ryżowy 100% bez GMO firmy Suriny; olej kokosowy; wegańską margarynę Alsan-Bio;

na zimno: świeże masła bez dodatków, pełnotłuste krowie (min. 82% tłuszczu), kozie i bawole; biooliwę z oliwek extra virgin firmy De Prado; olej lniany firmy Oleofarm (świeży, nierafinowany, tłoczony na zimno, w szklanej ciemnej butelce, przechowywany w sklepie lub aptece w lodówce), a także inne oleje firmy Oleofarm (np. dyniowy, orzechowy, z pestek dzikiej róży, z awokado, konopny, ryżowy) oliwę z oliwek oraz różne oleje firmy Zielony Nurt; olej z pestek dyni 100%, tłoczony na zimno, nierafinowany i niefiltrowany firmy Kier; bioolej rzepakowy Biotrend, Biolevante; oleje kokosowe Biooil, Efavit, Huile de Coco, Olvita, Vitaquell (zimnotłoczone, nierafinowane); inne oleje nierafinowane, tłoczone na zimno (najlepiej bio), np. z dyni, kokosa, oliwek, rzepaku, słonecznika, orzechów, sezamu.

Odradzamy: olej lniany w plastikowych butelkach, trzymany w sklepie poza lodówką (bezużyteczny pod kątem zawartości kwasów nienasyconych, wręcz szkodliwy dla zdrowia na skutek utlenienia, które w takich warunkach jest procesem postępującym bardzo szybko); inne oleje rafinowane w plastikowych butelkach, wystawione na działanie światła i ciepła.

2.5. Ale jaja!

Jajko to jeden z niewielu pokarmów naturalnych tak kompletnie wyposażonych przez naturę. Zawiera wszystkie składniki odżywcze niezbędne do rozwoju zarodka, poza witaminą C.

Optymalny czas gotowania średniej wielkości jajka kurzego, pozwalający uzyskać najlepszą strawność i zachować wartości biologiczne, wynosi 3 minuty (duże jajko jest już wewnątrz ścięte, a małe całkowicie twarde). W żadnym wypadku nie gotuj jajek powyżej 5 minut! Część aminokwasów ulega wtedy zniszczeniu i dochodzi do wytworzenia ciężkostrawnego siarczku żelaza – świadczy o tym zielonoszare zabarwienie powierzchni żółtka, widoczne po obraniu jajka.

Żółtko zawiera plazmę, substancję działającą ochronnie wobec antygenów i bakterii w ustroju człowieka, oraz foswitynę, będącą doskonałym naturalnym antyoksydantem. Aby w pełni skorzystać z ich dobroczynnego działania, żółtko nie powinno być ścięte, należy je więc jadać w jaju na miękko lub w postaci żółtkowego kogla-mogla ukręconego z ksylitolem i sokiem z cytryny (uzupełniającym witaminę C).

Zgodnie z obowiązującymi standardami na opakowaniach jajek znajdują się informacje m.in. o klasie jakości, klasie wagowej (małe S, średnie M, duże L, bardzo duże XL) oraz rodzaju chowu. Klasa jakości A to jajka świeże (klasa A-Ekstra to jajka klasy A, od których zapakowania minęło nie więcej niż 7 dni, a od zniesienia nie więcej niż 9); B to jajka drugiej klasy jakości albo jajka utrwalone.

Jajka klasy A mają umieszczony na skorupce m.in. kod chowu:

- 0 – jajka z chowu ekologicznego,
- 1 – jajka z chowu na wolnym wybiegu,
- 2 – jajka z chowu ściółkowego,
- 3 – jajka z chowu klatkowego.

Jak sprawdzić świeżość jajek? Surowe świeże jajko zanurzone w naczyniu z zimną wodą będzie leżało na dnie, 1–2-tygodniowe przyjmie pozycję pionową, a nieświeże wypłynie na powierzchnię. Jeśli jajko wybite ze skorupki ma spłaszczone, duże żółtko i mętne, rzadkie białko, jest nieświeże i nawet jeżeli nie wydziela niemiłej woni, wpłynie niekorzystnie zarówno na smak potrawy, jak i na jej trwałość.

Jajka przechowuj ułożone szerszym, mniej spiczastym końcem do góry. W tej części znajduje się komora umożliwiająca wymianę powietrza, a to sprzyja dłuższemu zachowaniu świeżości.

W temperaturze 0°C żółtko ulega żelatynizacji. Z tego względu warto używać zimnych jajek do wykonania biszkoptu – piana ubita z białek po dodaniu zimnych żółtek będzie bardziej gęsta i zwiększy swoją objętość, a także lepiej połączy pozostałe składniki wypieku. Żółtko jako emulgator zastępuje mąkę dodawaną do zup czy sosów. Wystarczy rozprowadzić je w małej ilości wody i wlać do potrawy już po zestawieniu jej z ognia.

Polecamy: jajka kurze z kodem 1 lub 0 (z gospodarstw ekologicznych, certyfikowane); sporadycznie jaja strusie, kacze, gęsie i przepiórcze.

2.6. Mleczna kraina

Oprócz bardzo popularnych wyrobów z mleka krowiego na rynku pojawia się coraz więcej produktów z mleka koziego, owczego i bawolego. Warte uwagi są również „mleka" roślinne: zbożowe, orzechowe i sojowe – napoje o doskonałym smaku i wartościowym składzie. Najlepsze są oczywiście te przygotowane samodzielnie w domu (zob. „Przepisy podstawowe i dodatki"). W naszych przepisach możesz stosować zamiennie mleko krowie, kozie lub dowolne roślinne, choć efekt końcowy potrawy może się nieco różnić (zwłaszcza w przypadku ciast, naleśników i gofrów).

Strawność nabiału koziego jest zdecydowanie lepsza niż krowiego, ale to tylko jeden z argumentów przemawiających za przewagą mleka koziego nad krowim. Białka występujące w obu rodzajach mleka są ilościowo porównywalne, jednak proporcje poszczególnych frakcji są odmienne. Te występujące w mleku kozim zawierają więcej pożądanych białek serwatkowych, a niewiele alergizującej frakcji kazeiny (alfa-S1) występującej w dużej ilości w mleku krowim (produkty mleczne o największej zawartości tłuszczu zawierają najmniej alergizujących białek).

Pod względem składu aminokwasowego białek mleko krowie zdecydowanie ustępuje koziemu. Aminokwasy zawarte w białkach mleka koziego są szczególnie wartościowe w żywieniu niemowląt i dzieci, ponieważ mają doskonały wpływ na rozwój ich układu nerwowego. Mleko kozie zawiera składniki hamujące procesy zapalne oraz nasilające produkcję tlenku azotu rozszerzającego światło naczyń krwionośnych, obniżającego ciśnienie krwi i (według części źródeł) przyczyniającego się do poprawy ukrwienia, dotlenienia i odżywienia komórek. Jest również produktem uznanym za pokarm funkcjonalny, czyli posiadający wysokie walory odżywcze, sprzyjające zachowaniu zdrowia.

W porównaniu z mlekiem krowim i kozim mleko owcze ma większą zawartość białek (w tym nieprzyswajalnej dla dorosłego człowieka kazeiny), laktozy (również nieprzyswajalnej dla wielu osób) oraz składników mineralnych (z wyjątkiem magnezu). Zawartością kwasów tłuszczowych nienasyconych przewyższa mleko kozie. Ze względu na niską trwałość zazwyczaj jest przetwarzane na sery miękkie (bundz) i twarde dojrzewające oraz napoje fermentowane, naturalne i smakowe. Zawartość kazeiny w serach owczych wynosi 75–80%, dlatego są to produkty dla wielu osób bardzo alergenne.

Polecamy – w ograniczonej ilości:

nabiał kozi: ser twarogowy sałatkowy Festkoz (Danmis); ser półtwardy Chevrette (Frico), ser twardy Polder Blanc (Jansen); kremowy serek naturalny, kanapkowy Danmis, Merci Chef! (Eurial), La Cabrette (Rians) oraz Food&Joy (dostępny w sklepach Alma); jogurt naturalny Rians; masło kozie Delamere; inne wyroby z mleka koziego pasteryzowane, naturalne, bez cukru, owoców, szkodliwych E-dodatków;

nabiał owczy i kozio-owczy: ser owczy Manouri i Bułgar (Jansen); oryginalne sery feta, np. Mt Athos, Greco, bio Roussas (Jansen), biojogurt owczy typu „grecki" firmy Vrai;

nabiał krowi: masło z zawartością min. 82% tłuszczu, z karotenem jako barwnikiem; mleka pasteryzowane z min. 3,2% tłuszczu, najlepiej z mlekomatów lub mleko firmy Robico w szklanych butelkach, pasteryzowane w niskiej temperaturze (do 74°C – zachowuje walory świeżego, do spożycia bez gotowania); słodką śmietankę 30% President; pełnotłusty jogurt typu „grecki" Maćkowy (Polmlek), Total 5% (Fage) oraz Zott; kefir naturalny 1,5% tłuszczu, Robiko, Zott; maślankę naturalną Robico, Milko; twarogi pełnotłuste lub półtłuste; dobrej jakości sery żółte konserwowane lizozymem z jaja kurzego (bez azotynów i stabilizatorów), z karotenem jako barwnikiem.

Odradzamy: jogurty i śmietany z E-dodatkami, mlekiem w proszku, żelatyną i homogenizowane; mleka UHT; „najbogatsze" w E-dodatki serki topione oraz część serków kanapkowych, słodkich i wytrawnych, spulchnianych azotem; sery wędzone i sery twarde żółte konserwowane azotynami oraz z dodatkiem glutaminianu sodu lub innych szkodliwych E; sery w plastrach opakowane w plastikowe zgrzewki – także ze względu na szybszą utratę świeżości po rozpakowaniu i nieekonomiczną cenę w porównaniu z serami sprzedawanymi w kawałkach na wagę.

2.6.1. Napoje (mleka) roślinne

Napoje przyrządzane z ziaren lub orzechów, nazywane mlekami roślinnymi, są odżywcze i smaczne. Mleczno-roślinnych możliwości jest tyle, ile jadalnych orzechów i ziaren. Najpopularniejsze jest mleko ryżowe, sojowe, kokosowe, migdałowe, jaglane i owsiane. Rzadziej spotykane to sezamowe, orzechowe (włoskie, laskowe, pistacjowe), kukurydziane, z soczewicy lub quinoa. Równie smaczne i pożywne są domowe mleczka przyrządzane z mieszanek orzechowo-ziarnkowych.

Większość mlek roślinnych możesz kupić, jednak zazwyczaj mają w składzie niepotrzebne E-dodatki i słodziki. Te przyrządzane samodzielnie charakteryzują się doskonalszym smakiem i aromatem. Używamy ich w wielu naszych przepisach. Do przygotowania domowego mleka roślinnego potrzebny jest dobrej jakości duży blender albo profesjonalna maszynka do wyciskania mleka. W przepisach podstawowych podajemy kilka prostych pomysłów na domowe mleka roślinne oraz na migdałową śmietankę. Ponieważ proporcje składników (4:1) i zasady przyrządzania są powtarzalne, zachęcamy do eksperymentowania z różnymi rodzajami i tworzenia własnych mlecznych kompozycji.

Polecamy: bionapój ryżowy i ryżowo-sojowy Rossmann; naturalny bionapój ryżowy i sojowy Natumi; biomleka ryżowo-orzechowe Vitariz; biomleko kokosowe do gotowania Dr Martins; biomleko kokosowe Terrasana, Dr Goerg; inne mleka kokosowe o zawartości kokosa min. 80%, bez dodatków; śmietanki kokosowe w kostce 100%, bez dodatków, KTC i Renuka, naturalny „jogurt" sojowy Sojade.

Odradzamy: mleka (napoje) roślinne oraz śmietanki i jogurty roślinne zagęszczane, słodzone, z dużą ilością E-dodatków.

2.7. Ryby mają głos

Odżywczość ryb to głównie białko, tłuszcz oraz witaminy A i D. Chude ryby (szczupak, dorsz, morszczuk) zawierają do 1% tłuszczu, średnio tłuste (płoć, karp, ostrobok, karmazyn) zawierają do 5% tłuszczu, a tłuste (łosoś, halibut, makrela, śledź, sardynka, szprot, węgorz) ponad 5%. W diecie pożądana jest ich różnorodność.

Część ryb dostępnych w ofercie handlowej jest opatrzona logo MSC (Marine Stewardship Council – dla ryb pochodzących z łowisk) lub logo ASC (Aquaculture Stewardship Council – dla ryb pochodzących z hodowli). Znaki te gwarantują, odpowiednio, że ryby pochodzą ze zrównoważonych połowów i że hodowle prowadzone są w odpowiedzialny sposób. Ceny takich ryb są porównywalne do cen ryb łowionych metodami konwencjonalnymi, nieopatrzonymi w handlu żadnym znakiem.

W miarę możliwości wybieraj gatunki drobnych ryb znajdujących się na początku łańcucha pokarmowego. Dzięki temu unikniesz wysokiego stężenia toksyn zawartych w mięsie dużych gatunków (zjawisko bioakumulacji).

Śledzie z solanki oraz owoce morza przyrządzane na surowo są bogate w kwasy Omega-3, które giną podczas obróbki cieplnej. Zalecenie spożywania smażonych lub gotowanych ryb, ze względu na zawartość kwasów Omega-3, jest niczym niepopartą, błędną informacją.

Polecamy: opatrzone logo ASC i MSC ryby i owoce morza, świeże i mrożone (z jak najmniejszą procentową zawartością glazury); śledzie z czystej solanki (w składzie tylko woda i sól w dużym stężeniu); mrożone krewetki i ryby Oscar's Fish*.

Odradzamy: produkty rybne wędzone, wytwarzane z udziałem kancerogennych azotynów oraz innych obciążających organizm E-dodatków; wszystkie konserwy rybne, kanapkowe pasty rybne i paprykarze zawierające E-dodatki z czerwonej listy; pangę (hodowaną w wyjątkowo zanieczyszczonym środowisku) oraz rybę maślaną (zawiera toksynę uszkadzającą układ nerwowy – niektóre sklepy rybne wywieszają informację odradzającą jej konsumpcję przez dzieci i kobiety w ciąży oraz osoby starsze).

2.8. Dla mięsożerców

Mięso jest źródłem pełnowartościowego białka i, zależnie od gatunku, zróżnicowanej ilości tłuszczów, minerałów (głównie żelaza i cynku) oraz witamin z grupy B. Jeśli pochodzi z pewnego źródła, nadaje się na tatar

* Oferta Oscar's Fish to produkty najwyższej jakości (również mięso), w Polsce dostępne, przynajmniej na razie, jedynie w sprzedaży wysyłkowej. Cechują je bardzo przystępne ceny w porównaniu z wysoką jakością (np. średniej wielkości porcje dla 2 osób: 2 filety z łososia – 20 zł, krewetki – 10 zł; wątróbka z dorsza w puszce – 5 zł). Zamówienie składane wspólnie przez kilka osób minimalizuje koszty przesyłki kurierskiej (40 euro). Pełna oferta OF na stronie www.icelandic-delicatessen.com.

lub pastrami domowego wyrobu – zachowuje wtedy cenne aminokwasy i enzymy trawienne. Mięso poddane intensywnemu smażeniu lub opiekaniu traci dużo z tych wartości na skutek denaturacji białek.

Aby usprawnić przygotowanie potraw na bazie mięs, zamroź porcje esencjonalnego bulionu. W naszych przepisach używamy bulionu warzywnego, ale możesz go zastąpić lekkim bulionem mięsnym, najlepiej jasnym.

Polecamy: surowe, niepeklowane mięso wieprzowe i wołowe; dziczyznę; mięso królika; mięso ptactwa hodowlanego – kury, kurczaka, indyka, gęsi, kaczki, przepiórki (dostępne już w wielu sklepach).

Odradzamy: wszystkie produkty mięsne zawierające w składzie azotyny, glutaminian sodu, inne szkodliwe E-dodatki oraz MOM i MDOM* (w tym: surowe i mrożone mięsa peklowane; przyprawiane mięsa do grillowania; mięsa pakowane w foliowe woreczki, w kawałkach i mielone; wędliny; konserwy; wędzonki); mięsa opiekane na grillu węglowym (dioksyny!) oraz z użyciem podpałek nasączonych środkami chemicznymi wnikającymi w pokarm.

2.9. Groch z kapustą – pokochaj warzywną różnorodność!

Walory pokarmowe warzyw są powszechnie znane. Mamy do wyboru kapustne, dyniowate, cebulowe, psiankowate, selerowce, komosowate, astrowate, strączkowe i grzyby. Najwięcej korzyści czerpiemy z warzyw podawanych na surowo w postaci sałat, surówek, soków, koktajli, prze-

* MOM (mięso oddzielane mechanicznie) i MDOM (mięso drobiowe oddzielane mechanicznie) to głównie ścięgna, chrząstki, szpik, tłuszcz, błony, skrzydła, rozdrobnione kości – odpady po tym, co zostaje z oddzielenia prawdziwego mięsa. Produkowana z nich masa/miazga, do której dodawane są jeszcze przeciwutleniacze, oleje, emulgatory, polifosforany i polepszacze smaku, stanowi składnik wielu „wędlin".

cierów, sosów typu „pesto" (na zimno) oraz w chlebkach witariańskich. Zawarte w warzywach enzymy, w większości ulegające zniszczeniu w temperaturze powyżej 44°C, doskonale wspomagają przyswajanie pokarmów. Kompromisowym rozwiązaniem wpływającym na lepsze zachowanie wartości odżywczych jest gotowanie na parze lub blanszowanie warzyw.

Gotowanie grubych warzyw strączkowych (grochu, fasoli, ciecierzycy) należy poprzedzać kilkugodzinnym namoczeniem (wody z moczenia nie używamy do dalszego gotowania!). W początkowej fazie gotowania, zawsze na mocnym ogniu i bez przykrywki, trzeba zbierać szumy (pianę na wierzchu). Dodatek glonów kombu, nori lub innych ułatwia trawienie roślin strączkowych, więc warto wrzucić do garnka choćby mały kawałek*. Kasza gryczana podana w jednym posiłku ze strączkowymi ułatwia przyswajanie białek.

Warzywnym (i owocowym) problemem są pestycydy oraz modyfikacje genetyczne. W miarę możliwości powinno się kupować warzywa certyfikowane, od lokalnych, sprawdzonych producentów lub z innych źródeł gwarantujących dobrą jakość. Wiosenne nowalijki oraz warzywa letnio-jesienne dostępne w handlu przez cały rok są, poza „normalnie" stosowanymi pestycydami, stymulowane dodatkową chemią. Należą do nich pomidory, ogórki, kalafiory, brokuły, papryka, szczypior, sałaty, nacie. Nie daj się na nie skusić!

Środki chemiczne możesz w znacznej części usunąć z powierzchni skórki przez dokładne mycie warzyw lub owoców najpierw w wodzie zakwaszonej, a następnie w wodzie o odczynie zasadowym. Wystarczy do wody na pierwsze płukanie dodać octu spożywczego (ok. 50 ml/l), a do kolejnego, po wymianie wody, wsypać sodę spożywczą (1 czubata łyżka/l). Na końcu trzeba lekko opłukać warzywa w czystej wodzie.

---

* W formie suszonych pasków lub arkuszy. Do kupienia w sklepach ze zdrową lub z orientalną żywnością oraz w dobrze zaopatrzonych delikatesach i marketach (w dziale orientalnym).

Zachęcamy do zakładania własnego przydomowego ogródka lub choćby małej uprawy balkonowej. Posadź cebulę na szczypiorek, a w domu wyhoduj kiełki oraz rzeżuchę – zawsze będą świeże i wolne od środków chemicznych, a przy tym dostępne w twojej kuchni przez cały rok. Możesz nimi posypywać sałatki, surówki, kanapki oraz inne dania. Możesz także kupować świeże zioła w doniczce, m.in. bazylię, tymianek, oregano czy rozmaryn.

W maju koniecznie wybierz się na pokrzywowe zbiory! Pokrzywa to bomba witamin i składników mineralnych. Należy ją zbierać, dopóki jest młoda, w kwietniu i maju, najlepiej tylko górne liście. Starsze rośliny stają się łykowate, mniej smaczne, a do tego zawierają węglan wapnia podrażniający nerki. Bardzo ważne jest, by zbierać tylko pokrzywy rosnące z dala od dróg, w miejscach nieopryskiwanych chemicznie, aby uniknąć szkodliwych zanieczyszczeń. Wykorzystujemy ją w kilku przepisach z tej książki. Liście pokrzywy z powodzeniem zastępują szpinak i jarmuż. I odwrotnie. Lista zdrowotnych i kosmetycznych właściwości pokrzywy jest bardzo długa. Zapoznasz się z nimi m.in. w książce Guylaine Goulfier *Pokrzywa w ogrodzie i kuchni*[*].

Poniżej przedstawiamy listy warzyw i owoców niepochodzących z upraw ekologicznych, przebadanych pod kątem zawartości pestycydów. Oceny dokonała w 2014 r. organizacja Environmental Working Group (EWG)[**]. Listy te dotyczą warzyw i owoców uprawianych w Stanach Zjednoczonych. Wyniki podobnego badania przeprowadzonego w naszym kraju mogłyby się różnić od amerykańskich, ale warto je mieć na uwadze i starać się kupować produkty z „parszywej dwunastki" od zaufanych producentów lub z certyfikatem ekologiczności.

---

[*] G. Goulfier, *Pokrzywa w ogrodzie i kuchni* (oryg. *L'ortie: culture & usages*), Wydawnictwo RM, Warszawa 2011, 80 s.

[**] Zob. www.ewg.org/foodnews.

„Czysta piętnastka" (Clean Fifteen)	„Parszywa dwunastka" (Dirty Dozen)
warzywa i owoce najmniej zanieczyszczone pestycydami (od najmniejszego zanieczyszczenia)	warzywa i owoce najbardziej zanieczyszczone pestycydami (od największego zanieczyszczenia)
awokado	jabłka
kukurydza	truskawki
ananas	winogrona
kapusta głowiasta biała,	seler naciowy
groszek cukrowy (mrożony)	brzoskwinie
cebula	szpinak
szparagi	słodka papryka
mango	nektarynki
papaja	ogórki
kiwi	pomidorki cherry
bakłażan	groszek (importowany)
grejpfrut	ziemniaki
melon odmiany Kantalupa	
kalafior	dodatkowo: chili, jarmuż
słodkie ziemniaki (bataty)	

Polecamy: świeże warzywa z upraw certyfikowanych; stały warzywny bioasortyment sklepów (np. Lidl); ekowarzywa w słoikach EkoWital; mrożonki Hortex bez dodatków konserwujących; warzywa liofilizowane Elena*; su-

* Polecamy warzywa i owoce liofilizowane firmy Elena z Kalisza, dostępne w delikatesach, zielarniach, aptekach, w sieci sklepów Rossmann oraz w sprzedaży internetowej (sklep producenta www.sklep.kolagenum.com). Dzięki stosowanej przez producenta technologii obróbki doskonale zachowują wartość odżywczą. Nie dochodzi do istotnych strat witamin, składników mineralnych, substancji biologicznie czynnych, m.in. polifenoli, białka, węglowodanów i tłuszczu. Możesz dodawać je do płatków śniadaniowych, herbat owocowych, domowej produkcji smalcu (gruszkę i jabłko), deserów, ciast, kremów i biszkoptów (także jako sproszkowany barwnik), do własnych kompozycji przypraw albo używać do zagęszczania sosów. Owoce mogą być również lekką, chrupiącą przekąską.

szone ekowarzywa strączkowe; mąkę z ciecierzycy Bio Raj, Biofuturo, Natu, Radix-Bis, TRS; tofu – serek sojowy naturalny, bez dodatków, z soi niemodyfikowanej genetycznie – ProSoya (Rumix), Provita, Solida Food, bio Taifun.

Odradzamy: tofu ze szkodliwymi E-dodatkami, głównie wędzone i smakowe (azotyny, chlorek wapnia); tofu niezawierające na opakowaniu informacji, że użyte do jego produkcji ziarna soi nie są modyfikowane genetycznie; wyroby sojowe imitujące wyroby mięsne (np. pasztet, parówki wędliny – najczęściej zawierają gluten!); suszone nasiona roślin strączkowych (np. ciecierzycę, groch, fasolę, soczewicę) pochodzenia innego niż krajowe, jeśli nie posiadają certyfikatu eko; pomidory w puszkach.

2.10. Owoce warte grzechu

Pod względem zawartości witamin i minerałów owoce ustępują warzywom, w dodatku w większości są bardzo cukrogenne. Jadane tuż po posiłku spowalniają trawienie białek i tłuszczów, nasilając procesy fermentacyjne. Jedynie niewielki dodatek kwaśnych owoców (żurawiny, aronii, soku z cytryny) do dań z mięs i ryb wpływa na proces trawienny korzystnie. Dobrym rozwiązaniem jest lekkie, składające się wyłącznie z owoców śniadanie lub jadanie owoców jako przekąski pomiędzy posiłkami.

Owoce jagodowe zawierają obfitość antyoksydantów, dlatego warto jadać je na surowo w całości lub używać ich np. jako składników koktajli. Ich miksowanie przynosi dodatkowy pożytek – malutkie pesteczki ulegają rozdrobnieniu, dzięki czemu zawarte w nich cenne kwasy tłuszczowe stają się łatwo przyswajalne.

Soki owocowe sprawdzają się świetnie jako baza do przyrządzania deserów (kisieli, budyniów, galaretek, koktajli), podobnie jak owocowe musy uzyskiwane za pomocą wyciskarki do warzyw i owoców. Skórki z biocytrusów, świeże lub suszone i zmielone, wspaniale aromatyzują i dekorują słodkości.

Polecamy: świeże i suszone owoce z upraw certyfikowanych; stały owocowy bioasortyment sklepów (np. Lidl); mrożonki Hortex bez dodatków konserwujących; owoce liofilizowane Elena; soki owocowe Słoneczna Tłocznia* (dostępne m.in. w sieci Kaufland); polskie soki z borówki Merry Berry**; soki jednodniowe 100%, z lodówek, w szklanych butelkach; soki 100% firmy Oleofarm, do rozcieńczania (aronia, czarny bez, granat, malina, malina z lipą, noni i rokitnik); soki 100% firmy Zielona Tłocznia, do rozcieńczania, tłoczone na zimno (aronia, czarny bez, malina, rokitnik, pokrzywa i żurawina).

Odradzamy: owoce pakowane w szczelne foliowe woreczki lub owijane w nasączoną konserwantami bibułkę; owoce hodowane w sztucznym środowisku, sprzedawane poza sezonem naturalnej wegetacji; bezpestkowe odmiany cytrusów; dżemy, marmolady, soki owocowe lub soki z koncentratów słodzone cukrem i syropem glukozowym, ze sztucznymi barwnikami i aromatami; soki do rozcieńczania, zazwyczaj wysokosłodzone i z licznymi szkodliwymi E-dodatkami (często ze śladową ilością wsadu owocowego); owoce w puszkach; siarkowane owoce suszone; sztucznie aromatyzowane herbatki owocowe (sprawdzaj procentową zawartość owoców na opakowaniu!); „herbatki" granulowane (cukier, cukier i jeszcze raz cukier, plus E-dodatki).

---

* Produkowane wyłącznie ze świeżych owoców, naturalnie mętne, pasteryzowane w niskich temperaturach, bez obróbki enzymatycznej, bez żadnych dodatków. Dostępne w kilku smakach, w 5- i 3-litrowych opakowaniach utrzymujących świeżość do 14 dni po otwarciu (pakowanie soku w worek Bag-in-box zaopatrzony w zawór VITOP pozwala na jego wielokrotne dozowanie bez dostępu powietrza do wewnątrz). Dobre do picia oraz jako baza do deserów. Na tyle doskonałe, że w jednej z sieciówek pojawiły się ich opakowaniowe „bliźniaki" (z sokiem dużo gorszej jakości), dlatego zawsze dokładnie sprawdzaj nazwę producenta (www.slonecznatlocznia.pl).

** Naturalnie mętne, bez konserwantów. Dostępne w trzech wersjach: 100% borówki, 80% borówki i 20% jabłka oraz 80% borówki i 20% aronii (www.merry-berry.com).

2.11. Dodaj życiu aromatu: przyprawy i zioła

Granica pomiędzy nimi jest dość płynna. Coraz częściej zioła wchodzą w kulinarną rolę przypraw, podnosząc oprócz walorów aromatycznych i smakowych także odżywczość i strawność potraw. Bogate w enzymy trawienne, wspomagają pracę układu pokarmowego, są źródłem licznych, często unikatowych składników mineralnych.

Warto eksperymentować z różnymi przyprawami i szukać nowych smaków. W naszych przepisach możesz dodawać więcej lub mniej ziół, wedle uznania. Chleby i bułki przyprawiaj dowolnie, na przykład wrzucając do ciasta nasiona kminku albo posypując pieczywo z wierzchu nasionami czarnuszki. Mniej popularne przyprawy i suszone zioła są dostępne w sklepach ze zdrową żywnością, zielarniach, na stoiskach z przyprawami, w dobrze zaopatrzonych delikatesach i marketach, w sklepach internetowych (zazwyczaj taniej niż w stacjonarnych), a niektóre także w aptekach.

Jeśli nie napisałyśmy inaczej, stosujemy przyprawy i zioła suszone, rozdrobnione lub zmielone na proszek. Przyprawy o ulotnym aromacie – pieprz, gałkę muszkatołową, kardamon, anyż – miel bezpośrednio przed użyciem w młynku lub utłucz w moździerzu. Wsypując przyprawy do gorących potraw (np. zup), zawsze nabierz odpowiednią ilość na łyżeczkę lub wysyp na spodek, by uniknąć zawilgocenia całej zawartości słoiczka/opakowania. Pamiętaj, że gotowe mieszanki przypraw, m.in. curry oraz mieszanki typu „jarzynka" oraz „do bigosu", mogą zawierać różne dodatki, np. glutaminian sodu, a także gluten!

Do aromatyzowania słodkich wypieków i deserów często używamy wanilii. Zazwyczaj możesz użyć jej dowolnej formy – ksylitolu waniliowego lub domowego ekstraktu waniliowego (przepisy na stronach 323 i 317), gęstego ekstraktu waniliowego, świeżych nasion wydrążonych z laski wanilii lub wanilii suszonej i sproszkowanej. Kupując ekstrakt waniliowy, wybieraj ten bez cukru i karmelu, w składzie powinny być tylko woda, alkohol (bezglutenowy, np. rum) oraz ekstrakt z wanilii lub świeże ziarenka wanilii.

Świeże laski, grube, lśniące i mięsiste, kupuj w sklepach z przyprawami lub przez Internet – otrzymasz produkt lepszej jakości za niższą cenę.

Polecamy: ekologiczne zioła i przyprawy Dary Natury w całości (strąki, korę, nasiona, susz) lub mielone na proszek; cynamon cejloński; mniej znany, a dość często przez nas używany czosnek niedźwiedzi*, kumin (kmin rzymski)**, kozieradkę*** i czarnuszkę****; mieszanki ziołowe naturalne, bez dodatków, np. 18 Ziół Ojca Mateusza; bezdrożdżowy ekobulion warzywny w kostkach Marigold Organic Swiss; sos sojowy tamari bio Country Life, Terrasana, Yakso oraz Sunfood; pasty curry Kanokwan bez E-dodatków (czerwoną, żółtą i zieloną – red, yellow i green); podwójnie gęsty, naturalny ekstrakt waniliowy firmy Elegancja Smaków*****; mieloną sproszkowaną wanilię BioVegan, Natu, Naturata.

---

* Ma podobne właściwości jak zwykły czosnek i cudowny aromat. W przeciwieństwie do tradycyjnych ząbków czosnku nie pozostawia w ustach przykrego zapachu.

** Kumin, inaczej kmin rzymski, to orientalna przyprawa o intensywnym aromacie. Niezbędny składnik mieszanki curry. Mimo podobnej nazwy kuminu nie należy zastępować kminkiem – to zupełnie inny smak!

*** Wedle ludowego przekazu kozieradka… raduje kozy. Niech więc raduje i nas nie tylko jako przyprawa o doskonałym smaku i aromacie, lecz także jako sprzymierzeniec układu pokarmowego, posiadający liczne walory zdrowotne. Śluzy wydzielane z nasion kozieradki w trakcie trawienia działają przeciwzapalnie, powlekając i osłaniając nabłonek jelit.

**** Czarnuszka siewna (*Nigella sativa*) ma nazw bez liku: czarny kminek egipski, czarne złoto faraonów, czarnuszka ogrodowa, kolendra siewna, czarnucha, kąkolnica, a nawet panna w zieleni. Jej nasiona, o intensywnym, pieprzno-korzennym smaku, dominują w potrawie, dlatego lepiej dawkować je stopniowo. Dodawaj je do zup, sosów, sałatek, ciast oraz używaj jako posypki do pieczywa. Nasiona w połączeniu z olejem z czarnuszki są niezwykle odżywcze i lecznicze w działaniu, m.in. hamują rozwój drożdżaków w jelitach.

***** Podwójnie gęsty i niezwykle wydajny ekstrakt wytwarzany tradycyjną metodą (laski wanilii zalewa się rumem). Cudownie aromatyzuje desery i ciasta (aromat nie ulatnia się w wysokich temperaturach). Zawiera widoczne waniliowe nasionka. Rozlewany do szklanych buteleczek o pojemności 100 ml. Przy tak wysokiej wydajności i jakości jest niezwykle atrakcyjny cenowo. Na razie do kupienia tylko na Allegro, sprzedający: elegancjasmakow1.

Odradzamy: chiński cynamon kasja; słodzone i barwione ekstrakty waniliowe; cukier wanilinowy; sztuczne aromaty do wypieków; kostki rosołowe, mieszanki przypraw typu „jarzynka" i „do bigosu" oraz orientalne pasty do przyprawiania zawierające m.in. glutaminian sodu i/lub ekstrakt drożdżowy.

2.11.1. Sól

W sklepach dostępna jest sól morska, himalajska i kamienna. Pierwsze dwa rodzaje producenci reklamują jako szczególnie wartościowe ze względu na skład, a ich wyjątkowość przejawia się również w... wyższej cenie. Badania laboratoryjne rzeczywiście wskazują na niezaprzeczalne bogactwo solnych mikroelementów, ale również na ich minimalne ilości docierające do naszych organizmów z powodu niewielkich ilości soli, jakie zalecane są do dziennego spożycia. W przypadku soli morskiej warto zastanowić się nad kwestią chemicznych zanieczyszczeń występujących w solance, z której jest pozyskiwana.

Polecamy: spożywczą sól kamienną kłodawską jodowaną (bardzo niska cena za kilogram).

2.12. Kakao i karob

Ziarna kakaowca, proszek kakaowy ze zmielonych ziaren oraz gorzka czekolada o zawartości kakao powyżej 80% to pokarmy o niezwykle bogatym, odżywczym składzie. Wbrew powszechnej opinii ciemna barwa kakao nie zawsze oznacza produkt wysokiej jakości. Część bogatych składem odmian ma barwę rdzawobrązową.

Kupując czekolady, wybieramy te o jak największej zawartości kakao (powyżej 80%). Dobra czekolada czy jakikolwiek inny czekoladowy wyrób powinny mieć na pierwszym miejscu w składzie miazgę kakaową, a nie cukier, syrop glukozowy lub utwardzony tłuszcz roślinny (trans). Osoby reagujące na kakao alergicznie mogą zastąpić je karobem (zob. poniżej).

Polecamy: certyfikowane surowe ziarna kakaowca oraz 100-procentowe surowe kakao Surovital; kakao Natura (Celiko); słodzone ksylitolem czekolady Plamil – gorzką 72% oraz kawową; gorzkie czekolady naturalne z zawartością kakao powyżej 80%, np. Wawel 90%, Lindt 99% (zawierają niewielkie ilości cukru); czekolady 100%.

Odradzamy: kakao rozpuszczalne i wszelkie słodzone napoje kakaowe; czekolady białe, mleczne i nadziewane oraz wszelkie wyroby czekoladopodobne o małej zawartości kakao, mające na pierwszych miejscach w składzie cukier, syrop glukozowy oraz utwardzony tłuszcz roślinny; „czekoladowe" masła do kanapek, jogurty, deserki.

Karob (mączka chleba świętojańskiego, guma karobowa – E410) to sproszkowane nasiona szarańczynu strąkowego, zwanego drzewem świętojańskim, bardzo odżywcze, bogate w żelazo, fosfor, magnez, wapń oraz liczne składniki mineralne. Dla większości osób jest pokarmem niealergizującym. Nie zawiera stymulującej układ nerwowy teobrominy ani kofeiny i kwasu szczawianowego, upośledzającego wchłanianie wapnia. Jest szczególnie przydatny w deserach przyrządzanych dla maluchów oraz dla osób z problemami wchłaniania jelitowego.

Proszku karobowego używaj zamiennie z kakao, od którego jest nieco słodszy. Melasa z karobu, o wyjątkowym, wyrazistym smaku, może zastąpić cukier oraz – ze względu na konsystencję – miód.

Polecamy: karob w proszku Bio Planet, Biofuturo, Biolife, Eko Taste, Natu; melasę z karobu 100-procentowo naturalną firmy Incom AS (Turcja).

2.13. Nie wszystko, co słodkie, jest słodyczą

Słodzimy przede wszystkim ksylitolem i stewią. Wyeliminowałyśmy z diety sacharozę, czyli wszelkie odmiany cukru z cukierniczki, oraz pozostałe, szkodliwe nie tylko dla bezglutenowców, ekstrakty cukrów w postaci glukozy, fruktozy, syropów owocowych i roślinnych. Wyjątkami są miód, melasa karobowa oraz syrop z daktyli (czysty, eko lub domowego wyrobu), które wprowadzamy w niewielkich ilościach jako uzupełnienie ksylitolu i stewii, a także jako dodatki stabilizujące, zagęszczające, dekorujące lub barwiące.

Cukry znajdują się również w owocach i warzywach oraz innych produktach o naturalnie słodkim smaku, ale pokarmowo jest to już zupełnie inna jakość, wychodząca nam na zdrowie. Proporcje, w jakich występują, oraz otoczenie innych składników gwarantują ich optymalne przyswajanie. Jeśli jesteś zdrowy i nie przesadzisz z ilością słodkich owoców lub warzyw, twój metabolizm poradzi sobie z nimi doskonale.

2.13.1. Tym słodzimy

Szukając zastępników cukru, wyróżniłyśmy w naszych kulinarnych zastosowaniach ksylitol i stewię spośród innych słodzideł, opierając się na doniesieniach naukowych wykazujących ich walory zdrowotne. Co ważne, także ich smak okazał się satysfakcjonujący, zwłaszcza ksylitolu, delikatniejszego od mdłej sacharozy. Wizualnie jest trudny do odróżnienia od cukru. W wypiekach pozwala uzyskać niemal identyczne rezultaty przy mniejszej ilości. Drugim najważniejszym dla nas słodzidłem jest stewia, najbardziej praktyczna w formie skoncentrowanego fluidu. Dozuje się ją kroplami, dzięki czemu małe opakowanie wystarcza na długi czas. Stewię i ksylitol uzupełnia kilka innych naturalnych słodzideł. Jak widać, mimo braku cukru w diecie, słodyczy nam nie brakuje!

2.13.1.1. Ksylitol (E967)

Ksylitol (zwany też cukrem brzozowym) to organiczny cukrol, oryginalnie wytwarzany z drewna brzozowego. W przeciwieństwie do glukozy, fruktozy i sacharozy nie fermentuje w przewodzie pokarmowym, działa antybakteryjnie i przeciwpróchniczo, a także ogranicza rozwój pleśni i drożdżaków. Jest doskonały dla diabetyków, ponieważ jest metabolizowany przy niewielkim udziale insuliny. Do diety dzieci może być wprowadzany od 2–3 roku życia. Jest słodszy od cukru, więc możesz dodać go mniej, a i tak uzyskasz odpowiedni poziom słodyczy. Używaj go tak samo jak cukru, w szerokim zakresie temperatur i zastosowań. Nie przekraczaj jednak zalecanych na opakowaniu dawek i wprowadzaj go do swojej kuchni stopniowo.

Oryginalny fiński ksylitol wytwarzany jest z brzozy przez firmę Danisco. Jego cena, w porównaniu z tradycyjnym cukrem, jest dość wysoka, ale na rynku polskim pojawia się coraz więcej nowych dystrybutorów mających konkurencyjne oferty. W sklepach stacjonarnych ksylitol jest droższy i zazwyczaj sprzedawany w niewielkich, mało ekonomicznych opakowaniach po 200 lub 250 g. Zdecydowanie lepsze oferty znajdziesz w sklepach internetowych, zwłaszcza kupując jedno- lub trzykilogramowe opakowania.

W Polsce ksylitol jest sprzedawany w różnych pudełkach i pod różnymi markami, ale na każdym opakowaniu zawierającym oryginalny fiński cukier brzozowy zawsze widnieje nazwa producenta – Danisco. Dlatego koniecznie sprawdzaj informacje na pudełku lub w opisie produktu w sklepie internetowym, zwłaszcza jeżeli cena ksylitolu jest kusząco niska.

Niestety, możesz spotkać także ksylitol z nazwą zapisaną w cudzysłowie lub ze sprytnie poprzedzającym ją słówkiem „typu". Widziałyśmy takie podróbki, z ksylitolem nie mają one nic wspólnego, za to wiele z modyfikowaną kukurydzą...

Polecamy: oryginalny brzozowy ksylitol firmy Danisco (różnych dystrybutorów).

Odradzamy: podróbki ksylitolu produkowane m.in. w Chinach z modyfikowanej genetycznie kukurydzy.

2.13.1.2. Stewia (glikozydy stewiolowe – E960)

Stewia (*Stewia rebaudiana*) jest rośliną wyjątkowo przyjazną osobom na diecie bezglutenowej. Zawarte w niej glikozydy wykazują działanie bakterio- i grzybobójcze, są również odporne na fermentację, dzięki czemu nie obciążają dodatkowo procesów trawiennych w żołądku i jelitach. Produkty stewiowe są polecane także diabetykom ze względu na znikomy wpływ na wzrost poziomu glukozy we krwi.

Słodka stewia jest odporna na wysoką temperaturę – zmiany chemiczne w cząsteczkach glikozydów stewiolowych zachodzą w zakresie 190–200°C. Pozwala to na swobodne wykorzystywanie stewii do deserów i wypieków przygotowywanych w temperaturze do 190°C, bez uszczerbku dla ich walorów odżywczych i smakowych. Susz i sok są wolne od dodatków stabilizujących. Proszek stewiowy zawiera glicerol roślinny oraz maltodekstrynę, natomiast używany przez nas fluid tylko glicerol roślinny, dodatek uznawany za bezpieczny dla organizmu. Takie same produkty stewiowe, zależnie od producenta, mogą mieć w składzie różne E-dodatki, dlatego zawsze czytaj etykietki. We fluidzie powinny być tylko glicerol roślinny, woda oraz glikozydy stewiolowe.

Ze świeżej lub suszonej stewii możesz przygotować domowy syrop, świetnie sprawdzający się jako dosładzacz do napojów, kremów czy budyniów. Jeśli masz słoneczne miejsce w domu, na balkonie lub w ogrodzie, kup sadzonki stewii i ciesz się naturalnym słodzidłem z własnej uprawy! Używaj świeżych liści lub uzyskanego z nich suszu!

Ilość stewii dodawaną do napojów czy ciast dopasuj do swoich kulinarnych upodobań. Przyrządzając kawę, herbatę czy też pierwsze desery z jej użyciem, zaczynaj od małych ilości, by uchwycić odpowiadającą ci dawkę i niepotrzebnie nie zrazić się do dalszego jej stosowania (nadmiar stewii daje gorzkawy, ziołowy posmak). Po jakimś czasie przyzwyczaisz się do stewiowej słodyczy, zwłaszcza jeśli jednocześnie mocno ograniczysz lub zupełnie odstawisz cukier.

Stewia fluid, mocno skoncentrowana, idealnie sprawdza się w wypiekach i deserach w parze z ksylitolem jako „dosładzacz". Ksylitol daje część słodyczy i odpowiednią konsystencję (np. w kruchych ciastach), a kilka kropel stewii fluid wzmacnia słodycz. Produkty stewiowe nie za bardzo nadają się do słodzenia ciast drożdżowych, ponieważ hamują rozrost cukrowych grzybów (drożdży piekarniczych).

Charakterystyczny posmak świeżej stewii, jaki nadaje jej glikozyd niewystępujący w produktach w postaci sproszkowanej i płynnej, dobrze neutralizują naturalne kwasy, m.in. cytrynowy, jabłkowy czy mlekowy. Harmonijny smak herbatki z liści stewii i mięty (zawiera kwas cytrynowy i jabłkowy) jest tego przykładem.

Polecamy: domową esencję stewiową (s. 318); mocno skoncentrowaną stewię fluid NatVita, SteviGold i Steviola; susz z liści stewii; świeże listki stewii.

Odradzamy: stewiowe słodziki smakowe sztucznie aromatyzowane, np. stewię fluid winogronową, czekoladową, stewię w proszku waniliową; stewię w tabletkach (ze względu na szkodliwe E-dodatki); „stewię" w saszetkach zawierającą 5% suszonych, zmielonych liści stewii i 95% erytrytolu.

2.13.1.3. Miód

Jest to produkt doskonały z natury, a przy tym lek, i tak jak lek proponujemy go traktować – od czasu do czasu delektując się jego niewielką ilością. Poza wysoką zawartością cukrów prostych jest bogaty w liczne unikatowe i wartościowe związki. W miodzie wielokwiatowym z chabra bławatka i z białej akacji w wyjątkowo dużej ilości, większej nawet niż w białku jaja, występuje lizozym*. W pozostałych odmianach miodu jego ilość jest porównywalna do tej, jaka zawarta jest w jaju. Walory lecznicze wykazuje głównie miód surowy, o najbardziej wartościowym składzie.

Miód powinien być przechowywany w miejscu ciemnym i chłodnym. Niepodgrzewany do zbyt wysokiej temperatury, zależnie od rodzaju po 2–3 miesiącach od pozyskania go od pszczół w sposób naturalny zaczyna się scukrzać. Aby uzyskać miód w postaci płynnej, należy ogrzewać go powoli w kąpieli wodnej, w temperaturze nieprzekraczającej 40°C, by nie utracił swych enzymatycznych właściwości. Równie wartościowe jak miód są pozostałe produkty pszczele – pyłek pszczeli i propolis.

Do wypieków używamy miodu w niewielkich ilościach, przeważnie w recepturach pierników i ciast staropolskich.

Polecamy: miody gatunkowe surowe, nabywane ze sprawdzonych źródeł (najlepiej bezpośrednio od pszczelarzy).

Odradzamy: sztuczny miód – syntetyczny produkt mający w składzie cukry proste, wodę, aromaty, esencje smakowe i barwniki.

---

* Lizozym – enzym występujący w układzie trawiennym pszczół, zwierząt i ludzi, będący jednym z podstawowych czynników układu odpornościowego (odporność nieswoista). Chroni pszczoły przed zakażeniem z zewnątrz, a po przedostaniu się do miodu pełni funkcję antybiotyczną dla organizmu człowieka. Ponieważ u niektórych osób powoduje alergię pokarmową, tak samo jak lizozym znajdujący się w jajku, w tabelach E-dodatków oznaczony jest kolorem żółtym.

2.13.1.4. Melasa z karobu

Melasą karobową nie słodzimy, lecz dosładzamy i dekorujemy desery oraz wypieki. Ze względu na ponad 50% zawartości cukru należy ją ograniczać, ale 2–3 łyżki jadane co kilka dni nie zaszkodzą. Ilość zawartych w niej minerałów jest imponująca, a bardzo duża ilość wapnia równoważy nadmiar fosforu dostarczanego do organizmu w roślinach strączkowych oraz amarantusie i quinoa występujących w diecie bezglutenowej dość często.

Kwaskowy, lekko karmelowy posmak karobowej melasy znajduje zarówno amatorów, jak i przeciwników. Nam bardzo smakuje. Czasem używamy jej zamiast miodu. Swym składem karob nie stwarza problemów alergikom (zob. więcej w rozdziale „Kakao i karob").

Polecamy: naturalną 100-procentową melasę z karobu firmy Incom AS (Turcja).

2.13.1.5. Syrop daktylowy

Syrop daktylowy („miód" daktylowy) to kolejny zamiennik cukru i miodu, którego możesz używać od czasu do czasu, dla urozmaicenia. Jest bardzo słodki, podobnie jak same daktyle. Nie ulega krystalizacji. Wybieraj syropy o czystym składzie, bez cukru i E-dodatków. Z ekologicznych daktyli bez pestek z łatwością przyrządzisz domowy daktylowy „miód" (zob. „Przepisy podstawowe i dodatki").

Polecamy: domowy syrop daktylowy z ekodaktyli; biosyropy daktylowe w szklanych słoiczkach Biofuturo, Country Life, Horizon.

Odradzamy: syropy daktylowe dosładzane cukrem lub glukozą, z konserwantami i barwnikami; siarkowane suszone daktyle.

2.13.1.6. Inulina

Inulina to błonnik pokarmowy występujący naturalnie w wielu warzywach, nieulegający trawieniu w przewodzie pokarmowym człowieka. Jest doskonałą pożywką/stymulatorem wzrostu (prebiotykiem) dla dobroczynnych bakterii probiotycznych zasiedlających jelito grube. Inulina jest o wiele mniej słodka niż wymienione wyżej słodzidła. Nie używamy jej do słodzenia, ale ze względu na szczególne walory dietetyczne i kulinarne spożytkowałyśmy ją w inny sposób.

Dodajemy inulinę do bitej śmietany, która dzięki niej dłużej utrzymuje sztywność i nie podchodzi wodą (podobnie jak pasty twarogowe). Również ubijane białko jaja dzięki inulinie szybciej nabiera sztywności i dobrze ją utrzymuje, a majonez zyskuje kremową konsystencję. Inulina zapobiega kurczeniu się składników żelowych i wydzielaniu się z nich płynu (synerezie) w produktach niskotłuszczowych, dlatego jest wartościowym dodatkiem do potraw z udziałem produktów mlecznych. Dodana do kwaśnych wyrobów mlecznych podnosi ich walory probiotyczne.

Polecamy: inulinę w proszku Bio Planet, Bogutyn Młyn, EkoProdukt; warzywa z dużą zawartością inuliny – bulwy topinamburu*, karczochy, szparagi, banany, pory, cebulę i czosnek (zawiera najwięcej inuliny, mniej więcej 25%).

2.13.2. Tym nie słodzimy

Szkodliwy wpływ na zdrowie wymienionych poniżej słodzików został potwierdzony licznymi badaniami. Chemiczny posmak, całkowicie

* Topinambur (słonecznik bulwiasty) warto wprowadzić do jadłospisu jako wartościowe warzywo. Jego białko oprócz inuliny zawiera wszystkie aminokwasy egzogenne oraz wiele minerałów, w tym żelazo i krzem. Bulwy topinamburu, zbliżone wyglądem do ziemniaków, są doskonałe na frytki lub jako dodatek do zup i dań warzywnych. Surowe smakują jak świeży słonecznik.

różny od naturalnej słodyczy, jest dodatkowym argumentem „przeciw". My tymi słodzikami nie słodzimy i nie kupujemy produktów, w których składzie występują. Ciebie namawiamy do tego samego.

2.13.2.1. Środki intensywnie słodzące

W poniższym zestawieniu taumatyna* występuje zarówno w słodzikach syntetycznych, jak i naturalnych, a w półsyntetycznych pojawia się ksylitol, który wcześniej polecałyśmy jako naturalny. To zamieszanie wynika z kwalifikacji środków słodzących w zależności od pochodzenia – roślinnego, syntetycznego lub z bakterii zmodyfikowanych genetycznie. Polecany przez nas oryginalny brzozowy ksylitol firmy Danisco został zaliczony przez UE do kategorii półsyntetycznych substancji słodzących ze względu na technologię uzyskiwania. Przez większość źródeł jest kwalifikowany zarówno jako substancja naturalna, jak i półsyntetyk – pod tym samym kodem E967.

Syntetyczne: acesulfam K (E950), aspartam (E951), sól aspartamowo-acesulfamowa (E962), sacharyna (E954), cyklaminiany (E952), taumatyna (E957), neohesperydyna DC (E959), sukraloza (E955), alitam (E956), neotam (E961).

Półsyntetyczne (poliole): sorbitol/syrop sorbitolowy (E420), mannitol (E421), izomalt (E953), maltitol/syrop maltitolowy (E965), laktitol (E966), ksylitol (E967), erytrytol (E968).

Naturalne: taumatyna (E957).

* Bardzo słodka taumatyna uznawana jest – w obu formach, syntetycznej i naturalnej – za słodzik bezpieczny dla zdrowia, ale jest białkiem (produkowanym przez bakterie zmodyfikowane genetycznie lub uzyskiwanym z egzotycznych owoców katemfe). Oznacza to, że jak każde nadużywane białko może powodować reakcje alergiczne. Taumatyna jest coraz powszechniej stosowana w produkcji żywności, więc o jej nadużycie nietrudno. Zachęcamy do unikania produktów mających w składzie E957.

2.13.2.2. Cukry spożywcze i syropy

Cukier buraczany rafinowany (biały, puder) i nierafinowany oraz cukier trzcinowy rafinowany (biały, złocisty i brązowy) i nierafinowany to zaledwie nazwy rodzajowe oferowanej w handlu sacharozy, rozszerzone o producenckie marki. Do tej oferty dochodzą syropy fruktozowo-glukozowe wytwarzane ze skrobi roślinnych, syropy z owoców, roślin i soku drzew oraz fruktoza i glukoza w proszku. W ten sposób od wieków jadana sacharoza, znana jako biały cukier z cukierniczki, za pomocą handlowych sztuczek wciela się w rozmaite cukrowe produkty, a nadawane jej nazwy utrudniają rozeznanie, co jest czym. Nie daj się zwieść marketingowym kłamstwom. Jakkolwiek by sacharozę nazwać, zabarwić i reklamować, zawsze pozostanie naszą starą agentką od próchnicy, cukrzycy i paru innych poważnych problemów zdrowotnych.

Słodzenie wypieków i deserów umiarkowanymi porcjami stewii oraz ksylitolu lub zmiksowanymi bananami czy daktylami pozwala stopniowo zauważyć różnicę pomiędzy naturalnym smakiem słodkim a tym pochodzącym z rafinad i syropów.

Oczywiście cukry są niezbędnym paliwem dla mózgu i całej metabolicznej fabryki, jaką jest nasz organizm. Trzeba je jadać! Ale jednocześnie należy pamiętać, że ich najkorzystniejsza postać to słodkie produkty w całości – takie, jakimi stworzyła je natura. Warzywa, owoce, orzechy, nasiona, zboża rzekome, a nawet w części mięso to pokarmy o dominującym smaku słodkim. Zawierają odpowiednią ilość cukrów, m.in. glukozy, fruktozy i sacharozy, nieprzetworzonych do postaci rafinad. Dołóż do nich ksylitol, stewię oraz okazjonalnie miód i melasę z karobu. Czy potrzeba czegoś więcej? Chyba tylko ptasiego mleka…

2.13.2.3. Syropy (niby)owocowe i skrobiowe

Nieustannie podkreśla się ich doskonały wpływ na organizm ze względu na zawartość odżywczych składników, tak naprawdę często występujących w nich w śladowych ilościach (wystarczy przeliczyć je uczciwie w mg/100 g). Natomiast umyka gdzieś informacja o bardzo dużej zawartości cukrów, które dyskwalifikują ich zdrowotne walory.

Wysokocukrowy syrop z agawy i syrop klonowy oraz wysokofruktozowy syrop kukurydziany HFCS (nazywany również syropem glukozowo-fruktozowym, kukurydzianym, glukozowym lub fruktozowym, wytwarzany ze skrobi kukurydzianej, przeważnie modyfikowanej genetycznie, lub ze skrobi pszennej) to już żywieniowa codzienność. Producenci przemycają je na różne sposoby do każdej kategorii produktów spożywczych. Domowe syropy owocowe z dodatkiem cukru, przygotowywane w sezonie z wiśni, jagód czy malin, również nie mają wiele wspólnego ze zdrowotnością...

3. Zamienniki produktów najczęściej alergizujących

Większość alergizujących produktów spożywczych możesz czymś zastąpić, pamiętaj jednak, że po zastosowaniu zamienników efekt końcowy może być nieco inny. Optymalna ilość zamienników wymaga indywidualnej oceny zależnie od rodzaju potrawy i jakości pozostałych składników.

Jeśli obawiasz się stosowania zamienników, a jednocześnie masz alergię na któryś składnik, wybierz te spośród naszych przepisów, które będą dla ciebie bezpieczne – bez jajek czy zwierzęcego mleka. Na pewno znajdziesz coś ciekawego!

Zamienniki jajek (w przeliczeniu na jedno jajko)

1. Nadawanie puszystości:

- 5 g proszku do pieczenia + 15 ml octu lub soku z cytryny,

- 4 g sody oczyszczonej (3/4 łyżeczki) + 15 ml octu jabłkowego lub soku z cytryny,
- 10 g drożdży rozprowadzonych niewielką ilością wody.

2. Zagęszczanie:

- purée z 1 średniego banana,
- 50 g purée z tofu naturalnego,
- 50 g purée z dyni,
- 50 g purée z mączystej odmiany ziemniaków,
- 15 g skrobi ziemniaczanej.

3. Sklejanie:

- 30 ml oleju,
- 20 g mąki kukurydzianej + 30 ml wody,
- 30–45 g mąki z ciecierzycy,
- 1 łyżka zmielonego siemienia lnianego (15 g) zaparzonego 3 łyżkami wrzącej wody (ok. 50 ml).

Zamienniki mleka zwierzęcego

Doskonałe zamienniki mleka krowiego, koziego lub owczego to znane, dostępne na rynku lub łatwe do samodzielnego przyrządzenia napoje z miąższu orzechów, migdałów, słonecznika, kaszy jaglanej i ryżu, popularnie nazywane mlekami roślinnymi. Rzadziej przyrządza się je z pestek dyni, ziaren kukurydzy, nasion sezamu, a nawet z nasion konopi i soczewicy.

Receptury na mleka roślinne zamieściłyśmy w „Przepisach podstawowych i dodatkach". Polecane gotowe produkty wymieniłyśmy w części zatytułowanej „Mleczna kraina".

Zamienniki twarogów z mleka zwierzęcego

- naturalny serek sojowy tofu (zob. „Polecamy", s. 53),
- serek z nerkowców (s. 350).

Zamienniki masła zwierzęcego

- olej kokosowy nierafinowany,
- pasty z roślin strączkowych,
- biomargaryny roślinne (zob. „Polecamy”, s. 41).

Zamienniki orzechów

W wielu przepisach różne rodzaje orzechów, pestek i nasion możesz stosować wymiennie, np. mąkę słonecznikową zamiast migdałowej, posiekane pestki dyni zamiast posiekanych fistaszków. Konsystencja nie powinna ulec dużym zmianom, o ile zachowa się odpowiednią formę produktu (mąka, produkt posiekany lub w całości, masło), jednak smak będzie już zupełnie inny.

1. Orzeszki ziemne:
- pestki słonecznika,
- nerkowce,
- orzeszki piniowe,
- orzeszki bukowe.

2. Orzechy (włoskie, laskowe, migdały i inne):
- orzeszki ziemne,
- pestki dyni,
- pestki słonecznika,
- nasiona sezamu.

3. Masła orzechowe – możesz stosować wymiennie:
- masło z dowolnych orzechów (migdałów, laskowych, włoskich),
- masło fistaszkowe,
- masło słonecznikowe,
- masło sezamowe (tahini).

Zamienniki panierki pszennej

1. Panierka sucha:

- mąka kukurydziana,
- niesłodzone naturalne płatki kukurydziane,
- płatki lub otręby gryczane,
- bezglutenowe płatki owsiane.

2. Panierka mokra:

- 30 g mąki kukurydzianej lub mąki z ciecierzycy + ilość gorącej wody dająca odpowiednio gęstą konsystencję (sól do smaku).

4. Ważne uwagi o składnikach, gotowaniu, miarkach i garnkach

Zanim zaczniesz gotować według naszych przepisów, przeczytaj jeszcze tych kilka ogólnych uwag. Przed przystąpieniem do gotowania lub pieczenia zawsze zapoznaj się z całym przepisem, od początku do końca. Sprawdź, czy masz wszystkie potrzebne produkty, wyjmij z szafek naczynia i sprzęty. Niektóre przepisy wymagają wcześniejszych przygotowań, np. namoczenia roślin strączkowych na noc czy ugotowania i ostudzenia kaszy.

Jeśli zechcesz zmodyfikować któryś z naszych przepisów (zwłaszcza „mącznych"), najpierw wykonaj go choć raz bez jakichkolwiek zmian, aby mieć porównanie właściwego końcowego efektu i efektu uzyskanego po zastosowaniu zmodyfikowanych proporcji lub zamienników produktów.

Jeśli w przepisie nie zaznaczyłyśmy inaczej, używamy:

- warzyw i owoców średniej wielkości, dojrzałych, ważonych przed obraniem (oczywiście umytych),

- jajek średniej wielkości (klasa M),
- przypraw mielonych (np. cynamonu, papryki, kozieradki, świeżo mielonego pieprzu, świeżo mielonej gałki muszkatołowej),
- ziół suszonych (np. tymianku, cząbru, bazylii),
- mąki gryczanej oczyszczonej,
- mąki ryżowej białej,
- składników o temperaturze pokojowej (trzymanych minimum 2 godziny poza lodówką, głównie w odniesieniu do ciast ucieranych).

4.1. Doprawianie i dosładzanie

Proponujemy zasadę „do smaku", ponieważ każdy człowiek ma inne preferencje co do poziomu słodyczy/doprawienia/posolenia. W niektórych przepisach podajemy optymalną dla nas dawkę (np. 1 łyżeczka soli, 10 kropel stewii fluid), ale w większości ilość pieprzu, soli, ziół lub np. ostrego chili jest dowolna. Desery takie jak budyń czy kisiel, podobnie jak masy do ciast i tortów, możesz dosłodzić dowolnie, wybierając preferowane słodzidło. W ciasteczkach i ciastach staraj się trzymać podanych rodzajów oraz ilości, przynajmniej wykonując przepis po raz pierwszy.

4.2. Wanilia

W naszych słodkich przepisach często używamy wanilii jako wspaniałego naturalnego środka aromatyzującego. Nawet niewielki jej dodatek może uczynić z banalnego ciasta prawdziwy smakołyk. Masz do wyboru różne jej formy: ksylitol waniliowy (s. 323) oraz domowy ekstrakt (s. 317), gęsty ekstrakt, ziarna wydrążone ze świeżej laski wanilii albo suszoną wanilię zmieloną na proszek (zob. „Polecamy", s. 56).

Czasem zaznaczamy, ile wanilii i w jakiej postaci należy użyć, a czasem zostawiamy ci wybór. Przelicznik zależy od jakości produktu/surowca oraz twoich indywidualnych preferencji. Uśredniając, możesz używać wymiennie 1–2 łyżek domowego ekstraktu, 1/2–3/4 łyżeczki gęstego ekstraktu, nasion wydrążonych z 1/3–1/2 laski wanilii (świeżej, długiej na 15 cm), 1/3–1/2 łyżeczki sproszkowanej wanilii albo kilku łyżek ksylitolu waniliowego.

Najczęściej wykorzystujemy gęsty ekstrakt waniliowy oraz wanilię mieloną, ponieważ w najmniejszym stopniu wpływają na konsystencję wypieków (wystarczy dodać niewielką ilość) i zarazem są najmniej kłopotliwe w użyciu.

4.3. Tłuszcz do smażenia i pieczenia

W niektórych przepisach zalecamy konkretny rodzaj tłuszczu (np. olej kokosowy do kruchych ciastek lub olej lniany do polania sałatki), ale najczęściej podajemy tylko ogólną informację na temat tłuszczu. Jeśli trzeba zrumienić cebulkę lub usmażyć racuchy, na liście składników znajdzie się słowo „oliwa", oznaczające każdy rodzaj tłuszczu odpowiedniego do smażenia, czyli oliwę sansa, olej ryżowy Suriny, olej kokosowy, masło klarowane, a nawet dobrej jakości smalec. W przepisach na chleby i ciasta piszemy nieraz tylko „olej", mając na myśli dowolny płynny olej odpowiedni do pieczenia. Podobnie olej lniany, używany wyłącznie na zimno, np. do polewania sałatek, możesz zamienić na dowolny inny olej przeznaczony do takich celów. Jeśli nie podajemy konkretnego rodzaju, sprawdź w „Tłustym ABC" (s. 40), które tłuszcze będą najwłaściwsze do danego rodzaju potrawy lub obróbki termicznej, i wybierz jakiś spośród nich, stosownie do własnego smaku.

4.4. Mleka roślinne i zwierzęce

Najczęściej różne mleka możesz stosować zamiennie, jeśli w przepisie nie zaznaczyłyśmy wyraźnie konkretnego rodzaju (np. mleko kokosowe). W zależności od użytego mleka smak lub konsystencja potrawy mogą się nieco różnić.

4.5. Mąki orzechowe

W większości przepisów możesz stosować zamiennie sklepową mąkę migdałową, mąkę z orzechów włoskich, laskowych i orzeszków ziemnych – zmiana wpłynie jedynie na smak potrawy/wypieku, ale nie na jego konsystencję. Mąki orzechowe grubo mielone lub orzechy tarte, z kawałkami (np. firmy BackMit), zazwyczaj dają większą pulchność, są dobre do ciast ucieranych i muffinek. Nawet ich niewielki dodatek może poprawić strukturę ciasta. Drobne mączki orzechowe i inne „bakaliowe" (np. sezamowa, słonecznikowa, arachidowa) są idealne do przygotowania np. ciastek czy naleśników.

Mąki orzechowe trudno czymś zastąpić w wypiekach. Dodanie zamiast nich mąki gryczanej, kukurydzianej, amarantusowej lub innej zmieni konsystencję ciasta (choć niekoniecznie na gorsze). Jeśli akurat nie masz w domu gotowej mąki orzechowej, zmiel w młynku wyłuskane orzechy (przeczytaj nasze wskazówki dotyczące samodzielnego mielenia orzechów na mąkę na s. 38–39).

4.6. Domowe mieszanki mąk

Aby ułatwić sobie przygotowywanie ulubionego chleba, zrób od razu większą ilość mącznej mieszanki. Dzięki temu unikniesz odważania suchych składników za każdym razem. Do dużego słoika wsyp np. 3–4 razy tyle mąki i skrobi, ile podałyśmy w przepisie – powinny wypełniać naczynie maksymalnie w 3/4. Całość dokładnie wymieszaj i przechowuj w zamkniętym słoiku w suchym i ciemnym miejscu. Kiedy zechcesz upiec chleb, dokładnie wymieszaj składniki, potrząsając zamkniętym słojem, a następnie odważ tyle gramów mieszanki, ile ważą razem wszystkie rodzaje mąki i skrobi podane w przepisie. Dodaj wymienione w przepisie pozostałe składniki, w tym spulchniacze (proszek, sodę, zakwas lub drożdże), i wyrób ciasto. Warto wcześniej przesiać mąkę, dzięki czemu konsystencja wypieku będzie lepsza.

Domowa mieszanka mąk w ładnym słoiczku, opakowana w papier lub obwiązana wstążeczką, może być wspaniałym prezentem. Dołącz do niej spisany na kartce przepis, aby obdarowana przez ciebie osoba mogła bez problemu przygotować ciasto lub chleb.

4.7. Odmierzanie składników

Dokładne odmierzanie składników jest podstawą sukcesu w przypadku wypieków bezglutenowych. Określenia w rodzaju: szklanka, filiżanka, sztuka albo „ile ciasto zabierze", są za mało precyzyjne. Niejednokrotnie same widziałyśmy, jak 10 g mąki więcej lub mniej całkowicie zmienia konsystencję naszego chleba lub naleśników! Dlatego w przepisach, zwłaszcza tych z użyciem mąk, podajemy dokładne ilości składników. Wagę określamy w gramach, a objętość płynów w mililitrach (polecamy wyskalowane miarki szklane, np. firmy Pyrex, Simax czy Tescoma, albo plastikowe – zwróć uwagę na kod informujący o jakości plastiku; nie stosuj miarek plastikowych do produktów gorących!). Bardzo małe ilości przeliczamy na łyżeczkę do herbaty (większa od deserowej, 5 ml) oraz łyżkę do zupy (15 ml). Szczypta wynosi tyle, ile można ująć w dwa palce, natomiast duża szczypta tyle, ile można ująć w trzy palce (kciuk, wskazujący i środkowy).

4.8. Wstępne przygotowania

Wcześniejsze namoczenie strączkowych, ugotowanie (nawet w dniu poprzednim) i wystudzenie kaszy, ryżu czy ziemniaków przewidzianych w przepisie, umycie, obranie i pokrojenie warzyw, wypestkowanie owoców, posiekanie bakalii i utłuczenie korzennych przypraw, przesianie mąk, odmierzenie potrzebnej ilości wody – wszystkie te wstępne czynności usprawniają pracę. Podobnie jak przygotowanie piekarnika, wyjęcie z szafek potrzebnych naczyń, foremek, mieszadeł, wagi kuchennej, torebek i słoiczków z przyprawami, jeśli nie masz ich na stałe w zasięgu ręki. Przed rozpoczęciem gotowania/pieczenia dokładnie przeczytaj przepis i upewnij się, że niczego ci nie brakuje. Przygotowując wcześniej wszystkie składniki i sprzęty, unikniesz niepotrzebnego stresu i skrócisz czas przyrządzania potrawy.

4.9. Płukanie zbóż

Czynność ta służy nie tylko pozbyciu się ewentualnych zanieczyszczeń, lecz także wstępnemu usunięciu z łuski substancji antyodżywczych, m.in. blokujących działanie enzymów trawiennych. Z tego samego powodu, a także w celu pobudzenia procesu kiełkowania namaczamy orzechy i nasiona używane do przyrządzania chlebków witariańskich.

4.10. Odstawianie ciasta

Niektóre rodzaje mąki bezglutenowej po zmieszaniu z płynem powoli powiększają objętość. Konsystencja ciast przygotowywanych z ich udziałem (np. na naleśniki czy gofry) jest początkowo dość rzadka i ciasto wymaga odstawienia na 15 minut. W tym czasie mąka pęcznieje i ciasto nabiera gęstości. Jeśli w przepisie napisałyśmy, by odstawić ciasto, nie pomijaj tego kroku. Dodanie większej ilości mąki w celu szybkiego zagęszczenia ciasta może całkowicie zmienić konsystencję potrawy!

4.11. Ubijanie

Dodanie inuliny do ubijanej piany z białek lub bitej śmietany polepsza ich konsystencję (nie podchodzą płynem). Wszelkie składniki dodawaj do ubijanych białek dopiero w momencie, gdy białka stają się białe i sztywne (nie spływają po odwróceniu naczynia).

4.12. Smażenie bez przywierania

Podstawą bezproblemowego smażenia naleśników, placków i racuszków bezglutenowych jest dobrej jakości patelnia, leciutko posmarowana (za pomocą pędzelka lub papierowego ręczniczka) oliwą albo olejem odpowiednim do smażenia. Ciasto wlej na patelnię dopiero wtedy, gdy jest dobrze rozgrzana! Pozwól mu dobrze się przysmażyć (bezglutenowe naleśniki i placki zazwyczaj wymagają nieco więcej czasu niż pszenne). Kiedy będą gotowe, ich brzegi nieznacznie się odwiną i bez problemu obrócisz je na drugą stronę lub zdejmiesz z patelni.

4.13. Wałkowanie ciasta

Niektóre ciasta bezglutenowe najlepiej rozwałkowywać między dwoma arkuszami pergaminu lub folii spożywczej (sprawdzaj oznaczenia na folii i wybierz bezpieczną). Dzięki temu ciasto na pewno nie przyklei się ani do blatu, ani do wałka i nie będzie wymagało podsypywania mąką. To ważne np. w przypadku ciasta na pierogi, które przez nadmierne podsypywanie traci na elastyczności i szybciej wysycha, a niekiedy zaczyna się kruszyć.

4.14. Chleby i ciasta drożdżowe

Jakość drożdży jest bardzo istotna – używaj do wypieków drożdży najlepszej jakości z odpowiednio długim terminem przydatności do spożycia (w miarę upływu terminu ich moc słabnie). Pamiętaj, że po otwarciu torebki drożdże zaczynają powoli wietrzeć, nawet jeśli starannie je zamykamy.

Nie dosypuj do zaczynu dodatkowej ilości cukru ponad wskazaną w przepisie. Jego nadmiar powoduje intensywny wzrost, tworzy się rzadka, „pusta" piana, która szybko opada i pożytek z drożdży jest już niewielki. Nie odstawiaj zaczynu na zbyt długie wyrastanie. Prawidłowy powiększa swoją objętość, ale jest nadal dość gęsty, bez wysokiej piany. Jeśli wykluczasz cukier z diety, pomiń go w zaczynie (wzrost będzie trwał dłużej). Nie zastępuj cukru E-słodzikami – nie zawierają cukrów, więc są bezużyteczne jako przyspieszacze.

Światło i chłód/przeciągi spowalniają wzrost drożdży. Zawsze przykrywaj naczynie z ciastem grubą lnianą ściereczką, a nawet dodatkowo większą, grubą tkaniną i odstaw w ciepłe, zaciszne miejsce. Produkty użyte do wypieku ciast drożdżowych powinny mieć temperaturę pokojową lub nieco wyższą.

Stosuj zasadę podwójnego wzrostu ciasta drożdżowego. Pierwszy raz powinno rosnąć w naczyniu, w którym zostało wyrobione, a kolejny raz w formie, w której będzie się piekło. Ciasto wyrastające tylko raz nie uzyska po upieczeniu takiej wysokości i konsystencji, jak ciasto dwukrotnie wyrastające, będzie płaskie, bez wierzchu z „górką". Ciasta drożdżowe na mąkach bezglutenowych bez dodatku E-polepszaczy (i bez nadmiaru drożdży) przyrastają mniej więcej o połowę początkowej objętości, nie tak intensywnie jak ciasta glutenowe.

Nie przyspieszaj wzrostu ciasta przez zwiększanie ilości drożdży. Drożdże rozrastające się w cieście powoli nie wytworzą nadmiaru dwutlenku węgla i ciasto nie opadnie nadmiernie w trakcie lub po zakończeniu pieczenia.

Cukier, sól, woda i tłuszcz są składnikami wymagającymi izolowania od bezpośredniego kontaktu z drożdżami, ponieważ na skutek zachodzących reakcji spowalniają lub wręcz mogą zahamować ich wzrost. Zawsze przestrzegaj kolejności ich dodawania polecanej w przepisach. Nadmiar soli hamuje wzrost drożdży, ale ich odpowiednia ilości odgrywa rolę regulatora wzrostu (stąd w wielu przepisach pojawia się magiczna szczypta).

Jeżeli chcesz uzyskać mniej wilgotny miąższ wypieków chlebowych, charakterystyczny dla wypieków bezglutenowych bez E-dodatków polepszających, możesz je dodatkowo podpiec. Wstaw je ponownie (już bez foremki i papieru) do piekarnika i piecz jeszcze przez 10 minut, z włączonym termoobiegiem, w temperaturze 190°C, odwracając spodem do góry.

4.15. Pieczenie na kratce

Część wypieków, np. chlebki witariańskie, bułki bez foremek, krakersy czy ciastka, pieczemy bez użycia silikonowych form czy blaszek. Kładziemy je na papierze do pieczenia ułożonym na kratce (ruszcie z piekarnika), dzięki czemu mają zapewnioną lepszą cyrkulację powietrza i odpowiednią temperaturę.

4.16. Gdy coś pójdzie nie tak…

Jeśli wypiek nie wyrośnie, kotlet się rozpadnie, a danie nie zadowoli smakiem lub konsystencją, sprawdź, czy wszystko zostało zrobione zgodnie z naszymi wskazówkami. Nawet najdrobniejsza modyfikacja może zmienić końcowy efekt. Nie zawsze jednak mamy na to wpływ… Inna jakość produktów (wilgotność mąki, gatunek ryżu, świeżość warzyw, soczystość owoców), inny stopień i rodzaj ich przetworzenia, odmienne dodatki w składzie, inna temperatura lub wilgotność powietrza, a nawet… myśli kłębiące się w naszej głowie. Wszystko ma znaczenie.

Ważnym elementem tej układanki są dobrej jakości patelnie (przy smażeniu) oraz rodzaj piekarnika (przy wypiekach). My pieczemy w piekarnikach elektrycznych. Wszystkie zamieszczone w książce przepisy na wypieki udały się w nich znakomicie, ale piekarnik piekarnikowi nierówny… Musisz wyczuć swój piekarnik, sprawdzić, na jakim poziomie najlepiej ustawić blaszkę (my stawiamy na środkowym), określić, czy czas pieczenia nie wymaga skrócenia lub wydłużenia o kilka minut. Czasem 2 minuty więcej lub mniej decydują o zbytnim przypieczeniu wierzchu ciasta lub jego niedopieczeniu, dlatego pod koniec sugerowanego czasu sprawdzaj stan wypieków wzrokowo (stopień zarumienienia) oraz patyczkiem (najwcześniej po 30 minutach pieczenia, ale im później, tym lepiej). Patyczek włożony w ciasto (nie w owoc lub czekoladę dodane do wypieku!) powinien być suchy, ewentualnie błyszczący od tłuszczu, lecz nie oblepiony surowym ciastem.

Nie wszystko można dokładnie określić i opisać. Kuchnia to magia, a kuchnia bezglutenowa to magia jeszcze większa! Jeśli coś pójdzie nie tak, nie zrażaj się, tylko zacznij jeszcze raz – od prostych rzeczy. Obserwuj, jak zachowują się składniki, jak ciasto rośnie w piekarniku... Zanim się obejrzysz, będziesz mieć mnóstwo karteczek z własnymi modyfikacjami i pomysłami!

4.17. Urządzenia, naczynia, formy

Wybór dobrej jakości naczyń, garnków, patelni, form do pieczenia, a także urządzeń kuchennych, typu blender czy maszynka do mielenia, stanowi połowę sukcesu przy przyrządzaniu potraw, a na pewno bardzo ułatwia pracę. Poniżej podajemy wskazówki, w jakie elementy wyposażenia kuchni warto się zaopatrzyć, jakich sprzętów i form same używamy i jak przygotować je do użycia.

Przydatne urządzenia i naczynia:

- waga kuchenna z funkcją ważenia i mierzenia objętości oraz tarowania;
- młynek do mielenia ziół, pestek i nasion (może być młynek do kawy albo pojemnik do mielenia w zestawie z blenderem);
- ceramiczny moździerz lub suribachi (do ucierania przypraw);
- ręczne młynki do przypraw (np. na pieprz, kminek, kolendrę, kozieradkę);
- mikser;
- elektryczna maszynka do mielenia mięsa;
- blender ręczny (tzw. żyrafa);
- blender kielichowy (jeśli jest szklany, możesz w nim miksować ciepłe produkty);
- wyciskarka do owoców i warzyw (Używamy niezwykle wydajnej wyciskarki Hurom HH 2G, do kupienia w sklepie Puregreen*. Wrzu-

* Zob. www.sklep.puregreen.pl.

camy do niej dokładnie umyte produkty w całości, bez obierania i pestkowania, o ile pestki nie są duże, a po chwili otrzymujemy pyszny sok. To naprawdę przydatny, ekonomiczny sprzęt – sok zrobiony w domu jest przepyszny, świeży, bardzo zdrowy i dużo tańszy niż ten ze sklepu. A jego wyciśnięcie, do ostatniej kropli, zajmuje dosłownie minutę! W wyciskarce można przyrządzać również gęste owocowe musy oraz mleka roślinne);
- maszynka do przyrządzania mleka roślinnego (Używamy automatycznej, wielofunkcyjnej maszynki Soyabella SB-130, która umożliwia szybkie przygotowanie mlek roślinnych na zimno lub na gorąco, zmielenie suchych orzechów, ziaren, nasion i kawy, a nawet przyrządzenie makaronu ryżowego. Soyabella jest łatwa w obsłudze i solidnie wykonana, w porównaniu z tańszymi modelami dostępnymi na rynku. Do kupienia w sklepie Puregreen).

Naczynia kuchenne i foremki do pieczenia – polecamy:

- do przyrządzania/wyrabiania ciast – miski ze stali nierdzewnej, ceramiczne lub z grubego szkła bez nadruków (farby!);
- do wypieku chleba i ciast – wysokiej jakości formy w 100% silikonowe, ceramiczne, z grubego żaroodpornego szkła, kamionkowe;
- do gotowania i smażenia – garnki i patelnie z grubym dnem, ze stali nierdzewnej, ceramiczne i z granitu;
- do krojenia, mieszania, ubijania i wyrabiania – dobrej jakości drewniane deski, stolnice, tłuczki, łyżki i szpatułki, silikonowe trzepaczki.

Przygotowanie form przed pieczeniem:

- formy silikonowe nie wymagają wykładania papierem ani dodatkowego natłuszczania (poza zalecanym przez producenta);
- formy szklane używane do pieczenia ciast tłustych (kruche na maśle/oleju) nie wymagają natłuszczania ani wykładania papierem; w przy-

padku ciast proszkowych, drożdżowych i mało tłustych posmaruj dno dużą ilością oleju ryżowego;

- formy z blachy wymagają wyłożenia papierem do pieczenia (najlepiej ekstragrubym, z warstwą dobrej jakości silikonu).

5. Toksyczne naczynia i opakowania produktów spożywczych

Jeśli gotujesz zdrowo, z dobrych produktów, zwróć także uwagę na jakość naczyń kuchennych i opakowań żywności – zwłaszcza z tworzyw sztucznych. Wybieraj wyłącznie te opatrzone czytelnymi oznaczeniami informującymi o składnikach, z jakich je wykonano, ponieważ nawet pozornie bezpieczny „wyrób dopuszczony do kontaktu z żywnością" może kryć w sobie (toksyczne) niespodzianki.

Formy do wypieków oraz akcesoria kuchenne wykonane w 100% z silikonu nie należą do grupy tworzyw sztucznych (są związkami krzemoorganicznymi), dlatego nie są oznaczane kodami cyfrowo-literowymi stosowanymi na wyrobach plastikowych. Na formach o mieszanym składzie, często reklamowanych jako silikonowe, znajdziesz napis: „Skład: silikon, tworzywo sztuczne". Brak informacji o rodzaju tworzywa jest równoznaczny z brakiem gwarancji jego nietoksyczności.

Opakowania, naczynia i folie spożywcze z tworzyw sztucznych powinny zawierać czytelną informację o użytych do ich wytworzenia składnikach. Pełny wykaz stosowanych oznaczeń znajdziesz w Internecie*. Poniżej podajemy kilka kodów najczęściej spotykanych na naczyniach i akcesoriach kuchennych oraz opakowaniach spożywczych (przeważnie jest to trójkąt z liczbowym kodem wewnątrz oraz literowym u podstawy):

---

* Zob. www.eko-sztuka-pakowania.pl/opakowania/oznakowanie_opakowan.htm.

01/PET (lub PETE) – nie nadaje się do powtórnego użytku, jest źródłem migracji toksycznego bisfenolu A (BPA) do przechowywanych w nim pokarmów; m.in. z PET wytwarzane są powszechnie używane plastikowe butelki wód stołowych i mineralnych oraz napojów (nie wolno ich używać powtórnie do żywności!);

02/HDPE (lub PEHD, MDPE) – uznawany za bezpieczny w kontakcie z żywnością (butelki na mleko, oleje, zabawki, plastikowe torby do żywności);

03/PVC (lub PCW, V) – toksyczny w kontakcie z żywnością, bywa jednak stosowany do wyrobu folii do pakowania żywności; tak oznaczonych folii należy bezwzględnie unikać!;

04/LDPE (lub PELD, PE) – uznawany za bezpieczny w kontakcie z żywnością (naczynia jednorazowe, pojemniki, plastikowe torby na zakupy);

05/PP – uznawany za bezpieczny w kontakcie z żywnością, pod warunkiem że obok trójkąta umieszczona jest dodatkowa informacja: „BPA Free" (bez bisfenolu A);

07/OTHER (lub INNE) – inne tworzywa sztuczne; wykonane z nich naczynia i opakowania nie nadają się do powtórnego użytku, jeśli nie zawierają informacji: „BPA Free".

Jeśli używasz w kuchni plastikowych naczyń, mieszadeł, foliowych woreczków do żywności, folii spożywczej lub innych wyrobów z tworzyw sztucznych, wybieraj produkty oznaczone numerami 02/HDPE, 04/LDPE, 05/PP + BPA Free.

Na wyrobach ze szkła i z ceramiki stołowej oznaczenia składu nie występują. Uznaje się je za bezpieczne w kontakcie z żywnością. W przypadku naczyń i foremek do wypieków sprawdzaj, czy posiadają atest informujący o żaroodporności.

Garnki i patelnie wykonane z wysokiej jakości ceramiki lub kompozytu granitowego zapewniają bardzo dobrą nieprzywieralność potraw w czasie obróbki termicznej (jest to niezwykle istotne np. przy smażeniu bezglutenowych naleśników). Decydując się na ich zakup, upewnij się co do oryginalnego źródła pochodzenia wyrobu.

Dopuszczenie do kontaktu z żywnością naczyń i patelni z aluminium oraz teflonu jest dyskusyjne. Unikanie potraw kwaśnych w przypadku korzystania z naczyń aluminiowych oraz dbanie o niezarysowanie powierzchni naczyń teflonowych, mające gwarantować – według producentów – bezpieczne użytkowanie, jest w praktyce bardzo trudne.

W foremkach z blachy ocynkowanej używanych do pieczenia ciast po kilkakrotnym użyciu widoczne jest ścieranie się warstwy wierzchniej (niezależnie od stosowanego natłuszczania), a kontakt z kwasami (owoce) powoduje reakcję utleniania (rdzewienie). Wykładanie blaszanych foremek papierem do pieczenia wydaje się najlepszym rozwiązaniem, jeśli decydujemy się na ich używanie.

Tyle wstępów. Czas na gotowanie!

III

PRZEPISY

1

Chleb nasz bezpszenny… I nie tylko!

Poniżej prezentujemy przepisy na kilka chlebów drożdżowych, jeden na zakwasie, dwa chleby na proszku (do jedzenia od czasu do czasu) oraz chlebki bez żadnych spulchniaczy. Do tego bułki, bułeczki, „ciabatty" oraz chlebki witariańskie.

Te ostatnie to wypieki dość szczególne. Ich zaletą, ważną dla osób z przerostem grzybów z rodzaju *Candida* oraz innymi problemami jelitowymi, jest skład wolny od drożdży i zakwasu (czyli „dzikich drożdży"), które w takich wypadkach wymagają przynajmniej czasowego wykluczenia z diety. Jeśli należysz do tej grupy, proponujemy ci wprowadzenie do menu wszystkich chlebków witariańskich. Nie ma w nich żadnych spulchniaczy, a zawarte w części przepisów owoce, stanowiące źródło równie problematycznych cukrów prostych, możesz zastąpić inuliną, odpowiednio dobranymi warzywami oraz niewielką ilością żurawiny (wyszczególniamy je jako składniki zamienne).

BŁYSKAWICZNY CHLEBEK GRYCZANY (NIEWYRASTAJĄCY)

100 g mąki gryczanej
100 ml wody
1 łyżeczka soli

Dokładnie wymieszaj mąkę z wodą i solą za pomocą łyżki lub miksera. Ciasto mieszane mikserem będzie pulchniejsze – im dłużej wyrabiane, tym lepsze. Wrzuć do ciasta, jeśli chcesz, ulubione przyprawy lub dodatki. Z chlebkiem gryczanym dobrze komponują się: curry, majeranek, czosnek niedźwiedzi, pestki słonecznika oraz dyni. Dodatki możesz wymieszać z ciastem albo posypać po wierzchu – zwłaszcza pestki czy nasiona.

Przełóż ciasto do keksówki o wymiarach 26×10 (najlepiej silikonowej, nie trzeba jej wykładać papierem, smarować tłuszczem ani obsypywać mąką) i szczelnie przykryj folią aluminiową lub odwróconą drugą formą, aby uniknąć nadmiernego wysuszenia. Piecz w piekarniku nagrzanym do 200°C przez 55 minut, na dolnej półce.

Chlebek gryczany jest miękki i aromatyczny. Ma szarawy kolor, ale nie umniejsza to jego wspaniałego smaku. Najlepszy jest świeży, w dniu pieczenia, ale również na drugi dzień zachowuje świeżość. Dość dobrze znosi mrożenie.

Tak przygotowany chlebek jest płaski (1–1 i 1/2 cm grubości). Nie rośnie, ponieważ nie ma w nim żadnych spulchniaczy. Najwygodniej jest przekroić go w połowie długości, a później obie połówki wzdłuż, uzyskując w ten sposób cztery bardzo sycące kromki.

BŁYSKAWICZNY CHLEBEK KUKURYDZIANY (NIEWYRASTAJĄCY)

100 g mąki kukurydzianej
120 ml wody
1 łyżeczka soli

Ciasto na chlebek kukurydziany przygotowuje się tak samo jak na gryczany (zob. powyżej), jednak polecamy do niego inne dodatki. Szczególnie dobrze smakuje z sezamem oraz znamionami kukurydzy*. Piecz w piekarniku nagrzanym do 200°C przez 50 minut, na dolnej półce.

Chlebek kukurydziany jest bardziej zwarty niż gryczany, ma konsystencję trochę przypominającą twardy żółty ser. Świeży nawet podobnie smakuje. Najlepszy jest oczywiście w dniu pieczenia, ale również na drugi dzień zachowuje świeżość.

BŁYSKAWICZNY CHLEBEK RYŻOWY (NIEWYRASTAJĄCY)

100 g mąki ryżowej
80 ml wody
1 łyżeczka soli

Ciasto na chlebek ryżowy przygotowuje się tak samo jak na gryczany (s. 89). Najlepiej smakuje czysty, bez dodatków, choć w wersji do zjedzenia na słodko, np. z dżemem śliwkowym, dobrze komponuje się z cynamonem oraz mielonymi goździkami. Piecz w piekarniku nagrzanym do 190°C przez 50 minut, na dolnej półce.

Chlebek ryżowy jest bardziej zwarty niż gryczany. Pieczony na białej mące ryżowej zachowuje piękny biały kolor. Najlepszy jest w dniu pieczenia, ale będzie świeży również na drugi dzień.

BUŁECZKI KOKOSOWE Z RODZYNKAMI

Na 12 sztuk

150 g mąki gryczanej
100 g mąki ryżowej
50 g mąki kasztanowej
50 g mąki ziemniaczanej
100 g wiórków kokosowych
50 g rodzynek

---

* Do kupienia w sklepach z przyprawami i zdrową żywnością oraz w sklepach internetowych.

2 żółtka
7 g drożdży instant Dr. Oetker
2 łyżki melasy z karobu
2 łyżki oleju ryżowego
1/2 łyżeczki soli
ciepłej wody tyle, aby uzyskać ciasto o konsystencji gęstego budyniu

Do miski wsyp wszystkie rodzaje mąki, wiórki kokosowe oraz drożdże i wymieszaj. Dodaj żółtka, melasę, olej, sól i dolewaj stopniowo ciepłą wodę. Wyrabiaj ciasto łyżką przez 2–3 minuty, pod koniec wyrabiania dodając rodzynki. Odstaw do wyrośnięcia, a następnie wymieszaj, nałóż do foremek o średnicy 7 cm i odstaw do ponownego wyrośnięcia.

Piecz bułeczki w piekarniku nagrzanym do 190°C przez 40 minut. Po upieczeniu pozostaw je na kilka minut w otwartym piekarniku. Wyjmij z foremek i zostaw na kratce do ostudzenia.

BUŁECZKI SEROWE Z TAPIOKĄ

Na 8 sztuk

200 g sera cheddar lub twardego sera koziego
100 g skrobi z tapioki
60 g mąki gryczanej (+ mąka do podsypania)
2 jajka
2 łyżki oliwy lub oleju
1 łyżeczka oregano
1 łyżeczka bezglutenowego proszku do pieczenia
duża szczypta soli
szczypta kurkumy (opcjonalnie)
kminek, sezam lub czarnuszka (do posypania)

Skrobię, mąkę, oregano, sól i proszek do pieczenia wsyp do miski i dokładnie wymieszaj mikserem. Dodaj ser starty na drobnych oczkach i wymieszaj (jeśli używasz sera koziego, który jest bardzo jasny, dodaj do ciasta trochę kurkumy, by bułeczki zyskały ładniejszy kolor). Wlej oliwę i wbij jajka, wymieszaj całość mikserem, aż wszystkie składniki się połączą.

Wyłóż masę na blat posypany mąką gryczaną i wyrabiaj ciasto, aż będzie sprężyste i przestanie lepić się do rąk. Podziel je na osiem równych części. Uformuj z ciasta kulki i rzuć każdą mocno o blat, by spód bułeczek nieco się spłaszczył.

Posyp bułeczki odrobiną startego sera lub sezamem, czarnuszką albo kminkiem (wysyp nieco nasion na spodek i umocz w nich wierzch każdej bułki, delikatnie przyciskając). Ułóż bułeczki na papierze umieszczonym na kratce do pieczenia w odstępach co 5 cm. Piecz w piekarniku nagrzanym do 180°C przez 20–22 minuty. Wyjmij z piekarnika, odstaw na 10 minut, a później zajadaj! Smakują najlepiej, gdy są jeszcze ciepłe. Następnego dnia nie są już tak smaczne.

BUŁECZKI SEROWO-SELEROWE

Na 8 sztuk

120 g sera cheddar lub twardego sera koziego
80–90 g selera (waga po obraniu)
70 g mąki gryczanej (+ mąka do podsypania)
70 g mąki ziemniaczanej
20 g mąki amarantusowej
2 jajka
2 łyżki oliwy lub oleju
1 łyżeczka ziół prowansalskich
1 łyżeczka bezglutenowego proszku do pieczenia
duża szczypta soli
szczypta kurkumy (opcjonalnie)
kminek, sezam lub czarnuszka (do posypania)

Wsyp do miski wszystkie rodzaje mąki, przyprawy i proszek do pieczenia i dokładnie wymieszaj mikserem. Dodaj ser starty na drobnych oczkach, wymieszaj (jeśli używasz sera koziego, który jest bardzo jasny, dodaj do ciasta trochę kurkumy, by bułeczki zyskały ładniejszy kolor). Następnie dodaj seler starty na drobnych oczkach, wymieszaj. Na końcu wlej oliwę, wbij jajka i wymieszaj mikserem, aż wszystkie składniki się połączą.

Wyłóż masę na blat posypany mąką gryczaną i wyrabiaj ciasto, aż będzie sprężyste i przestanie lepić się do rąk. Podziel je na osiem równych części. Uformuj z ciasta kulki i rzuć każdą mocno o blat, by spód bułeczek nieco się spłaszczył.

Posyp bułeczki kminkiem, sezamem lub czarnuszką (najlepiej wysyp odrobinę nasion na spodek i umocz w nich wierzch każdej bułki, delikatnie przyciskając). Ułóż bułeczki na papierze umieszczonym na kratce do pieczenia w odstępach co 5 cm. Piecz w piekarniku nagrzanym do 180°C przez 22–25 minut. Wyjmij z piekarnika, odstaw na 10 minut, a później zajadaj! Smakują najlepiej, gdy są jeszcze ciepłe. Następnego dnia nie są już tak smaczne.

BUŁKI POWSZEDNIE

Na 6 sztuk

340 g mąki gryczanej
140 g mąki amarantusowej
20 g mąki ziemniaczanej
140 g sypkich ziemniaków, ugotowanych poprzedniego dnia i zmielonych
50 g siemienia lnianego
7 g drożdży instant Dr. Oetker
1 łyżka łupinek babki jajowatej
1 łyżka oleju ryżowego
1 łyżka octu winnego
2 płaskie łyżeczki soli
ciepłej wody tyle, aby uzyskać ciasto o konsystencji gęstego budyniu

Do miski wsyp wszystkie rodzaje mąki, drożdże oraz łupinki babki i wymieszaj. Dodaj ziemniaki, olej, ocet, sól i wlewając stopniowo wodę, wymieszaj ciasto łyżką do połączenia składników, a następnie wyrabiaj mikserem przez 3 minuty. Odstaw do wyrośnięcia, następnie dodaj siemię lniane, wymieszaj, przełóż do foremek o średnicy 12 cm i odstaw do ponownego wyrośnięcia.

Piecz bułki w piekarniku nagrzanym do 195°C przez 40–45 minut. Po upieczeniu zostaw bułki na kilka minut w otwartym do połowy piekarniku. Wyjmij z foremek i zostaw na kratce do ostudzenia.

BUŁKI ŚNIADANIOWE Z CZOSNKIEM

Na 4 sztuki

100 g mąki gryczanej
40 g mąki kukurydzianej
10 g płatków gryczanych
1 duży ząbek czosnku
1 łyżka oleju ryżowego
1 łyżeczka ziół prowansalskich
1 płaska łyżeczka drożdży instant Dr. Oetker
1 płaska łyżeczka soli
ciepłej wody tyle, aby uzyskać ciasto o konsystencji gęstego budyniu

Do miski wsyp oba rodzaje mąki oraz drożdże i wymieszaj. Dodaj przeciśnięty przez praskę czosnek, olej, zioła, sól i stopniowo wlewając wodę, wyrabiaj ciasto łyżką do połączenia składników. Odstaw do wyrośnięcia, następnie dodaj płatki gryczane i wymieszaj. Przełóż do foremek o średnicy 7 cm i odstaw do ponownego wyrośnięcia.

Piecz bułki w piekarniku nagrzanym do 190°C przez 35–40 minut. Wyjmij z piekarnika, wyłóż z foremek i zostaw na kratce do ostudzenia.

Bułki mają miękki miąższ i chrupiącą skórkę oraz zdecydowany czosnkowo-ziołowy aromat i smak. Doskonale smakują z masłem i twardym kozim serem. Najsmaczniejsze są tuż po ostudzeniu, chrupiące, ale ich zapas możesz z powodzeniem przechować na kolejne śniadanie.

CHLEB GRYCZANO-AMARANTUSOWO-ORZECHOWY Z ZIARNAMI

400 g mąki gryczanej
100 g mąki amarantusowej
50 g mąki z orzeszków ziemnych
20 g skrobi z tapioki
40 g zmielonego złocistego siemienia lnianego
30 g amarantusa ekspandowanego (poppingu)
7 g drożdży instant Dr. Oetker

40 ml oleju ryżowego (2 i 1/2 łyżki)
1 łyżka melasy z karobu
40 g pestek słonecznika
30 g pestek dyni
2 płaskie łyżeczki soli
125 ml wrzątku
ciepłej wody tyle, aby uzyskać ciasto o konsystencji gęstego budyniu

Siemię lniane zalej 125 ml wrzącej wody (połową szklanki), dokładnie wymieszaj i odstaw do napęcznienia. Przestudź. Do miski wsyp wszystkie rodzaje mąki, skrobię, drożdże i wymieszaj. Wlewaj stopniowo ciepłą wodę, dodaj zaparzone siemię lniane, olej, sól, melasę i mieszaj łyżką do momentu dokładnego połączenia się składników, bez nadmiernego wyrabiania. Pod koniec mieszania dodaj pestki. Odstaw do wyrośnięcia, a następnie dodaj popping i krótko wymieszaj. Przełóż do keksówki o wymiarach 30×11 cm i odstaw do ponownego wyrośnięcia.

Piecz w piekarniku nagrzanym do 190°C przez 60 minut. Po upieczeniu zostaw chleb w uchylonym do połowy piekarniku na 10 minut, następnie wyjmij z formy i połóż na kratce (jeśli pieczesz w papierze, zdejmij go dopiero po kilku minutach). Zostaw do całkowitego ostudzenia.

Chleb dobrze kroi się na cienkie kromki, jeśli odwrócisz go wierzchem do spodu. Warstwa spodniej skórki jest delikatniejsza, przez co nóż nie musi pokonywać chrupkości skórki i nie ugniata całości chlebowego miąższu.

CHLEB GRYCZANO-RYŻOWO-AMARANTUSOWY

500 g mąki gryczanej
260 g mąki amarantusowej
240 g mąki ryżowej
30 g amarantusa ekspandowanego (poppingu)
180 g sypkich ziemniaków, ugotowanych poprzedniego dnia i zmielonych
100 g mieszanki nasion (siemienia lnianego, dyni, słonecznika)
8 g drożdży instant Dr. Oetker
40 ml oleju ryżowego (2 i 1/2 łyżki)
3 płaskie łyżeczki soli
ciepłej wody tyle, aby uzyskać ciasto o konsystencji gęstego budyniu

Do miski wsyp wszystkie rodzaje mąki oraz drożdże i wymieszaj. Dodaj ziemniaki i wlewając stopniowo wodę, mieszaj ciasto, ale tylko do momentu połączenia się składników, bez nadmiernego wyrabiania. Dodaj olej, sól oraz nasiona i krótko wymieszaj. Odstaw do wyrośnięcia, następnie dodaj popping i krótko wymieszaj. Przełóż do keksówki o wymiarach 30×11 cm i odstaw do ponownego wyrośnięcia.

Piecz w piekarniku nagrzanym do 190°C przez 60 minut, z włączonym termoobiegiem. Dalej postępuj jak przy chlebie gryczano-amarantusowo-orzechowym.

CHLEB KEKSOWY (BEZ SPULCHNIACZY)

100 g ugotowanej kaszy jaglanej (na bardzo sypko)
350 g ugotowanej kaszy gryczanej nieprażonej (na bardzo sypko)
30 g amarantusa ekspandowanego (poppingu)
80 g złocistego siemienia lnianego
20 g łupinek babki jajowatej
12 g suszonego korzenia żywokostu (2 łyżki)
1 łyżka nasion wiesiołka
1 łyżka nasion ostropestu
80 g pestek dyni
80 g pestek słonecznika
80 g grubo posiekanych orzechów włoskich
2 łyżeczki soli (lub do smaku)
500 ml przegotowanej chłodnej wody
olej ryżowy

Zmiel razem nasiona ostropestu i korzeń żywokostu, aż będą gładkie w dotyku. Zmiel razem siemię lniane i nasiona wiesiołka. Do miski wsyp wszystkie suche składniki, wymieszaj, dodaj wodę i wymieszaj całość na jednolitą masę. Odstaw do napęcznienia na 2 godziny. Przełóż masę do sztywnej formy (szklanej lub blaszanej keksówki o wymiarach 30×11 cm) wyłożonej papierem dokładnie posmarowanym olejem (aby ograniczyć spływanie oleju z papieru, połóż arkusz na stole i po posmarowaniu szybko wyłóż nim formę i od razu nałóż ciasto). Wyrównaj powierzchnię i dokładnie dociśnij dużą łyżką, aby pozbyć się pęcherzyków powietrza w cieście.

Piecz w piekarniku nagrzanym do 175°C, z włączonym termoobiegiem, przez 60 minut. Wyjmij i odstaw na 15 minut do przestygnięcia, następnie wyciągnij z formy, oddziel papier i połóż chleb spodem do góry, aby lepiej odparował. Pozostaw na kratce co najmniej na 10 godzin.

Chleb ma spójny, wilgotny miąższ i lekko chrupiącą skórkę. Nie kruszy się, dobrze się kroi (najlepiej odwrócony spodem do góry). Jeżeli chcesz, aby chleb był mniej wilgotny, możesz go dodatkowo piec (już bez foremki i papieru) jeszcze przez 10 minut w temperaturze 180°C, odwracając spodem do góry.

CHLEB KMINKOWY

300 g mąki gryczanej
150 g mąki kukurydzianej
50 g mąki ryżowej
10 g amarantusa ekspandowanego (poppingu, zamiennie poppingu ryżowego lub jaglanego)
13 g świeżych drożdży
3 czubate łyżeczki nasion kminku lub czarnuszki
1 łyżeczka cukru (wyjątkowo, bez niego chleb nie wyrośnie)
1/2 łyżeczki pieprzu
1/2 łyżeczki soli
550 ml ciepłej wody

W dużej misce wymieszaj wszystkie suche składniki oprócz cukru. W drugiej misce przygotuj zaczyn: do ciepłej wody dodaj pokruszone drożdże oraz cukier i mieszaj, aż się rozpuszczą. Wlej zaczyn do suchych składników i energicznie wszystko wymieszaj. Przykryj miskę czystą ściereczką i odstaw w ciepłe miejsce na 20 minut, aby ciasto wyrosło. Po tym czasie wymieszaj ciasto jeszcze raz, przełóż do keksówki o wymiarach 26×10 cm i odstaw do wyrośnięcia na kolejne 20 minut.

Chleb możesz posypać z wierzchu kminkiem lub nasionami czarnuszki – polecamy! Gdy ciasto wyrośnie, wstaw je do piekarnika nagrzanego do 230°C i piecz 25 minut. Obniż temperaturę do 180°C i piecz jeszcze 25 minut. Po wyciągnięciu z piekarnika wyjmij chleb z formy i zostaw na kratce do przestygnięcia.

CHLEB LNIANO-ZIEMNIACZANY

340 g mąki gryczanej
140 g mąki amarantusowej
20 g mąki ziemniaczanej
140 g sypkich ziemniaków ugotowanych poprzedniego dnia, zmielonych

50 g złocistego siemienia lnianego
7 g drożdży instant Dr. Oetker
1 łyżka octu winnego
1 łyżeczka oleju ryżowego
1 i 1/2 łyżeczki soli
ciepłej wody tyle, aby uzyskać ciasto o konsystencji gęstego budyniu

Wsyp do miski wszystkie rodzaje mąki i drożdże, wymieszaj. Dodaj ziemniaki, olej, ocet, sól i wlewając stopniowo wodę, wymieszaj ciasto łyżką, a następnie wyrabiaj mikserem przez 3 minuty i odstaw do wyrośnięcia. Dodaj siemię lniane i wymieszaj, przełóż ciasto do keksówki o wymiarach 30×11 cm i odstaw do ponownego wyrośnięcia.

Piecz w piekarniku nagrzanym do 190°C przez 55–60 minut, z włączonym termoobiegiem. Dalej postępuj jak przy chlebie gryczano-amarantusowo-orzechowym.

CHLEB PEŁNOZIARNISTY GRYCZANO-KOKOSOWY NA ZAKWASIE

Zakwas
200 ml wody z kiszonych ogórków
100 g mąki gryczanej
20 g mąki amarantusowej
1/2 płaskiej łyżeczki cukru (wyjątkowo, do pobudzenia wzrostu dzikich drożdży)

Ciasto
200 g mąki gryczanej
200 g wiórków kokosowych
80 g płatków gryczanych
80 g złocistego siemienia lnianego, grubo zmielonego
20 g amarantusa ekspandowanego (poppingu)
2 płaskie łyżeczki soli
ciepłej wody tyle, aby uzyskać ciasto o konsystencji bardzo gęstego budyniu

Połącz składniki zakwasu w szklanym naczyniu (np. w słoiku). Przykryj zakwas lnianą ściereczką, odstaw w ciepłe, ciemne miejsce na 2–3 dni, aż zacznie lekko powiększać objętość.

Wsyp do miski wszystkie składniki ciasta i wymieszaj. Dodaj zakwas i wyrabiaj łyżką, wlewając porcjami ciepłą wodę. Nie wyrabiaj dłużej niż do połączenia się składników. Przełóż ciasto do keksówki o wymiarach 30×11 cm (będzie gęste) i odstaw do wyrośnięcia w ciepłe i ciemne miejsce na 10–12 godzin. Po tym czasie wstaw do piekarnika, ustaw temperaturę na 50°C i piecz przez 15 minut. Zwiększ temperaturę do 100°C na kolejne 15 minut, a następnie do 190°C i od tego momentu piecz chleb przez 60 minut, z włączonym termoobiegiem.

Upieczony chleb zostaw w uchylonym do połowy piekarniku przez 10 minut, następnie wyjmij go i wyłóż z formy na kratkę do całkowitego ostudzenia (jeśli pieczesz w papierze, oddziel go od chleba dopiero po kolejnych kilku minutach).

CHLEBEK KUKURYDZIANY NA MAŚLANCE Z SIEMIENIEM LNIANYM

500 ml maślanki (część możesz zastąpić jogurtem naturalnym)
250 g mąki kukurydzianej
40 g złocistego siemienia lnianego
2 jajka
1 łyżka soku z cytryny
1–2 łyżeczki cząbru, bazylii, tymianku, curry lub innej przyprawy/suszonych ziół
1 płaska łyżeczka sody oczyszczonej lub bezglutenowego proszku do pieczenia
1/3 łyżeczki soli
papryka, oliwki, natka pietruszki, orzechy (opcjonalnie)

W dużej misce wymieszaj mąkę i siemię lniane z sodą lub proszkiem (chlebek pieczony na sodzie jest minimalnie pulchniejszy). W drugiej zmiksuj jajka, dolej maślankę i sok z cytryny. Do suchych składników wlej mokre i szybko wymieszaj trzepaczką albo widelcem na gładką masę. Jeśli chcesz, wrzuć ulubione dodatki: pokrojoną paprykę, oliwki, natkę pietruszki, posiekane orzechy itp.

Przelej ciasto do keksówki o wymiarach 26×10 cm i piecz w piekarniku nagrzanym do 200°C przez 35–40 minut. Wyjmij chlebek z piekarnika i zostaw do przestygnięcia na 20 minut, następnie wyciągnij go z formy i zostaw na kratce. Chlebek jest pachnący, żółciutki, miękki i wilgotny, lekko kleisty, ale nie zbity.

CHLEBEK KUKURYDZIANY Z FETĄ I ŚWIEŻYMI ZIOŁAMI

500 ml mleka (krowiego, koziego lub roślinnego)
350 g mąki kukurydzianej
150 g fety (zamiennie twarogu koziego, owczego, krowiego albo tofu)
20 g skrobi z tapioki
2 jajka
garść świeżych ziół (np. bazylii, tymianku, kolendry albo natki pietruszki)
2 łyżki oleju
2 łyżki octu balsamicznego
1 łyżka soku z cytryny
1 łyżka suszonego oregano, bazylii lub tymianku
1 płaska łyżeczka sody oczyszczonej lub bezglutenowego proszku do pieczenia
1/4 łyżeczki soli

W dużej misce wymieszaj wszystkie suche składniki. W drugiej zmiksuj jajka, dodaj mleko, olej, sok z cytryny i ocet balsamiczny, wymieszaj. Do suchych składników wlej mokre i szybko wymieszaj trzepaczką albo widelcem na gładką masę. Na końcu wrzuć pokrojony w kostkę ser oraz świeże zioła – w całości lub posiekane.

Wlej ciasto do keksówki o wymiarach 26×10 cm i piecz w piekarniku nagrzanym do 200°C przez 45 minut. Wyjmij chlebek z piekarnika i zostaw do przestygnięcia na 20 minut, następnie wyciągnij go z formy i zostaw na kratce. Chlebek jest pachnący, żółciutki, miękki i wilgotny. Smakuje trochę jak pizza! Po przekrojeniu pięknie się prezentuje – widać kostki sera, które zachowują swój kształt, oraz zielone pasma świeżych ziół.

Dla jeszcze ciekawszego efektu kolorystycznego dodaj do ciasta kilka pokrojonych suszonych pomidorów odsączonych z oliwy (użyj jej do ciasta zamiast oleju) albo kawałek drobno pokrojonej świeżej czerwonej papryki lub chili.

CHLEBEK WITARIAŃSKI CYTRYNOWY Z QUINOA (SŁODKI)

200 g pestek słonecznika, namoczonych przez kwadrans i odsączonych
180 g quinoa
1 mała cytryna (zamiennie 100 g świeżej lub namoczonej suszonej żurawiny)

100 g daktyli bez pestek lub rodzynek (zamiennie 100 g inuliny i 10 kropel stewii fluid)
2 banany (zamiennie 240 g miąższu dyni)
ok. 100 ml przegotowanej chłodnej wody
1 łyżka dowolnego oleju nierafinowanego lub oliwy z oliwek extra virgin
1 płaska łyżeczka soli

Suche nasiona quinoa zmiel. Cytrynę obierz ze skórki, usuń pestki, podziel na kilka części. Pokrój daktyle. Do blendera wlej wodę, dodaj pokrojone owoce (lub składniki zamienne), 2/3 pestek słonecznika, olej i sól. Zmiksuj na gładką masę, przełóż do miski, dodaj pozostały słonecznik, zmielone quinoa i dokładnie wymieszaj. Masa będzie gęsta, ale łatwa do rozprowadzenia (aby chlebek wyglądał bardziej efektownie, możesz rozsypać nasiona słonecznika równomiernie na powierzchni masy rozprowadzonej na papierze, przykryć warstwą papieru i lekko docisnąć wałkiem do ciasta).

Przytnij arkusz grubego papieru do pieczenia na wymiar kratki (rusztu) z piekarnika. Masę wyłóż małymi porcjami na arkusz o wymiarach 30×35 cm i szerokim nożem rozprowadź równomiernie po całości, zostawiając wokół 2 cm marginesu. Papier z masą umieść na kratce w piekarniku nastawionym na 45°C, włącz termoobieg i susz masę przez 120 minut, przy drzwiczkach uchylonych na 2 cm (żeby wilgoć miała ujście).

Wyjmij papier z masą i zsuń z rusztu na blat stołu. Ruszt połóż na wierzchu chlebowego placka i szybkim ruchem odwróć całość górą na dół. Delikatnie oddziel papier od placka (papier dość łatwo odchodzi, masa na tym etapie suszenia jest już zwarta i dość elastyczna). Wstaw ruszt z chlebkiem (już bez papieru) ponownie do piekarnika i kontynuuj suszenie przez kolejne 90–120 minut, przy tej samej temperaturze i uchylonych drzwiczkach. Po zakończeniu wyłącz piekarnik, otwórz drzwiczki do połowy i włącz na 30 minut tylko termoobieg. Jeżeli masa jest nadal zbyt wilgotna (jest wówczas jeszcze lekko łamliwa), zostaw ją w otwartym piekarniku na dosuszenie. Możesz też zostawić chlebowy placek na noc na ruszcie w wyłączonym piekarniku i przy otwartych drzwiczkach albo ustawić go w sezonie grzewczym nad grzejnikiem lub w pobliżu innego źródła ciepła.

Po wysuszeniu pokrój chlebek na trójkąty lub prostokąty. Przechowuj je w lodówce do 5 dni, zawinięte w pergamin.

CHLEBEK „WITARIAŃSKI” JAGLANY Z AWOKADO (WYTRAWNY)

200 g ugotowanej kaszy jaglanej
110 g mąki z orzeszków ziemnych
160 g obranej marchewki (zamiennie miąższu dyni)
1 dojrzałe awokado
20 g suszonych pomidorów w oliwie (3–4 sztuki)
20 ml oliwy z pomidorów (1 i 1/2 łyżki)
1 łyżka soku z cytryny (zamiennie niesłodzonego soku z żurawiny)
po 1/2 łyżeczki mielonej kozieradki i mielonej kolendry
1 łyżeczka soli

Do blendera wlej oliwę, sok z cytryny, dodaj obrane ze skórki i pozbawione pestki awokado, przyprawy, sól, suszone pomidory i pokrojoną na kawałki marchewkę. Zmiksuj wszystko na gładką masę, dodając stopniowo kaszę jaglaną. Wyłóż masę do miski, dosypuj porcjami mąkę z orzeszków ziemnych i mieszaj łyżką. Dalej postępuj jak w przepisie na chlebek witariański cytrynowy (s. 100).

Ze względu na użycie ugotowanej kaszy jaglanej chlebek traci witariańskie walory. Aby był w pełni witariański, zastąp gotowaną kaszę namoczoną niepaloną kaszą gryczaną (w ilości 200 g – waga namoczonej kaszy), choć smak i konsystencja będą już inne.

CHLEBEK WITARIAŃSKI ORZECHOWY (WYTRAWNY)

130 g zmielonego złocistego siemienia lnianego
120 g obranej marchewki (zamiennie dyni)
100 g kaszy gryczanej niepalonej
70 g mąki z orzeszków ziemnych
20 g suszonych pomidorów w oliwie (3–4 sztuki)
20 ml oliwy z pomidorów (1 i 1/2 łyżki)
2 łyżki korzenia żywokostu
*1 łyżka nasion ostropestu**

* Ostropest plamisty regeneruje skórę, wspomaga trawienie i funkcje wątroby. Możesz gryźć całe nasiona albo dodawać je w postaci zmielonej do zimnych i gorących potraw: sałatek, zup, sosów (1 łyżeczkę dziennie).

1/2 płaskiej łyżeczki mielonej kozieradki
1 płaska łyżeczka soli
200 ml chłodnej wody

Kaszę gryczaną opłucz, zalej wodą i odstaw na kwadrans, a następnie raz jeszcze opłucz i odsącz. Korzeń żywokostu i nasiona ostropestu zmiel razem bardzo dokładnie. Do blendera wlej wodę i oliwę, dodaj kaszę gryczaną, pokrojoną na kawałki marchewkę, suszone pomidory, sól i zmiksuj na gładko. Przełóż zawartość blendera do miski, dodawaj porcjami siemię lniane, mąkę z orzeszków ziemnych, zmielony ostropest i żywokost, kozieradkę i dokładnie wyrób składniki na jednolitą masę (powinna być dość gęsta, zwarta).

Dalej postępuj jak w przepisie na chlebek witariański cytrynowy (s. 100).

CHLEBEK WITARIAŃSKI Z SUSZONYMI ŚLIWKAMI (PÓŁWYTRAWNY)

180 g kaszy gryczanej niepalonej
220 g złocistego siemienia lnianego
20 g nasion ostropestu (2 łyżki)
12 śliwek suszonych, bez pestek (zamiennie 8–10 suszonych pomidorów w oliwie)
20 ml oliwy z oliwek extra virgin lub oliwy z pomidorów (1 i 1/2 łyżki)
1 płaska łyżeczka soli
ok. 125 ml chłodnej wody

Kaszę gryczaną opłucz, zalej wodą i odstaw na kwadrans, a następnie raz jeszcze opłucz i odsącz. Siemię lniane i ostropest dokładnie zmiel. Wlej do blendera wodę, dodaj suszone śliwki, oliwę, sól i miksując na gładko, dodawaj porcjami kaszę gryczaną. Przełóż masę do miski, dodaj zmielone siemię lniane z nasionami ostropestu i dokładnie wyrób masę łyżką lub dłonią, aż będzie gęsta, plastyczna. Jeśli konsystencja będzie tego wymagała, dodaj kilka łyżek chłodnej wody.

Dalej postępuj jak w przepisie na chlebek witariański cytrynowy (s. 100).

„CIABATTA" GRYCZANA Z OLIWKAMI I PESTKAMI DYNI

200 g mąki gryczanej
90 g mąki amarantusowej
30 g płatków gryczanych błyskawicznych
20 g amarantusa ekspandowanego (poppingu)
2 płaskie łyżeczki drożdży instant Dr. Oetker (5 g)
15–20 zielonych oliwek z pestkami, pasteryzowanych, bez dodatków
1 czubata łyżka pestek dyni
1 łyżka oleju ryżowego
1 łyżka soku z cytryny lub octu winnego
1 łyżka łupinek babki jajowatej
1 i 1/2 płaskiej łyżeczki soli
tymianek lub zioła prowansalskie do smaku
ciepłej wody tyle, aby uzyskać ciasto o konsystencji gęstego budyniu

Miąższ oliwek oddziel od pestek. Pestki dyni grubo posiekaj nożem. Do miski wsyp wszystkie rodzaje mąki, drożdże, łupinki babki i wymieszaj. Dodaj olej, sok z cytryny i sól. Wlewając stopniowo wodę, mieszaj ciasto łyżką do połączenia składników. Wyrabiaj mikserem przez 2 minuty. Odstaw do wyrośnięcia, następnie dodaj płatki gryczane, popping, zioła oraz oliwki i mieszaj tylko do momentu połączenia się składników.

Dalej postępuj jak w przepisie na „ciabattę" razową z ziołami (zob. poniżej), z jednym wyjątkiem – po nałożeniu ciasta do formy o wymiarach 35×11 cm posyp wierzch posiekanymi pestkami dyni, lekko przyciskając je łyżką.

„CIABATTA" RAZOWA Z ZIOŁAMI

200 g mąki gryczanej pełnoziarnistej (zamiennie oczyszczonej)
100 g mąki amarantusowej
15 g mąki ziemniaczanej
10 g amarantusa ekspandowanego (poppingu)
50 g sypkich ugotowanych ziemniaków, zimnych (1 średnia sztuka)
1 łyżka oleju ryżowego
1 łyżeczka octu balsamicznego

1 łyżka łupinek babki jajowatej
2 płaskie łyżeczki drożdży instant Dr. Oetker (5 g)
1 i 1/2 płaskiej łyżeczki soli
ulubione zioła do smaku (np. prowansalskie)
ciepłej wody tyle, aby uzyskać ciasto o konsystencji gęstego budyniu

Do miski wsyp wszystkie rodzaje mąki, łupinki babki, drożdże i wymieszaj. Dodaj przeciśniętego przez praskę ziemniaka, olej, ocet i sól. Wlewaj stopniowo wodę, mieszając ciasto łyżką do połączenia składników. Wyrabiaj mikserem przez 2 minuty. Odstaw do wyrośnięcia, następnie dodaj popping i zioła, wymieszaj, przełóż do keksówki o wymiarach 35×11 cm i odstaw do ponownego wyrośnięcia. Piecz w piekarniku nagrzanym do 190°C przez 40 minut, z włączonym termoobiegiem. Po upieczeniu pozostaw „ciabattę" na kilka minut w uchylonym do połowy piekarniku. Następnie wyjmij z formy i zostaw na kratce do całkowitego ostudzenia (jeśli pieczesz na papierze, oddziel go po kilku minutach). Pokrój chlebek na kawałki lub odkrawaj porcje w miarę potrzeby.

Możesz też upiec „ciabattę" w dwóch kawałkach – w połowie formy oddziel ciasto dodatkową warstwą papieru, a otrzymasz ciabattowe bułki z ładnie zapieczonymi wszystkimi brzegami. Jeżeli lubisz cieńsze pieczywo, użyj dwóch krótszych keksówek o wymiarach 26 x 11 cm.

2

Śniadania na dobry początek dnia

Śniadanie to najważniejszy posiłek dnia. Powinno być naprawdę królewskie – smaczne, sycące, kolorowe i różnorodne – by dostarczyć nam energii na cały dzień. Poranek wcale nie musi być nudny! Każdego dnia możesz zjeść coś innego. Spróbuj naszych warzywnych, owocowych i kaszowych wariacji śniadaniowych. Znajdziesz wśród nich propozycje na słodko i na słono: owsianki i jaglanki, gofry, placuszki i racuszki, naleśniczki, makarony, omlety, pasztety, smarowidła i pasty kanapkowe pasujące idealnie do bezglutenowego pieczywa.

BAKŁAŻAN Z NADZIENIEM WARZYWNO-JAGLANYM

Na 4 porcje

2 bakłażany
130 g fety lub twardego koziego twarogu
100 g ugotowanej kaszy jaglanej
1 duża cebula
3–4 ząbki czosnku
3 łyżki masła klarowanego
zioła prowansalskie
sól i pieprz do smaku
gałązka świeżej bazylii (do dekoracji)

Każdy bakłażan przekrój wzdłuż na dwie łódki. Wytnij miąższ (zachowaj), pozostawiając ścianki o grubości 1 i 1/2 cm. Natrzyj solą i pieprzem, nie płucz. Natnij każdą połówkę przy szerszym końcu w trzech miejscach na głębokość 1 cm i spłaszcz – będą lepiej przylegać do patelni. Rozgrzej połowę masła na dużej patelni z przykrywką. Ułóż na niej połówki bakłażanów miąższem w dół, podlej 3–4 łyżkami wody, aby szybciej zmiękły. Przykryj i duś ok. 10 minut, odwracając na drugą stronę. Jeśli woda wyparuje, w miarę potrzeby dolej jeszcze 1–2 łyżki.

W rondlu rozgrzej pozostałe masło, dodaj cebulę i wydrążony miąższ bakłażana pokrojone w kostkę oraz czosnek pokrojony w plasterki. Przypraw solą, pieprzem, ziołami prowansalskimi i duś ok. 10 minut pod przykrywką, do miękkości. Odstaw z ognia, dodaj tłuszcz spod bakłażanów, kaszę jaglaną oraz fetę lub kozi ser pokrojony w kostkę. Wymieszaj delikatnie, by ser się nie rozpadł.

Nałóż nadzienie do połówek bakłażanów, posyp świeżo mielonym pieprzem i udekoruj listkami bazylii. Podawaj z plastrami pomidorów i ogórków. Danie jest również smaczne na zimno, z pieczywem. Jeśli chcesz, zjedz je na obiad!

DOMOWA WĘDLINA DROBIOWA Z SUSZONYMI POMIDORAMI I ZIOŁAMI

1 podwójna pierś z kurczaka
kilka suszonych pomidorów w oliwie
świeże zioła, np. bazylia, majeranek, oregano
1 łyżka soku z cytryny
mielona słodka papryka
pieprz i sól

Pierś z kurczaka oczyść i delikatnie rozbij tłuczkiem do mięsa. Postaraj się uzyskać jeden duży kawałek. Oprósz mięso z obu stron pieprzem, solą i słodką papryką, skrop sokiem z cytryny. Ułóż na wierzchu listki ulubionych świeżych ziół oraz suszone pomidory odsączone z oliwy, posiekane lub w całości. Skrop wszystko odrobiną oliwy z pomidorów.

Zwiń mięso ciasno w roladkę, zawiń szczelnie w folię spożywczą, pozbywając się pęcherzyków powietrza, i umieść w naczyniu do gotowania na parze. Przykryj garnek i gotuj mięso 10–15 minut, w zależności od rozmiarów i grubości rolady. Gotowane zbyt długo stanie się suche! Gotowe roladki odwiń z folii, przestudź i pokrój ostrym nożem na plastry. Podawaj jako dodatek do kanapek lub samodzielną przystawkę.

Przyprawy i nadzienie możesz dowolnie modyfikować, np. używając zamiast pomidorów podduszonych pieczarek, miękkich suszonych śliwek bez pestek, blanszowanego szpinaku lub jarmużu i ulubionych przypraw.

ENERGETYCZNA JAGLANKA LUB OWSIANKA

Na 2 porcje

500 ml mleka (dowolnego)
70–80 g płatków owsianych bezglutenowych (certyfikowanych) lub płatków jaglanych
150–200 g dowolnych owoców, suszonych lub świeżych
garść posiekanych orzechów (np. włoskich lub laskowych, najlepiej bez skórki)
1 łyżeczka ekstraktu waniliowego

Do rondelka wlej mleko i do zimnego wsyp płatki. Gotuj na wolnym ogniu, aż płatki napęcznieją i zmiękną. Jeśli używasz suszonych owoców, wrzuć je do mleka razem z płatkami, by nieco zmiękły podczas gotowania. Jeśli masz do dyspozycji świeże owoce, pokrój je na mniejsze kawałki i dodaj do ugotowanej owsianki. Przełóż porcje owsianki do miseczek, polej odrobiną ekstraktu waniliowego, posyp posiekanymi orzechami. Możesz dosłodzić całość do smaku ksylitolem lub stewią, ale sprawdź najpierw, czy słodycz owoców nie jest wystarczająca.

Gęstość owsianki/jaglanki możesz regulować, w miarę potrzeby dosypując więcej płatków lub dolewając więcej mleka.

GĘSTE KAKAO JAGLANE Z ŻÓŁTKIEM

Na 4 porcje po 180 ml

700 ml mleka jaglanego, niefiltrowanego
60 ml melasy z karobu
5 kropel stewii fluid
20 g kakao lub karobu
20 g mąki ziemniaczanej
1 surowe żółtko

Wlej do garnuszka 250 ml mleka, dodaj kakao, mąkę ziemniaczaną, melasę, stewię i dokładnie rozmieszaj. Zagrzej mleko jaglane i powoli wlewaj do niego rozmieszane składniki. Cały czas intensywnie mieszając, doprowadź kakao do zagotowania i zestaw z ognia. Dodaj żółtko, rozmieszaj. Podawaj gorące.

GOFRY MARCHEWKOWE

Na 6 kwadratowych gofrów

100 g marchewki startej na drobnych oczkach (albo wiórków pozostałych po wyciśnięciu soku)
100 g mąki gryczanej
50 g mąki z orzeszków ziemnych (lub innej orzechowej)
50 g skrobi kukurydzianej lub skrobi z tapioki
50 g ksylitolu
2 jajka
300 ml gazowanej wody mineralnej
2 łyżki oleju ryżowego (+ olej do smarowania gofrownicy)

1 łyżka soku z cytryny
1 płaska łyżeczka cynamonu
1/2 łyżeczki mielonych goździków

Jajka zmiksuj z ksylitolem na gładką masę, dodaj wodę, olej i sok z cytryny. W osobnym naczyniu wymieszaj wszystkie rodzaje mąki, skrobię i przyprawy, wsypuj partiami do ciasta i miksuj do uzyskania gładkiej masy. Na końcu dodaj marchewkę.

Gofrownicę posmaruj odrobiną oleju, nagrzej i wlewaj porcje ciasta. Piecz do lekkiego zrumienienia (nie przypiekaj mocno, bo będą niesmaczne). Gofry wychodzą pulchne, delikatne i miękkie. Smakują niemal jak ciasto marchewkowe. Najlepsze są zaraz po upieczeniu.

GOFRY Z AMARANTUSEM

Na 6 kwadratowych gofrów

80 g mąki ryżowej
40 g mąki gryczanej
40 g prażonej mąki amarantusowej (firmy EkoProdukt)
40 g ksylitolu
3 jajka
150 ml wody (10 łyżek)
2 łyżki oleju ryżowego (+ olej do smarowania gofrownicy)

Jajka zmiksuj z ksylitolem na gładką masę. Dodaj wodę i olej, wymieszaj. Na końcu dodaj wszystkie rodzaje mąki. Całość zmiksuj. Gofrownicę posmaruj odrobiną oleju, nagrzej i wlewaj porcje ciasta. Gofry wychodzą miękkie i pulchne. Prażona mąka amarantusowa nadaje im wyjątkowy, ziemisto-orzechowy smak. Najlepsze są zaraz po upieczeniu.

GOFRY Z MĄKI RYŻOWEJ

Na 4 kwadratowe gofry

80 g mąki ryżowej
40 g mąki gryczanej
40 g skrobi z tapioki lub skrobi kukurydzianej

20 g mąki ziemniaczanej
30 g ksylitolu
200 ml mleka (dowolnego)
2 jajka
2 łyżki oleju ryżowego (+ olej do smarowania gofrownicy)
1/3–1/2 łyżeczki sody oczyszczonej
wanilia lub cynamon (opcjonalnie)

Jajka zmiksuj z ksylitolem na gładką masę. Jeśli chcesz, dodaj wanilię lub cynamon. Wlej mleko i olej, wymieszaj. Na końcu dodaj wszystkie rodzaje mąki i skrobię wymieszane z sodą. Całość zmiksuj. Gofrownicę posmaruj odrobiną oleju, nagrzej i wlewaj porcje ciasta. Gofry wychodzą miękkie i jasne w środku, a na zewnątrz mocno rumiane i chrupiące. Najlepsze są zaraz po upieczeniu.

GOFRY Z OWCZYM SEREM

Na 2 kwadratowe gofry

60 g mąki gryczanej
30 g skrobi z tapioki
20 g mąki ryżowej
50 g owczego twarogu (zamiennie fety lub koziego twarogu)
1 małe jajko
1 łyżka oleju ryżowego (+ olej do smarowania gofrownicy)
1 łyżeczka oregano
1/3 łyżeczki bezglutenowego proszku do pieczenia
90 ml wody (6 łyżek)
szczypta soli

Jajko zmiksuj lub roztrzep trzepaczką, dodaj olej, wodę, oregano i sól. Dokładnie wymieszaj. W osobnym naczyniu połącz wszystkie rodzaje mąki, skrobię i proszek do pieczenia. Dodaj suchą mieszankę do masy jajecznej i wymieszaj, by nie było grudek. Na końcu wrzuć do ciasta rozdrobniony widelcem owczy twaróg.

Gofrownicę posmaruj odrobiną oleju, nagrzej i wlewaj porcje ciasta. Gofry wychodzą jasne, więc nie próbuj ich zrumienić przez dłuższe pieczenie. Z wierzchu są fantastycznie chrupiące, a w środku mięciutkie, serowe. Podawaj od razu po upieczeniu, kiedy są jeszcze ciepłe.

GRANOLA

150 g płatków owsianych bezglutenowych (certyfikowanych)
100 g płatków jaglanych lub gryczanych (albo pół na pół)
100 g dowolnych orzechów, posiekanych (migdałów, laskowych, włoskich, nerkowców)
60 g pestek słonecznika lub dyni (albo pół na pół)
100 g dowolnych suszonych owoców (rodzynek, moreli, śliwek, żurawiny, goji)
4–6 łyżek płynnego miodu, syropu daktylowego lub melasy z karobu (albo mieszanki)
cynamon, goździki, wanilia (opcjonalnie)

Wszystkie składniki oprócz suszonych owoców dokładnie wymieszaj i przełóż do dużej formy wyłożonej papierem do pieczenia. Wstaw do piekarnika nagrzanego do 160°C i piecz przez 20–30 minut, aż składniki lekko się zarumienią i zaczną pięknie pachnieć. W trakcie pieczenia zamieszaj granolę 2–3 razy.

Wyjmij mieszankę z piekarnika i przestudź. Do zimnej dodaj suszone owoce (jeśli są duże, np. morele i śliwki, pokrój je w paski lub kostkę). Wszystko dokładnie wymieszaj i przesyp do dużego, szczelnie zamykanego szklanego słoja. Podawaj jako dodatek do jogurtu, zimnego lub gorącego mleka albo jako składnik deserów.

Ilość i rodzaj składników modyfikuj dowolnie. Jeśli nie lubisz orzechów, pomiń je! Jeśli wolisz więcej suszonych owoców, dodaj więcej! Dosyp wiórki kokosowe, płatki kukurydziane, popping z amarantusa albo – już po upieczeniu i ostudzeniu – posiekaną gorzką czekoladę.

HUMMUS, CZYLI PASTA Z CIECIERZYCY I SEZAMU

250 g ugotowanej ciecierzycy (ok. 110 g suchej)
60 g masła sezamowego (tahini, s. 328)
1 ząbek czosnku
3 łyżki soku z cytryny
2–3 łyżki oliwy z oliwek extra virgin lub oleju dobrej jakości
pieprz i sól

Ciecierzycę namocz na noc w dużej ilości wody. Rano zmień wodę i gotuj ciecierzycę do miękkości. Do ugotowanej i odcedzonej ciecierzycy dodaj masło sezamowe i obrany czosnek. Wszystko razem zmiksuj na gładką masę. W razie potrzeby dolej trochę oliwy lub wody (może być z gotowania ciecierzycy), aby hummus lepiej się miksował albo do uzyskania pożądanej konsystencji (rzadsza dla dipów, gęstsza dla pasty kanapkowej).

Dopraw do smaku pieprzem, solą oraz sokiem z cytryny. Smakuje genialne w połączeniu ze świeżym masłem na kanapce albo jako sos do maczania warzyw.

JABŁKA W PUSZYSTYM CIEŚCIE WANILIOWYM

Na 8–10 placuszków

20 g mąki kukurydzianej
20 g mąki ryżowej
20 g mąki ziemniaczanej
10 g ksylitolu (lub mniej, wedle gustu)
1 duże jabłko
1 jajko
5 łyżek mleka (dowolnego)
szczypta świeżej lub mielonej wanilii albo 1/4–1/3 łyżeczki ekstraktu
1/3 łyżeczki bezglutenowego proszku do pieczenia (opcjonalnie)
oliwa

Jabłko obierz, usuń środek z nasionami, pokrój na osiem plastrów, mniej więcej grubości 4–5 mm. Utrzyj żółtko z ksylitolem na jasną masę, dodaj mleko, wanilię oraz połączone z proszkiem do pieczenia i przesiane wszystkie rodzaje mąki (proszek możesz pominąć, ale dzięki niemu placuszki będą bardziej pulchne). Dokładnie wymieszaj masę. Ubij białko na pianę, dodaj do ciasta i delikatnie wymieszaj drewnianą łyżką lub silikonową trzepaczką. W cieście nie może być grudek!

Krążki jabłka zanurzaj w cieście i widelcem układaj na rozgrzanej, posmarowanej tłuszczem patelni. Smaż z obu stron, aż ciasto delikatnie się zrumieni. Racuszki smażą się bardzo szybko. Uważaj, by się nie przypaliły.

Ciasto jest pulchne, biszkoptowe, a jabłka miękkie. Dodatek wanilii nadaje racuszkom wspaniały smak i aromat. Jeśli chcesz, zamiast wanilii możesz użyć cynamonu lub w ogóle nie dodawać przypraw.

W ten sam sposób możesz przyrządzić racuszki z plastrami gruszek, brzoskwini lub pokrojonych wzdłuż bananów. Jeśli dodasz do ciasta inne owoce, drobniejsze, np. maliny czy jagody, nakładaj porcje ciasta z owocami na patelnię za pomocą łyżki.

JAGLANKA NA MLEKU KOKOSOWYM Z WANILIĄ I SUSZONYMI ŚLIWKAMI

Na 1–2 porcje

500 ml mleka kokosowego
50–80 g kaszy jaglanej (zamiennie płatków jaglanych – szybciej się ugotują)
10 suszonych śliwek bez pestek (zamiennie 100 g innych suszonych owoców)
1 laska wanilii
1 łyżka melasy z karobu
szczypta soli

Wanilię przekrój na pół i wyskrob nasionka. Śliwki opłucz i pokrój na paseczki. W garnku zagotuj mleko, wrzuć wanilię (ziarenka i strąk) oraz wypłukaną kaszę jaglaną (im więcej, tym gęstsza konsystencja potrawy). Gotuj na wolnym ogniu, pod przykrywką, mniej więcej przez 5 minut. Wyjmij strąk wanilii, dodaj śliwki oraz sól i gotuj dalej przez 10 minut. Odstaw z ognia i trzymaj pod przykrywką jeszcze 10 minut lub nieco krócej, by kasza nabrała miękkości, a owoce napęczniały (możesz dodatkowo nakryć garnek grubą ściereczką). Przełóż jaglankę do miseczek, udekoruj nitkami melasy karobowej. Jest smaczna na gorąco i na zimno.

JAJKA ZAPIEKANE W KOKILKACH

Na 4 porcje

4 duże jajka
4 łyżki gęstej śmietany (22 lub 30%)
1 łyżka masła lub oliwy
pieprz i sól
ulubione przyprawy i dodatki (np. świeże zioła, szczypiorek, oliwki, szynka, pesto, żółty ser, feta, suszone pomidory w oliwie)

Każdą kokilkę posmaruj masłem lub oliwą, wlej na dno pół łyżki śmietany, wbij jajko i polej pozostałą śmietaną. Posyp pieprzem i solą. Ułóż kokilki na blaszce i wlej do niej gorącą wodę (na wysokość 3 cm). Wstaw do piekarnika nagrzanego do 170°C i zapiekaj w kąpieli wodnej mniej więcej przez 10 minut. Białko powinno być ścięte, a żółtko płynne. Wyjmij blachę z piekarnika, wyciągnij kokilki z wody, osusz ręcznikiem i od razu podawaj. Najlepiej z wąskimi, podłużnymi grzankami z chleba, które macza się w śmietanowo-jajecznej zapiekance.

Do zapiekanych w ten sposób jajek możesz dodać dowolne ulubione składniki i przyprawy. Dno kokilki wyłóż plastrem szynki lub pokrojonymi oliwkami. Wierzch jajek posyp drobno posiekanym szczypiorkiem, startym żółtym serem albo szczyptą chili. Śmietanę możesz zastąpić domowym pesto. Do smarowania kokilek warto wykorzystać aromatyzowaną oliwę, np. z ziołami, truflową lub tę z suszonych pomidorów.

KORZENNY RYŻ Z JABŁKIEM I GRUSZKĄ

Na 2 porcje

ok. 180 g brązowego ryżu
1–2 jabłka
1–2 gruszki
1 łyżka masła lub oleju kokosowego
1 płaska łyżeczka cynamonu
1/2 łyżeczki mielonych goździków
szczypta imbiru, kurkumy, kardamonu oraz świeżo startej gałki muszkatołowej
szczypta soli
miód, stewia, ksylitol lub melasa z karobu (do smaku)
sok z cytryny
400 ml wody lub mleka (dowolnego)

Ryż wrzuć na wrzącą wodę lub mleko i gotuj do miękkości (w razie potrzeby dolej więcej płynu). Owoce obierz, przekrój na ćwiartki, usuń gniazda nasienne, zetrzyj miąższ na grubej tarce lub pokrój w drobną kostkę. Kiedy ryż będzie prawie miękki, dodaj przyprawy, słodzidło oraz owoce. Przykryj garnek przykrywką, zmniejsz ogień i duś całość, aż ryż i owoce będą miękkie. Na końcu dodaj masło albo olej kokosowy i trochę soku z cytryny dla przełamania smaku.

KOZI SER ZE SKWARKAMI, Z PIECZYWEM CZOSNKOWYM I ZE ŚWIEŻYMI OGÓRKAMI Z KOPERKIEM

200 g twardego koziego sera
200 g chudego boczku
100 g słoniny wieprzowej
kilka kromek pieczywa
3 świeże ogórki
pęczek koperku
2 ząbki czosnku
pieprz i sól

Kozi ser pokrój w kostkę, a czosnek w plasterki. Ogórki pokrój w średniej grubości plastry, włóż do miski, dodaj pieprz i drobno posiekany koperek oraz niewielką ilość soli. Wymieszaj, lekko uciśnij, przykryj i odstaw. Boczek i słoninę pokrój w kostkę, usmaż na rozgrzanej patelni na chrupiąco, skwarki przełóż do większej miseczki. Do wytopionego tłuszczu wrzuć pokrojony w plasterki czosnek i przez krótką chwilę podsmażaj, by uwolnił aromat, ale nie zgorzkniał. Wyjmij czosnek z tłuszczu i dodaj do skwarek z boczku i słoniny.

Na patelni podsmaż krótko kromki pieczywa, odwracając je z obu stron, by lekko wchłonęły czosnkowy tłuszcz. Pokrojony ser dodaj do skwarek i przemieszaj delikatnie, do połączenia składników. Podawaj z kromkami czosnkowego pieczywa oraz sałatką z ogórków i koperku.

MAKARON RYŻOWY ZE SMAŻONĄ CEBULKĄ I Z JAJKIEM NA MIĘKKO

Na 2–3 porcje

200 g błyskawicznego makaronu ryżowego (szerokich wstążek)
3 jajka
1 mała cebula
2–3 łyżki oliwy z oliwek extra virgin lub oleju lnianego (+ oliwa do smażenia)
1–2 łyżki natki pietruszki lub szczypiorku
pieprz i sól

Cebulę obierz, drobno pokrój i zrumień na oliwie. Jajka ugotuj na miękko (białko powinno być ścięte, a żółtko płynne). Makaron ryżowy przygotuj zgodnie z instrukcją na opakowaniu. Miękki makaron odcedź na sicie, przełóż do dużej miski, dodaj zrumienioną cebulę, polej oliwą lub olejem lnianym, dopraw pieprzem i solą. Wymieszaj wszystko dokładnie.

Przełóż porcje makaronu do mniejszych miseczek. Na wierzchu ułóż jajka i przekrój na pół, by trochę płynnego żółtka rozlało się na makaron. Posyp drobno posiekaną natką pietruszki lub szczypiorkiem. Podawaj od razu, dopóki makaron jest ciepły.

MAKARON ZE ŚMIETANKĄ KOKOSOWĄ I Z OWOCAMI

Na 1–2 porcje

250 g ugotowanego makaronu (gryczanego lub innego, może być z poprzedniego dnia)
250 g malin, poziomek lub jagód
100 g śmietanki kokosowej w kostce (zamiennie 80–100 g jogurtu naturalnego)
kilka listków świeżej mięty lub melisy cytrynowej
ksylitol lub inulina (do osłodzenia, opcjonalnie)

Śmietankę kokosową zetrzyj na najgrubszych oczkach i odstaw na 15 minut w ciepłe miejsce, by zmiękła. Owoce przebierz, opłucz. Makaron rozłóż równomiernie na płytkim talerzu, posyp owocami, a następnie startą śmietanką. Całość lekko przemieszaj i oprósz do smaku ksylitolem lub inuliną. Udekoruj aromatycznymi listkami ziół.

Tę potrawę możesz zjeść także na ciepło, podgrzewając makaron na parze przez 2–3 minuty (lub gotując świeży i używając od razu). Śmietanka zmieszana z ciepłym makaronem bardziej się rozpuści.

NALEŚNICZKI KUKURYDZIANO-AMARANTUSOWE Z BANANEM

Na 8 sztuk o średnicy 15 cm

1 banan (100 g po obraniu)
50 g mąki kukurydzianej
30 g mąki amarantusowej

1 jajko
40 ml oleju ryżowego
180 ml wody
duża szczypta soli

Rozdrobnij banana widelcem na dość gładką masę. Wbij jajko do miski i zmiksuj. Miksując, dodawaj mąkę, sól, olej ryżowy i stopniowo 180 ml wody. Dodaj masę bananową i dokładnie wymieszaj ciasto łyżką. Odstaw na kwadrans, by zgęstniało. Przed smażeniem raz jeszcze dokładnie wymieszaj.

Patelnię posmaruj odrobiną oleju (za pomocą pędzelka lub papierowego ręczniczka), rozgrzej i smaż naleśniki średniej grubości, obustronnie, na złotobrązowo. Układaj na dużym talerzu i trzymaj w ciepłym miejscu pod przykrywką, aż usmażysz wszystkie.

Na jedną połowę naleśnika połóż ulubione nadzienie i przykryj drugą połową, wierzch polej musem owocowym, śmietanką itp. Naleśniki są średnio kruche, z wilgotnym od banana wnętrzem. Dobrze się trzymają, nie rozpadają. Są równie smaczne na zimno.

NALEŚNIKI RYŻOWE Z SERKIEM MASCARPONE I OWOCAMI

Na 8 sztuk o średnicy 15 cm

Ciasto
130 g mąki ryżowej
20 g mąki ziemniaczanej
250 ml wody lub mleka (dowolnego)
1 jajko
1 łyżka oliwy

Nadzienie
250 g serka mascarpone
100–150 ml śmietanki 30%
10 g ksylitolu, zmielonego na puder
2 łyżki płynnego miodu lipowego lub wielokwiatowego albo syropu daktylowego
wanilia (opcjonalnie)
świeże sezonowe owoce, np. truskawki, maliny, jagody, jeżyny (ilość wedle uznania)

Jajko rozmieszaj w misce trzepaczką, dodaj wodę lub mleko i oliwę, a na końcu oba rodzaje mąki. Wszystko dokładnie wymieszaj, by nie było grudek. Odstaw ciasto na kwadrans, aby nabrało konsystencji gęstej śmietany. Jeśli będzie za rzadkie, dodaj więcej mąki ryżowej, jeśli za gęste – dolej odrobinę mleka lub wody.

Patelnię z nieprzywierającą powłoką posmaruj odrobiną oliwy (za pomocą pędzelka lub papierowego ręczniczka), rozgrzej i smaż naleśniki z obu stron. Nie rumień zbyt mocno, chyba że wolisz bardziej chrupiące. Przed nabraniem każdej kolejnej porcji dokładnie wymieszaj ciasto. Usmażone naleśniki odstaw do wystudzenia.

Przygotuj krem. Ubij śmietankę, aż zgęstnieje. Partiami dodawaj serek mascarpone, ksylitolowy puder oraz wanilię. Dokładnie wymieszaj, wstaw na minimum 30 minut do lodówki (nie jest to konieczne, ale schłodzony krem jest dużo smaczniejszy). Porcję kremu rozsmaruj na każdym naleśniku, posyp owocami (owoce możesz również wymieszać z kremem) i zwiń w rulon. Ułóż naleśniki na talerzu, polej nitkami miodu lub syropu daktylowego (albo rozpuszczonej czekolady). Ilość kremu i owoców możesz dowolnie zwiększyć.

Naleśniki ryżowe sprawdzą się także w wersji wytrawnej, z ulubionym nadzieniem, np. duszonymi pieczarkami czy kozim serkiem z ziołami.

NOCNA GRYCZANKA Z BANANAMI I MELASĄ Z KAROBU

Na 1 porcję

60 g płatków gryczanych
1 mały banan
200–300 ml mleka (dowolnego)
1–2 łyżki melasy z karobu, syropu daktylowego albo miodu (najlepiej gryczanego)
szczypta cynamonu i mielonych goździków

Płatki gryczane wsyp do miseczki lub słoika i zalej mlekiem (jeśli dodasz 200 ml, gryczanka będzie gęsta, jeśli 300 – rzadka). Dodaj słodzidło, przyprawy i obranego, pokrojonego w plastry banana. Wymieszaj, szczelnie przykryj naczynie i wstaw na noc do lodówki. W tym czasie płatki napęcznieją i zmiękną (właściwie gryczanka jest gotowa już po 2 godzinach). Rano wyjmij gryczankę z lodówki i delektuj się gotowym śniadaniem na zimno lub na ciepło, po podgrzaniu. Dodatki – owoce świeże lub suszone, orzechy, nasiona i pestki, słodzidła, przyprawy – zmieniaj dowolnie, wedle uznania. Do wersji z bananami świetnie pasuje także starta gorzka czekolada.

NOCNA OWSIANKA Z OWOCAMI I ORZECHAMI

Na 1 porcję

60 g płatków owsianych bezglutenowych (certyfikowanych)
60 g (lub więcej) dowolnych owoców (np. malin, jagód, pomarańczy)
garstka ulubionych orzechów, bez skórki (np. migdałów, nerkowców, laskowych)
200–300 ml mleka (dowolnego)
1–2 łyżki melasy z karobu, syropu daktylowego lub płynnego miodu

Płatki owsiane wsyp do miseczki lub słoika i zalej mlekiem (jeśli dodasz 200 ml, owsianka będzie gęsta, jeśli 300 – rzadka). Dodaj słodzidło, ulubione owoce oraz orzechy. Wymieszaj, szczelnie przykryj naczynie i wstaw na noc do lodówki. W tym czasie płatki napęcznieją i zmiękną (właściwie owsianka jest gotowa już po 2 godzinach). Rano możesz się delektować gotowym śniadaniem na zimno lub podgrzać nieco owsiankę. Dodatki – owoce świeże lub suszone, orzechy, nasiona i pestki, słodzidła, przyprawy – zmieniaj dowolnie, wedle uznania.

OLEOLUX – DOMOWY „SMALEC" LNIANO-KOKOSOWY Z PRZYPRAWAMI

Oleolux według receptury dr Joanny Budwig*, w naszej wersji z różnymi aromatycznymi ziołami

250 g oleju kokosowego nierafinowanego (najlepiej bio)
125 ml oleju lnianego (najlepiej budwigowego)
1 średnia cebula
10 ząbków czosnku

* Dr Joanna Budwig to niemiecka biochemiczka, pionierka badań nad kwasami Omega-3, która odkryła ich wpływ na funkcje komórek rakowych. Choć była siedmiokrotnie nominowana do Nagrody Nobla, nigdy jej nie otrzymała, co wielu ekspertów łączyło z wpływami lobby przemysłu spożywczego i farmaceutycznego.

1/2 łyżeczki nasion kminku
1 łyżeczka majeranku

Czosnek i cebulę obierz, posiekaj. Na patelni podgrzanej do 100°C rozpuść 3 łyżki oleju kokosowego i usmaż cebulę na złocisto – mniej więcej 15 minut – dodaj czosnek i smaż wszystko przez kolejne 3 minuty, a następnie odcedź przez metalowe sitko. Do odcedzonego gorącego oleju dodaj pozostały olej kokosowy i kminek, wymieszaj wszystko do jednolitej konsystencji, a kiedy płynna masa przestygnie do 30°C, połącz ją z olejem lnianym. Po całkowitym ostudzeniu (olej kokosowy ponownie stwardnieje) mikstura zestali się do postaci smalcu. Przechowuj go w szczelnie zamkniętym szklanym pojemniku, w lodówce.

Smalec może służyć jako smarowidło do chleba lub okrasa do ciepłych dań. Nie używaj go do smażenia ze względu na zawartość kwasów Omega-3. Odcedzona cebula z czosnkiem doskonale nadaje się do przyrządzenia hummusu (np. z soczewicy), ale możesz ją również pozostawić w smalcu.

OMLET BISZKOPTOWY

Na 1 omlet o średnicy 16–18 cm

2 jajka
25 g mąki gryczanej
3 łyżki drobno posiekanego szczypiorku
kilka listków świeżej bazylii
pieprz i sól
oliwa
oregano, zioła prowansalskie, kozieradka (opcjonalnie)

Białka ubij ze szczyptą soli. Kiedy będą sztywne, dodaj żółtka, a następnie posiekany szczypiorek i bazylię, krótko wymieszaj. Na końcu dodaj mąkę połączoną z pieprzem lub innymi przyprawami (np. oregano, ziołami prowansalskimi, mieloną kozieradką).

Wylej masę na rozgrzaną patelnię lekko posmarowaną oliwą i smaż na niewielkim ogniu przez 2 minuty, aż spód omletu będzie złocisty. Możesz przykryć patelnię przykrywką, by wierzch szybciej się ściął. Zsuń omlet na talerz, nakryj patelnią i przewróć, by podsmażył się z drugiej strony. Omlet możesz również przewrócić łopatką, ale ostrożnie, żeby się nie rozpadł (najlepiej użyć dwóch łopatek). Podsmażaj z drugiej strony przez 1 minutę. Podawaj od razu jako samodzielne danie śniadaniowe albo w towarzystwie ulubionego sosu, kiełków lub lekkiej sałatki warzywnej.

Omlet możesz przyrządzić także w wersji na słodko! Zamiast pieprzu, soli i ziół dodaj do masy trochę ksylitolu, cynamon lub goździki albo wanilię i – jeśli chcesz – na końcu garstkę drobnych owoców, umytych i osuszonych. Podawaj posypany ksylitolowym pudrem lub polany owocowym bądź czekoladowym sosem.

OMLET Z MĄKI CIECIERZYCOWEJ Z WARZYWAMI (BEZ JAJEK)

Na 1 duży omlet o średnicy 24 cm (1–2 porcje)

150–170 g mieszanki warzyw (np. 2–3 cm białej części pora, po małym kawałku cukinii i pietruszki, 1/4 papryki, pół pęczka szczypiorku)
70 g mąki z ciecierzycy
30 g zmielonego złocistego siemienia lnianego
350 ml wody
po 1/2 łyżeczki mielonej kozieradki, słodkiej papryki i czosnku niedźwiedziego
pieprz i sól
oliwa

Warzywa umyj, obierz i pokrój na mniejsze kawałki (w paski, półtalarki, małą kostkę) albo zetrzyj na tarce o grubych oczkach. Do omletu możesz użyć dowolnych warzyw: brokułów, kukurydzy, szpinaku, rzepy, szparagów, buraków, natki pietruszki itp. Ważne, by po obraniu i pokrojeniu mieszanka ważyła 150–170 g.

Połącz w misce mąkę, siemię lniane i przyprawy. Wlej wodę i wymieszaj widelcem. Dodaj wszystkie warzywa, wymieszaj i odstaw ciasto na kwadrans, aby napęczniało.

Patelnię (może być do naleśników) posmaruj oliwą i rozgrzej. Wyłóż ciasto na patelnię i równomiernie rozprowadź. Smaż na małym ogniu, aż brzegi będą rumiane, a środek się zetnie. Zsuń omlet na duży talerz, nakryj patelnią i przewróć, by usmażyć drugą stronę. Podawaj z ulubionymi sosami lub garstką dowolnych kiełków.

OMLET ZWIJANY Z ZIELONYMI SZPARAGAMI

Na 1 duży omlet o średnicy 24 cm (1–2 porcje)

4 jajka
4 zielone szparagi
mały pęczek szczypiorku
3–4 cm białej części pora
50 g sera żółtego lub twardego sera koziego (opcjonalnie)
1/3 łyżeczki mielonej kozieradki
pieprz i sól
oliwa

Odetnij i wyrzuć twarde końcówki szparagów, resztę posiekaj na cienkie plasterki. Pokrój pora oraz szczypiorek. Jeśli chcesz, możesz dodać zamiennie inne warzywa, np. paprykę, groszek, cebulę. Ser zetrzyj na tarce.

Jajka ubij mikserem lub trzepaczką na gładką, pulchną masę. Dopraw kozieradką, pieprzem i solą, ewentualnie dodaj inne ulubione przyprawy lub zioła (np. oregano, czosnek niedźwiedzi). Wrzuć pokrojone warzywa i ser. Dokładnie wszystko wymieszaj.

Patelnię (najlepiej kwadratową lub okrągłą naleśnikową) posmaruj oliwą i rozgrzej. Wyłóż na patelnię cienką warstwę masy jajeczno-warzywnej i podsmażaj na średnim ogniu. Możesz przykryć patelnię przykrywką. Gdy masa z wierzchu lekko się zetnie, zwiń omlet ciasno od lewej do prawej, tak jak się zwija naleśniki. Zwinięty omlet przesuń w lewo, na samiutki brzeg patelni (może nawet nieco z niej wystawać). Wlej kolejną porcję masy tak, by przylegała do usmażonej części. Gdy masa z wierzchu lekko się zetnie, ponownie zwiń ciasto od lewej do prawej, tworząc jeszcze grubszy omlet. Przesuń go w lewo i powtarzaj wszystkie czynności, aż zużyjesz całą jajeczną mieszankę.

Gotowy omlet przełóż na talerz. Jest dość duży i gruby, więc posłuży za śniadanie dla jednej bardzo głodnej osoby lub dla dwóch mniej głodnych (przetnij go w połowie długości, pod skosem). Podawaj samodzielnie albo z keczupem lub ulubionym sosem.

PAPRYKARZ

200–250 g ugotowanego brązowego ryżu lub kaszy jaglanej
150–200 g mięsa ryby ugotowanej lub marynowanej w occie, bez skóry i bez ości (np. makreli, mintaja, śledzia)

2 duże pomidory, bez skórki
1 duża czerwona papryka
1 marchewka
1 duża cebula, najlepiej czerwona
2 ząbki czosnku
2 łyżki przecieru pomidorowego
1–2 łyżeczki mielonej słodkiej papryki
1/2–1 łyżeczka mielonej papryki wędzonej naturalnie, słodkiej lub ostrej (najlepiej eko) albo chili do smaku
2 listki laurowe
4 kulki ziela angielskiego
pieprz i sól
sok z cytryny
oliwa

Z papryki usuń pestki i białe części. Cebulę i marchewkę obierz. Wszystkie warzywa, razem z pomidorami, pokrój w kostkę. Obrany czosnek przeciśnij przez praskę lub drobno posiekaj. W garnku rozgrzej trochę oliwy, wrzuć cebulę, listki laurowe i ziele angielskie, podsmażaj 2 minuty. Dodaj czosnek, podsmażaj jeszcze minutę, a następnie wrzuć resztę warzyw. Podsmażaj całość kilka minut, mieszając co jakiś czas i uważając, by nic się nie przypaliło, ewentualnie dolej trochę wody. Przykryj garnek przykrywką i duś warzywa, aż zmiękną. Wyjmij listki laurowe oraz ziele angielskie i zmiksuj składniki na gładką masę. Dodaj przecier, sok z cytryny, słodką paprykę oraz paprykę wędzoną lub chili, pieprz i sól do smaku. Jeśli chcesz uzyskać gęsty sos, gotuj go na małym ogniu, aż część wody odparuje.

Do tak przygotowanego sosu dodaj ugotowany ryż lub kaszę jaglaną – najlepiej stopniowo, kontrolując w ten sposób konsystencję. Ostateczna ilość ryżu/kaszy zależy od twoich preferencji oraz od ilości i gęstości sosu. Na końcu dodaj do paprykarzu rozdrobnione mięso ryby. Przełóż do szklanego lub ceramicznego naczynia (miski, słoika) i wstaw na noc do lodówki, by smaki się przegryzły. Zjedz w ciągu 3 dni.

Paprykarz możesz też zachować na dłużej. W tym celu przełóż go do czystych, suchych słoiczków, mocno ugnieć, by pozbyć się pęcherzyków powietrza, polej po wierzchu łyżką oliwy, zakręć i przechowuj w lodówce do 2 tygodni. Paprykarz bez dodatku ryby nadaje się do pasteryzowania w słoikach. Przechowuj go w lodówce lub piwnicy kilka miesięcy, a rybę dodaj bezpośrednio przed jedzeniem.

PASTA PIECZARKOWO-ORZECHOWA

30 g pieczarek (5–6 sztuk)
20 g orzechów laskowych (15–20 sztuk)
1/2 pęczka natki pietruszki
1 łyżka posiekanej cebuli
1 miękka suszona śliwka, bez pestki (opcjonalnie)
1/2 łyżeczki czosnku niedźwiedziego lub tymianku
pieprz i sól
sok z cytryny
oliwa

Na suchej patelni podpraż obrane z łupin orzechy laskowe, często mieszając. Jeszcze ciepłe zawiń w ręcznik i pocieraj energicznie, by pozbyć się skórki. Orzechy możesz wcześniej namoczyć w wodzie na kilka godzin i obrać skórkę bez prażenia, jednak pasta z namoczonych orzechów jest bardziej wodnista.

Na patelni rozgrzej odrobinę oliwy i zeszklij cebulę, a następnie dodaj starte na tarce lub drobno pokrojone pieczarki. Podsmażaj, aż wyraźnie zmniejszą objętość. Orzechy wrzuć do blendera i wstępnie zmiksuj do postaci mączki. Dodaj podduszone pieczarki z cebulą, natkę i śliwkę. Wszystko razem zmiksuj na gładką masę. Przełóż do miseczki i dopraw do smaku pieprzem, solą i sokiem z cytryny oraz czosnkiem niedźwiedzim lub tymiankiem.

PASTA Z BOBU I PESTEK DYNI

300 g bobu
50 g pestek dyni (lub więcej)
pęczek natki pietruszki
1 mały ząbek czosnku
3 łyżki oliwy
1 łyżeczka czosnku niedźwiedziego (opcjonalnie)
po 1/2 łyżeczki mielonej kozieradki i cząbru
pieprz i sól
sok z cytryny

Bób ugotuj do miękkości i obierz ze skórki. Obierz czosnek. Wszystkie składniki wrzuć do blendera i zmiksuj na gładką pastę. Jeśli będzie za gęsta, dolej nieco więcej oliwy lub odrobinę wody. Dopraw do smaku. Używaj do smarowania pieczywa lub naleśników albo... jako nadzienie do pierogów.

PASZTET BROKUŁOWY

2 brokuły (z łodygami)
1 duża pietruszka
1 cebula
120 g mąki migdałowej
50 g zmielonego złocistego siemienia lnianego
20–30 g złocistego siemienia lnianego w całości (opcjonalnie)
2 ząbki czosnku
1/2 pęczka natki pietruszki
2 łyżki soku z cytryny
po 2 łyżeczki pieprzu, cząbru, czosnku niedźwiedziego oraz kozieradki
2 łyżeczki soli (lub do smaku)
oliwa

Obraną i pokrojoną pietruszkę oraz brokuły z połową łodyg (użyj części od strony różyczek, a końcówki wyrzuć) ugotuj na parze *al dente*. Cebulę pokrój drobno i zeszklij na oliwie. Brokuły, korzeń pietruszki i natkę, cebulę oraz czosnek zmiksuj w blenderze na gładką masę. Dodaj siemię lniane, mąkę migdałową oraz przyprawy. Przełóż masę do keksówki o wymiarach 26×10 cm i piecz w piekarniku nagrzanym do 180°C przez 40 minut.

Wyjmij formę z piekarnika, przestudź i wstaw na noc do lodówki. Rano wyjmij pasztet z formy. Podawaj na zimno. Ten pasztet idealnie nadaje się do rozsmarowywania na kanapkach, ponieważ ma delikatną, kremową konsystencję.

PASZTET BROKUŁOWY Z INDYKIEM

500 g mięsa indyka
2 brokuły
2 marchewki

3 ząbki czosnku
2 jajka
100 g śmietanki 30–36%
1 łyżeczka lubczyku i cząbru
1/2 łyżeczki mielonej kozieradki
pieprz i sól
sok z cytryny
masło klarowane lub oliwa (do wysmarowania formy)

Oczyszczone brokuły podziel na różyczki, marchewkę obierz i pokrój na plasterki. Warzywa ugotuj na parze – nie muszą być całkowicie miękkie, tylko na tyle, by dały się łatwo zmiksować. Mięso pokrój na mniejsze kawałki i zmiksuj w blenderze na gładką masę razem z podgotowanymi warzywami i czosnkiem. Składniki możesz też zemleć w maszynce przez drobne sitko, ale konsystencja pasztetu będzie wtedy nieco inna.

Do masy dodaj jajka, śmietankę i przyprawy, dokładnie wymieszaj. Na małej patelni rozgrzej odrobinę oliwy i podsmaż 1–2 łyżki pasztetu. Spróbuj, czy jest dobrze doprawiony. Nie żałuj przypraw, ponieważ bez nich pasztet będzie niesmaczny. Najlepiej ostudź podsmażoną porcję i skosztuj na zimno, gdyż wtedy sól jest lepiej wyczuwalna i łatwiej sprawdzić, czy masa na pewno wymaga dosolenia.

Pasztet przełóż do keksówki o wymiarach 26×10 cm wysmarowanej odrobiną klarowanego masła lub oliwy (forma silikonowa nie wymaga smarowania). Nakryj formę folią aluminiową i wstaw do większej formy wypełnionej wodą (powinna sięgać mniej więcej do połowy wysokości formy z pasztetem). Piecz w kąpieli wodnej w piekarniku nagrzanym do 180°C przez godzinę. Wyjmij formę z piekarnika, przestudź i wstaw na noc do lodówki. Dopiero po schłodzeniu wyjmij pasztet z formy.

PASZTET SOJOWO-JARMUŻOWY

260 g suchej ekologicznej soi
400–500 g liści jarmużu, najlepiej eko (zamiennie szpinaku)
150 ml oliwy lub oleju
1 cebula
4 duże ząbki czosnku
pęczek natki pietruszki
40 g zmielonego złocistego siemienia lnianego

2 łyżki soku z cytryny
2–3 łyżeczki cząbru
2 łyżeczki mielonej kozieradki
po 2 płaskie łyżeczki pieprzu i soli (lub do smaku)
1/2 łyżeczki kurkumy
kawałek alg kombu lub wakame (do gotowania soi, mniej więcej kwadrat 3×3 cm)

Soję namocz na noc w dużej ilości wody. Rano zmień wodę, wrzuć kawałek alg (ułatwią trawienie soi) i gotuj soję do miękkości. Posiekaną cebulę i czosnek podsmaż na kilku łyżkach oliwy. Dodaj umyty i odsączony jarmuż i chwilę podsmażaj. Ugotowaną soję oraz zawartość patelni zmiel w maszynce przez najdrobniejsze sitko. Dodaj siemię lniane, drobno posiekaną natkę pietruszki, sok z cytryny, resztę oliwy i wszystkie przyprawy. Aby pasztet był smaczny, musi być mocno doprawiony.

Przełóż masę do keksówki o wymiarach 26×10 cm. Po wyłożeniu połowy masy możesz ułożyć paski papryki lub inny dodatek, który utworzy wzór po pokrojeniu gotowego pasztetu na plastry. Piecz w piekarniku nagrzanym do 180°C przez 30–40 minut. Ostudź, wstaw na noc do lodówki. Rano wyjmij z formy.

PASZTET WARZYWNY Z QUINOA

2 marchewki (ok. 250 g)
2 pietruszki (ok. 250 g)
kawałek selera (ok. 150 g)
kawałek pora (biała część)
1 mała cebula
2–3 ząbki czosnku
150 g quinoa
40 g zmielonego złocistego siemienia lnianego
40 g pestek słonecznika (lub więcej, opcjonalnie)
1/2 pęczka natki pietruszki, drobno posiekanej
60 ml bezglutenowego sosu sojowego (tamari, najlepiej eko – 4 łyżki)
2 łyżki oliwy (+ oliwa do smażenia)
3 listki laurowe
6 kulek ziela angielskiego
po 1 płaskiej łyżce oregano, cząbru i lubczyku
pieprz i sól
sok z cytryny

Quinoa wypłucz w ciepłej wodzie, wrzuć na 300 ml wrzątku i ugotuj na sypko. Ostudź. Wszystkie warzywa umyj, obierz, pokrój na mniejsze kawałki. W garnku rozgrzej odrobinę oliwy, wrzuć pokrojone por i cebulę oraz listki laurowe i ziele angielskie. Podsmażaj na małym ogniu, mieszając co jakiś czas, aż por i cebula staną się szkliste. Dodaj posiekany czosnek, chwilę podsmażaj, a następnie wrzuć pozostałe warzywa i zioła. Dokładnie wymieszaj i duś, aż warzywa będą miękkie. Uważaj, by nic się nie przypaliło, w razie potrzeby dodaj troszkę wody. Pod koniec duszenia wlej sos sojowy. Ostudź.

Siemię lniane zalej 180 ml wrzątku, przykryj i odstaw na 5 minut do napęcznienia. Do garnka z warzywami wsyp kaszę i zmiksuj całość blenderem na gładką masę. Dodaj 2 łyżki oliwy, zaparzone siemię, natkę pietruszki i słonecznik. Dopraw do smaku sokiem z cytryny, pieprzem i solą. Jeśli chcesz, dodaj więcej ziół.

Przełóż pasztet do keksówki o wymiarach 26×10 cm i wyrównaj powierzchnię, dokładnie dociskając masę. Piecz w piekarniku nagrzanym do 180°C przez 40 minut, aż wierzch pasztetu wyraźnie się zrumieni. Wyjmij z piekarnika i przestudź, a następnie wstaw do lodówki. Po schłodzeniu wyjmij z formy. Idealny dodatek do kanapek.

PASZTET Z CZERWONEJ SOCZEWICY Z WARZYWAMI I WĘDZONĄ PAPRYKĄ

200–250 g suchej czerwonej soczewicy
100 g zmielonego złocistego siemienia lnianego
1 marchewka
1 burak
1 duża cebula
1–2 ząbki czosnku (opcjonalnie)
2 łyżki oliwy
2 łyżki soku z cytryny
po 2 łyżeczki cząbru i mielonego kuminu (kminu rzymskiego)
2 łyżeczki mielonej papryki wędzonej naturalnie, słodkiej lub ostrej (najlepiej eko)
pieprz i sól

Soczewicę ugotuj do miękkości, odlej nadmiar wody, przestudź. Cebulę obierz, pokrój w piórka i podsmaż na oliwie. Marchewkę i buraka obierz, pokrój na kawałki i podduś na patelni lub ugotuj na parze (np. w sitku nad gotującą się soczewicą). Warzywa przestudź. Wszystkie składniki zmiksuj razem w blenderze lub zmiel w maszynce, aż utworzy się w miarę jednolita masa. Dopraw do smaku.

Przełóż pasztet do keksówki o wymiarach 26×10 cm i wyrównaj powierzchnię, dokładnie dociskając masę. Piecz w piekarniku nagrzanym do 180°C przez 30–40 minut, aż wierzch pasztetu wyraźnie się „zrumieni". Na czas pieczenia wstaw do piekarnika drugą formę z wodą (obok lub na dole), by pasztet zanadto się nie wysuszył. Wyjmij pasztet z piekarnika i przestudź, a następnie wstaw do lodówki. Po schłodzeniu wyjmij z formy i podawaj – jako smarowidło do kanapek albo pokrojony w plastry lub kostkę dodatek do śniadania czy sałatek.

PASZTET ZE SZPINAKU I Z ŁOSOSIA

400 g świeżego szpinaku (zamiennie możesz wykorzystać liście jarmużu, najlepiej eko)
300 g świeżego filetu z łososia
100 ml śmietanki kremówki (30–36%)
2 duże jajka
1 łyżka soku z cytryny
po 1/2 łyżeczki mielonej kozieradki i słodkiej papryki
odrobina świeżo startej gałki muszkatołowej
pieprz i sól
oliwa

Część łososia (100–130 g) pokrój w kostkę i odłóż. Resztę pokrój na mniejsze kawałki i wrzuć do blendera. Dodaj jajka, sok z cytryny i przyprawy do smaku. Zmiksuj na gładką masę. Stopniowo wrzucaj umyty i odsączony szpinak. Miksuj, aż masa będzie jednolita. Wlej śmietankę i całość dokładnie wymieszaj. Na końcu dodaj odłożonego łososia i delikatnie połącz go z masą.

Na małej patelni rozgrzej odrobinę oliwy i podsmaż 1–2 łyżki pasztetu. Spróbuj, czy jest dobrze doprawiony. Nie żałuj przypraw, ponieważ bez nich pasztet będzie niesmaczny. Najlepiej ostudź podsmażoną porcję i skosztuj na zimno, gdyż wtedy sól jest lepiej wyczuwalna i łatwiej ocenić, czy masa na pewno wymaga dosolenia.

Piekarnik nagrzej do 180°C. Przełóż pasztet do keksówki o wymiarach 26×10 cm, nakryj folią aluminiową i wstaw do większej formy wypełnionej wodą (powinna sięgać mniej więcej do połowy wysokości formy z pasztetem). Piecz w kąpieli wodnej ok. godziny. Wyjmij formę z piekarnika, przestudź i wstaw na noc do lodówki. Dopiero rano, po schłodzeniu, wyjmij pasztet z formy. Podawaj na zimno.

PLACUSZKI Z KASZY JAGLANEJ Z JABŁKIEM I BANANEM

Na 2 porcje

150 g ugotowanej kaszy jaglanej (może być z poprzedniego dnia)
80 g mąki kukurydzianej
40 g mąki ryżowej
140 ml mleka kokosowego lub wody
10 ml octu winnego lub alkoholu (opcjonalnie)
1 jabłko
1 banan
2 jajka
1/2 łyżeczki cynamonu
szczypta sody oczyszczonej
szczypta soli
oliwa

Utrzyj jabłko na grubych oczkach. Zmiksuj razem banana, jajka, mleko lub wodę, sól, cynamon oraz ocet winny lub alkohol. Nadal miksując, dodawaj porcjami mąkę kukurydzianą i ryżową. Dodaj kaszę jaglaną oraz sodę i ponownie krótko zmiksuj, tylko do połączenia składników. Dodaj starte jabłko i delikatnie wymieszaj ciasto łyżką. Masa będzie gęsta, ale nie dolewaj mleka! Odstaw na 10 minut, aby mąka zwiększyła objętość.

Niewielkie porcje ciasta nakładaj na rozgrzaną, natłuszczoną patelnię, rozprowadzając je na grubość 1/2 cm. Smaż na średnim ogniu na złotobrązowy kolor. Podawaj ciepłe, z marmoladą lub gęstym musem, np. z awokado i bananów. Po ostudzeniu również są smaczne i miękkie. Ze względu na niewielki rozmiar mogą posłużyć jako zastępnik pieczywa w czasie podróży bądź jako przekąska do szkoły lub pracy. Jeśli masz w lodówce zapas ugotowanej kaszy jaglanej, przyrządzisz placuszki w ciągu kwadransa!

RACUSZKI GRYCZANE Z BANANEM

Na 10 sztuk

1 duży banan
120 ml mleka (dowolnego)

100 g mąki gryczanej
1–2 łyżki melasy z karobu, płynnego miodu lub syropu daktylowego
1 łyżka oliwy lub roztopionego masła (+ oliwa do smażenia)
1/3 łyżeczki bezglutenowego proszku do pieczenia (opcjonalnie)
szczypta mielonej wanilii lub goździków

W misce rozmieszaj trzepaczką mleko z mąką i proszkiem do pieczenia (racuszki udadzą się także bez niego, ale z dodatkiem odrobiny proszku będą nieco pulchniejsze). Do masy dodaj słodzidło, oliwę oraz wanilię lub goździki (jeśli chcesz, daj obie przyprawy). Dokładnie wszystko wymieszaj. Odstaw na chwilę i zajmij się bananem – obierz go ze skórki i pokrój w drobną kostkę lub cienkie plasterki. Wrzuć kawałki banana do masy i wymieszaj. Łyżką kładź porcje ciasta na posmarowanej oliwą, rozgrzanej patelni i smaż z obu stron, do lekkiego zrumienienia. Podawaj od razu.

RACUSZKI GRYCZANE Z JOGURTEM, AMARANTUSEM I JAGODAMI

Na 6 sztuk

120 g jogurtu naturalnego (krowiego lub koziego)
60 g drobnych jagód
60 g mąki gryczanej
10 g amarantusa ekspandowanego (poppingu)
1 łyżka ksylitolu
1 łyżka oliwy lub roztopionego masła (+ oliwa do smażenia)

W misce rozmieszaj trzepaczką jogurt z ksylitolem i oliwą. Dodaj mąkę, wyrób gładkie ciasto. Na końcu wsyp popping oraz jagody, szybko wymieszaj i od razu smaż racuszki, nakładając łyżką porcje ciasta na posmarowaną oliwą, rozgrzaną patelnię. Zrumień z obu stron i podawaj świeże. Jeśli nie masz jagód, dodaj maliny, drobne truskawki albo 30 g rodzynek.

SAŁATKA ŚNIADANIOWA NA BOGATO

Na 2–3 porcje

150–200 g kapusty pekińskiej
1/2 małej cukinii
1/2 małej papryki
1 mała marchewka
2–4 rzodkiewki
1 małe jabłko
1 mała bulwa topinamburu (opcjonalnie)
20 g rodzynek
20 g dowolnych orzechów, posiekanych
20–40 g dowolnych pestek lub nasion (np. słonecznika, dyni, siemienia lnianego)
garstka świeżych ziół albo liści pokrzywy, mniszka, rukoli, szpinaku
kawałek koziego twarożku lub tofu (opcjonalnie)
2–3 łyżki oleju lnianego lub oliwy z oliwek extra virgin
1–2 łyżki posiekanej natki pietruszki
pieprz i sól
sok z cytryny

Umyte i obrane warzywa pokrój na mniejsze kawałki – paski, plasterki, półtalarki, w kostkę albo zetrzyj na tarce. Jabłko obierz, wypestkuj, zetrzyj na grubych oczkach. Pokrojone warzywa wymieszaj z jabłkiem, rodzynkami, orzechami i pestkami, natką pietruszki, świeżymi ziołami lub inną zieleniną. Posyp pieprzem i solą, skrop sokiem z cytryny i całość wymieszaj. Na końcu możesz dodać pokrojony w kostkę twarożek albo tofu. Polej olejem lnianym i podawaj od razu albo po schłodzeniu w lodówce.

Jeśli nie lubisz rodzynek lub orzechów, pomiń je. Do sałatki możesz dać to, co akurat jest w lodówce albo w ogrodzie – ugotowane jajko, wędzonego łososia, awokado, odrobinę kaszy jaglanej z obiadu, jogurt naturalny, świeżego ogórka, czarną lub białą rzepę, kwiaty cukinii, kalafior, kalarepkę, kwiaty stokrotek, gruszkę, świeży groszek, fasolkę szparagową, zioła itd. – w dowolnych kombinacjach.

TOFUCZNICA Z POMIDORAMI I ZE SZCZYPIORKIEM, CZYLI JAJECZNICA BEZ JAJEK

Na 2 porcje

ok. 200 g tofu
1 duży pomidor, bez skórki
1/2 małej cebuli
mały pęczek szczypiorku
1 łyżeczka oregano lub trybuli
po 1/2 łyżeczki curry, kozieradki i słodkiej papryki
duża szczypta kurkumy
pieprz i sól
sok z cytryny
oliwa

Cebulę pokrój w drobną kostkę i zeszklij na oliwie. Dodaj pokrojonego w kostkę pomidora i jeszcze chwilę podsmażaj. Palcami pokrusz tofu i wrzuć na patelnię, posyp przyprawami i dokładnie wszystko wymieszaj. Spróbuj, ewentualnie skrop sokiem z cytryny lub dodaj więcej przypraw i ziół. Na końcu wrzuć posiekany szczypiorek, wymieszaj i podawaj od razu.

TWAROŻEK Z SUSZONYMI POMIDORAMI I RZEŻUCHĄ

100 g kremowego twarożku krowiego lub koziego
kilka suszonych pomidorów w oliwie
garstka świeżej rzeżuchy
1/4 łyżeczki mielonej kozieradki
pieprz i sól
sok z cytryny

Pomidory odsącz z nadmiaru oliwy i drobno pokrój. W miseczce wymieszaj twarożek, pomidory i rzeżuchę. Jeśli twarożek jest zbyt gęsty, twardy, rozrób go widelcem z odrobiną mleka lub śmietany. Dopraw do smaku kozieradką, pieprzem, solą i sokiem z cytryny, ewentualnie dolej nieco oliwy z pomidorów. Smaruj twarożkiem kanapki, wytrawne gofry albo naleśniki.

WANILIOWY PUDDING RYŻOWY

Na 2 porcje

180 g brązowego ryżu
1 l mleka (dowolnego)
1 jabłko
30 g rodzynek
30 g posiekanych orzechów (dowolnych)
3–4 łyżki ksylitolu lub miodu
1 jajko (opcjonalnie)
1 łyżka masła lub oleju kokosowego
sok z cytryny (opcjonalnie)
1/2 laski wanilii

Ryż zalej mlekiem, dodaj wanilię (wyskrobane ziarna i strąk) oraz ksylitol lub miód. Gotuj na małym ogniu, aż ryż będzie prawie miękki. Jeśli wolisz rzadszą konsystencję, dodaj więcej mleka lub trochę wody. Wyjmij strąk wanilii.

Wrzuć do ryżu obrane i pokrojone w kostkę jabłko, rodzynki i orzechy (dodatki możesz dobierać dowolnie, zgodnie z preferencjami). Potrzymaj garnek minutę na średnim ogniu, by kawałki jabłka nieco zmiękły. Następnie wlej do ryżu roztrzepane jajko, szybko wymieszaj i gotuj jeszcze 2 minuty, co chwilę mieszając. Z dodatku jajka możesz zrezygnować, jednak konsystencja puddingu będzie wtedy inna, a danie mniej sycące.

Zdejmij garnek z ognia i dodaj masło lub olej kokosowy. Spróbuj i ewentualnie dodaj więcej słodzidła lub sok z cytryny – dla przełamania smaku. Podawaj od razu.

WEGAŃSKI SMALEC ZE SKWARKAMI Z TOFU (Z OLEJEM LUB BEZ OLEJU)

150 g ugotowanej białej fasoli
70 g płynnego oleju kokosowego (najlepiej bezzapachowego, zob. „Polecamy", s. 41) lub 70 g ugotowanej kaszy gryczanej niepalonej
120 g tofu na skwarki
1 cebula
1–2 ząbki czosnku (opcjonalnie)
1 łyżeczka majeranku

pieprz i sól
sok z cytryny
oliwa

Cebulę obierz, pokrój w drobną kostkę i podsmaż na oliwie na złoty kolor. Przygotuj skwarki z tofu (s. 341). Ugotowaną fasolę zmiksuj na idealnie gładką masę z olejem kokosowym. Najlepiej wlewaj olej partiami, by uzyskać pożądaną konsystencję (smalec z olejem kokosowym po schłodzeniu nieco zgęstnieje). Zamiast oleju możesz użyć ugotowanej niepalonej kaszy gryczanej – smalec będzie wtedy mniej tłusty. Jeśli chcesz, dodaj także czosnek.

Do zmiksowanej masy fasolowej wrzuć podsmażoną cebulkę, skwarki z tofu, sok z cytryny i przyprawy – pieprz, sól oraz majeranek. Przełóż smalec do szklanego lub ceramicznego pojemnika (miski lub słoiczka) i wstaw do lodówki na kilka godzin, aby smaki się połączyły. Smakuje wybornie na kanapce z ogórkiem kiszonym!

ZUPA ŚNIADANIOWA

Na 2–3 porcje

500 ml wody lub mleka (dowolnego)
60 g kaszy jaglanej
30 g rodzynek
30 g dowolnych orzechów, bez skórek
1 jabłko
1 banan
ksylitol, miód, stewia lub inne słodzidło do smaku (opcjonalnie)

Do wrzącej wody lub mleka wrzuć wypłukaną kaszę jaglaną i gotuj 10 minut na małym ogniu. Następnie dodaj rodzynki (małe w całości, duże pokrój na mniejsze kawałki), posiekane orzechy, jabłko obrane ze skórki i starte na grubej tarce oraz obranego i pokrojonego w kostkę banana. Gotuj jeszcze chwilę, ewentualnie dosłodź do smaku. Jeśli wolisz rzadszą zupę, dodaj więcej wody lub mleka. Zamiast jabłka i banana możesz użyć innych owoców, np. malin, truskawek, jagód czy moreli.

3

Dobra zupa nie jest zła!

Konsystencję większości zup można dostosować do własnych upodobań. Jeśli lubisz bardziej zawiesiste, gęstsze, zmiksuj część warzyw (albo wszystkie, do uzyskania kremu) lub dodaj nieco więcej ziemniaków, kaszy (np. do krupniku), ryżu lub płatków. Jeśli nie lubisz zup kremów, a takich przepisów znajdziesz tu wiele, nie miksuj składników, tylko zostaw je w całości, ewentualnie przed rozpoczęciem gotowania pokrój warzywa na mniejsze kawałki.

Również dodatki do zup możesz dobierać dowolnie. Znajdziesz wśród nich: domowe makarony (s. 323 i 325), makaron naleśnikowy (s. 324), błyskawiczny makaron ryżowy lub sojowy, chrupiące grzanki (s. 319) albo serowe paluszki (s. 229–230). Co kto lubi!

Gotując zupę na dwa dni, pamiętaj, że dodatek kaszy lub makaronu przyspiesza fermentację (zupa szybciej kwaśnieje). Jeżeli to możliwe, dodawaj je do zupy bezpośrednio przed jedzeniem. Z tego samego powodu po ugotowaniu zupy na mięsie z kośćmi oddziel kości i zostaw w zupie czyste mięso.

ANTYPRZEZIĘBIENIOWA ZUPA ZIEMNIACZANA

Na 4–5 porcji

10 ziemniaków
4 marchewki
1/3–1/2 bulwy selera
2 cebule
duża główka czosnku (cała)
3–4 cm świeżego imbiru
garstka listków świeżej szałwii
1/3 łyżeczki chili
1/2 łyżeczki słodkiej papryki
1/2 łyżeczki pieprzu
sól
sok z cytryny
oliwa

W garnku rozgrzej trochę oliwy, wrzuć obrane i pokrojone w piórka cebule i lekko podsmaż. Dodaj obrane ząbki czosnku, podsmażaj chwilę, mieszając, by cebula i czosnek się nie przypaliły. Wrzuć obrane i pokrojone w kostkę marchewki, seler i ziemniaki, a następnie obrany i drobno posiekany imbir. Całość zalej wodą i gotuj pod pokrywką do czasu, aż warzywa zmiękną. Na końcu dodaj świeże listki szałwii (zostaw kilka do dekoracji).

Gotową zupę zmiksuj na krem lub, jeśli wolisz, zostaw warzywa w całości. Dopraw sokiem z cytryny, słodką papryką, chili, pieprzem oraz solą. Podawaj gorącą, posypaną listkami szałwii i/lub z dodatkiem grzanek czosnkowych (s. 319).

AROMATYCZNA ZUPA RYBNA Z POMIDORAMI

Na 2–3 porcje

*500–600 g świeżego mięsa ryb**
300 g pomidorów (bez skórki)
1 papryka

---

* Najlepsze będą świeże ryby morskie, ale zupę można przygotować także z ryb słodkowodnych. Połączenia są właściwie dowolne – poszukaj swoich ulubionych smaków!

1 cebula
1 ząbek czosnku
2 łyżki oliwy
1 łyżeczka nasion kminku
1 łyżeczka tymianku
1/2 łyżeczki nasion kozieradki (lub 1/4–1/3 łyżeczki mielonej)
1/4 łyżeczki chili (lub do smaku)
duża szczypta nasion kopru włoskiego
pieprz i sól

Cebulę i czosnek obierz, pokrój drobniutko. Paprykę (bez pestek) pokrój w paski. Pomidory pokrój w dużą kostkę. W garnku rozgrzej odrobinę oliwy, lekko zeszklij na niej cebulę i dodaj paprykę oraz czosnek. Wsyp przyprawy: kminek, tymianek, koper, kozieradkę oraz chili i smaż jeszcze chwilę, mieszając i uważając, by nic się nie przypaliło, ewentualnie dolej trochę wody.

Wrzuć do garnka pomidory, wlej 1 l wody i zagotuj całość. Do wrzącej zupy dodaj pokrojone na kawałki mięso ryb, gotuj na małym ogniu do miękkości. Zupę dopraw pieprzem i solą. Podawaj ze świeżym bezglutenowym chlebem.

BULION WARZYWNY Z DORSZOWYMI KNELKAMI

Na 3 porcje

400 g filetów z dorsza (bez skóry)
1 mała cebula
30 g masła (krowiego, koziego lub margaryny Alsan-Bio)
30 g mąki gryczanej
pieprz i sól
1–1 i 1/2 l bulionu warzywnego (np. wg przepisu ze strony 310)
po kawałku ugotowanej marchewki, pietruszki i selera (z bulionu, do podania)
świeża natka kolendry lub pietruszki (do dekoracji)

Rybę zmiksuj blenderem z cebulą na gładką masę lub zmiel w maszynce przez najdrobniejsze sitko. Dodaj masło wymieszane z mąką (wyrobione na „ciasto") oraz odrobinę soli i pieprzu. Nie przyprawiaj zbyt mocno, ponieważ knelki nabiorą smaku podczas gotowania w bulionie. Wszystko dokładnie wymieszaj.

Z rybnej masy formuj kulki i delikatnie wrzucaj je łyżką do wrzącego bulionu. Gotuj na małym ogniu 7–10 minut, aż knelki wypłyną na powierzchnię. Wyjmij jeden i przekrój na pół, aby sprawdzić, czy ryba w środku nie jest surowa. Na każdym talerzu ułóż porcję pokrojonych w kostkę warzyw z bulionu oraz kilka knelków. Zalej wywarem i obficie posyp posiekaną natką kolendry lub pietruszki.

DELIKATNA ZUPA Z BIAŁYCH SZPARAGÓW Z KOPERKIEM

Na 3–4 porcje

2–3 pęczki białych szparagów (1–1 i 1/2 kg)
2–3 łyżki koperku, drobno posiekanego
duża szczypta mielonej kozieradki
biały pieprz i sól
sok z cytryny
1 l delikatnego jasnego bulionu warzywnego (np. wg przepisu ze strony 310)

W garnku zagotuj bulion. Szparagi umyj i obierz cienko ze skórki. Odetnij i wyrzuć twarde końcówki. Odetnij także główki tak, by uzyskać kawałki długości mniej więcej 4 cm, i odłóż je na bok. Do wrzącego bulionu wrzuć pokrojone na kawałki szparagi, gotuj do miękkości (10–15 minut). Pod koniec gotowania wrzuć odcięte główki, które gotują się krócej (wystarczy im 5 minut). Główki możesz również ułożyć na sitku do parowania umieszczonym nad gotującą się zupą.

Wyjmij z garnka ugotowane szparagowe główki i ułóż po kilka w głębokich talerzach. Posyp koperkiem. Zupę zmiksuj blenderem, dopraw do smaku kozieradką, białym pieprzem, solą i odrobiną soku z cytryny. Porcjami zupy zalej główki szparagów i koperek. Podawaj od razu. Zupa jest lekka i delikatna w smaku. Świetnie nadaje się do picia z kubka.

HARIRA – SYCĄCA MAROKAŃSKA ZUPA (W WERSJI MIĘSNEJ I WEGAŃSKIEJ)

Na 5–6 porcji

500 g wołowiny (w wersji mięsnej) lub 1–2 kostki tofu (w wersji wegańskiej)
80 g suchej ciecierzycy, namoczonej na noc

80 g czerwonej soczewicy
80 g ryżu lub kaszy jaglanej
5 dużych pomidorów
3 łodygi selera naciowego, najlepiej eko
2 cebule, biała i czerwona
1 por (biała część)
3 duże ząbki czosnku
4 łyżki przecieru pomidorowego
1–2 łyżeczki kuminu
po 1 łyżeczce kurkumy, słodkiej papryki i cynamonu
po 1/2 łyżeczce mielonych goździków oraz imbiru
chili (do smaku, opcjonalnie)
pieprz i sól
sok z limonki lub cytryny
oliwa
świeża natka kolendry (do dekoracji)

W dużym garnku rozgrzej oliwę, wrzuć posiekaną cebulę i chwilę podsmażaj. Dodaj pokrojone na plasterki łodygi selera, a po chwili drobno pokrojony por i czosnek. Wsyp przyprawy: kumin, kurkumę, cynamon, goździki, imbir oraz chili. Wymieszaj wszystko dokładnie i podsmażaj na średnim ogniu kilka minut, aż warzywa staną się nieco szkliste, a przyprawy zaczną intensywnie pachnieć. Mieszaj, by nic się nie przypaliło, ewentualnie dodaj trochę wody.

Jeśli przygotowujesz mięsną wersję hariry, dodaj teraz pokrojoną w kostkę wołowinę, zrumienioną na patelni z każdej strony. Wlej 1 i 1/2 l wody (lub więcej w razie potrzeby) i gotuj na małym ogniu przez 30 minut, po czym dodaj namoczoną, odcedzoną ciecierzycę i gotuj kolejne 30 minut (wołowina potrzebuje godziny gotowania). W wersji wegańskiej wsyp ciecierzycę i gotuj tylko 30 minut.

Następnie dodaj ryż lub kaszę jaglaną (wypłukane), obrane ze skórki i pokrojone w kostkę pomidory oraz przecier. Po 10 minutach gotowania wsyp soczewicę. Jeśli przyrządzasz wegańską harirę, dodaj także pokrojone w dużą kostkę tofu. Możesz podsmażyć je wcześniej na patelni – będzie bardziej zwarte i lekko chrupiące. W wersji gotowanej ma bardzo delikatną konsystencję.

Gotuj zupę na małym ogniu, aż wszystkie składniki będą miękkie. Dopraw słodką papryką, pieprzem i solą, a na końcu także sokiem z limonki lub cytryny. Jeśli będzie za gęsta, dolej wody lub bulionu warzywnego, ale nie za dużo. Harira powinna być gęsta i treściwa. Przelej porcje do miseczek i obficie posyp posiekaną natką kolendry.

KARTOFLANKA Z JARMUŻEM

Na 2–3 porcje

ok. 300 g liści jarmużu, najlepiej eko
3 ziemniaki
1 marchewka
1 mała pietruszka
niewielki kawałek selera
1 mała cebula
3–4 listki laurowe
6 kulek ziela angielskiego
pieprz i sól
oliwa
grzanki z chleba bezglutenowego (s. 319)

W garnku zagotuj 1 l wody. Jarmuż umyj, odetnij grube środkowe części liści i pokrój w wąskie paski. Pozostałe warzywa obierz i pokrój w drobną kostkę. Cebulę zeszklij na oliwie. Marchewkę, pietruszkę i seler wrzuć do wrzątku razem z listkami laurowymi i zielem angielskim. Po kilku minutach gotowania na średnim ogniu dodaj także ziemniaki. Gdy warzywa będą prawie miękkie, dodaj podsmażoną cebulkę oraz jarmuż. Dopraw do smaku pieprzem i solą. Podawaj z grzankami.

KREM BURACZKOWY Z KOZIM SERKIEM

Na 4 porcje

1 kg buraków
1 duża marchewka
1 średnia pietruszka
kawałek bulwy selera
1 mała cebula
3 ząbki czosnku
4 listki laurowe
8 kulek ziela angielskiego
1–2 łyżeczki majeranku
1 łyżka czerwonego octu winnego lub 2 łyżki soku z cytryny
pieprz i sól
oliwa

1 l bulionu warzywnego lub wody
kilka łyżek naturalnego kremowego serka koziego i listki świeżego majeranku (do dekoracji)

Warzywa obierz i pokrój w kostkę, cebulę w piórka, czosnek drobno posiekaj. W garnku rozgrzej trochę oliwy i zeszklij na niej cebulę. Następnie dodaj listki laurowe, ziele angielskie, majeranek oraz czosnek. Podsmażaj chwilę, mieszając, by nic się nie przypaliło, ewentualnie dolej trochę wody. Na końcu dorzuć wszystkie pokrojone warzywa i jeszcze chwilę podsmażaj.

Do garnka wlej wodę lub bulion, przykryj pokrywką i gotuj do czasu, aż warzywa zmiękną. Pod koniec gotowania dopraw pieprzem i solą oraz octem i/lub sokiem z cytryny. Wyjmij ziele angielskie i listki laurowe i zmiksuj zupę na gładki krem. Będzie miał piękny buraczkowy kolor.

Przelej zupę do misek i udekoruj kleksem serka oraz świeżym majerankiem. Jeśli nie uda ci się kupić kremowego serka, użyj twardszego, tylko przed podaniem rozmieszaj go dokładnie widelcem lub blenderem z odrobiną mleka lub wody.

KREM DYNIOWO-CUKINIOWY

Na 3–4 porcje

400 g miąższu dyni
3 małe cukinie
1 cebula
2 ząbki czosnku
1 czubata łyżeczka suszonego lubczyku lub 1 łyżka świeżego, posiekanego
pieprz i sól
sok z cytryny
oliwa
ok. 800 ml bulionu warzywnego
kilka łyżek kaszy jaglanej, ryżu lub quinoa (opcjonalnie)
świeży lubczyk lub oregano (do dekoracji)

Dynię i cukinie pokrój w grubą kostkę. Jeśli cukinia jest młoda i ładna, zostaw jedną nieobraną. W garnku rozgrzej trochę oliwy i zeszklij drobno pokrojoną cebulę. Dodaj posiekany czosnek oraz lubczyk. Chwilę podsmażaj, mieszając, żeby nic się nie przypaliło, ewentualnie dolej trochę wody. Następnie wrzuć dynię i cukinie, dokładnie wszystko wymieszaj i podsmażaj jeszcze 2–3 minuty.

Zalej warzywa bulionem i gotuj na średnim ogniu, aż będą miękkie. Jeśli preferujesz gęstsze i bardziej treściwe zupy, dodaj kilka łyżek wypłukanej kaszy jaglanej, ryżu lub quinoa. Zmiksuj zupę na gładki krem, dopraw pieprzem, solą i sokiem z cytryny. Podawaj posypaną świeżym lubczykiem lub oregano.

KREM MARCHEWKOWO-JAGLANY Z CZARNUSZKĄ I KAFFIREM

Na 3–4 porcje

300 g marchewki (3 duże sztuki)
200 g bulwy selera
1 pietruszka
1 cebula
kawałek pora (biała część)
2 ząbki czosnku
70 g kaszy jaglanej
1 łyżeczka nasion czarnuszki
*2 suszone listki kaffiru**
1/3 łyżeczki kurkumy
pieprz i sól
sok z limonki
oliwa
świeża natka kolendry (do dekoracji)

Umyj i obierz wszystkie warzywa, a następnie pokrój na mniejsze, dowolne kawałki. W garnku rozgrzej kilka łyżek oliwy, wrzuć pokrojoną cebulę, posiekany czosnek

* Liście kaffiru (limonki kaffir, polska nazwa to papeda, cytrus pofałdowany) to popularna przyprawa kuchni tajskiej i indonezyjskiej. W Polsce można kupić suszone liście kaffiru w słoiczkach lub w plastikowych torebkach, najczęściej w sklepach z żywnością orientalną, ale także w sklepach z żywnością ekologiczną i dobrze zaopatrzonych delikatesach. Ich aromat trudno czymś zastąpić, ale jeśli nie uda ci się kupić kaffiru, dodaj do zupy skórkę otartą z limonki (dobrze umytej) i odrobinę świeżego imbiru (wystarczy 1 cm obranego i startego korzenia).

oraz czarnuszkę. Podsmażaj chwilę na średnim ogniu, aby wydobyć intensywny aromat składników. Dodaj pokrojoną marchewkę, pietruszkę oraz seler i podsmażaj 2–3 minuty. Mieszaj, by nic się nie przypaliło, ewentualnie dolej trochę wody. Na końcu wrzuć pokrojony por i liście kaffiru w całości (trzeba je później wyłowić). Nawet mała ilość tej przyprawy nada zupie wyjątkowy, intensywny aromat.

Warzywa zalej 1–1 i 1/2 l wody – ilość zależy od preferowanej konsystencji zupy. Na początku wystarczy tyle, by warzywa były zakryte, później można dolać więcej. Gotuj 7–10 minut, a następnie wrzuć wypłukaną kaszę jaglaną. Przykryj garnek pokrywką i gotuj zupę na małym ogniu, aż składniki zmiękną.

Wyjmij listki kaffiru i zmiksuj zupę na gładki krem. Jeśli jest za gęsta, dolej trochę wody. Dopraw do smaku sokiem z limonki oraz odrobiną pieprzu i soli. Zupa powinna mieć łagodny, słodko-orientalny smak. Podawaj udekorowaną nasionami czarnuszki oraz świeżą natką kolendry.

KREM Z PIECZONYCH CZERWONYCH WARZYW

Na 4 porcje

2 kg pomidorów
3–4 marchewki
2 duże czerwone papryki
1–2 czerwone cebule
kilka ząbków czosnku (opcjonalnie)
kilka łyżek kaszy jaglanej (opcjonalnie)
1 łyżeczka mielonej słodkiej papryki
pieprz i sól
sok z cytryny
bulion warzywny lub woda (opcjonalnie)

Marchewki obierz i pokrój w talarki grubości 1/2 cm. Pomidory i paprykę przekrój na ćwiartki (z papryki usuń pestki i białe części). Cebulę obierz i pokrój w grube piórka. Warzywa ułóż w dużej formie do pieczenia (na metalowej połóż papier), pomidory i paprykę skórką do góry. Możesz dodać kilka ząbków czosnku albo więcej papryki lub marchewki – wedle gustu.

Wstaw formę na najwyższą półkę piekarnika nagrzanego do 200°C. Pomidory piecz przez 30 minut, pozostałe warzywa ok. 40 minut. Uważaj, żeby się nie przypaliły.

Jedynie skórka papryki powinna nieco sczernieć – wtedy łatwiej ją zdjąć. Ciepłe pomidory i papryki obierz ze skórki. Jeśli chcesz pozbyć się nasion, przetrzyj pomidory przez gęste sitko, ale nie jest to konieczne.

Wszystkie warzywa przełóż do garnka i zmiksuj na gładki krem. Dopraw mieloną słodką papryką, pieprzem, solą i sokiem z cytryny. Jeżeli wolisz rzadsze zupy, dodaj trochę wody lub bulionu warzywnego.

Właściwie zupa jest już gotowa! Aby była bardziej treściwa, dodaj kilka łyżek ugotowanej kaszy jaglanej albo postaw garnek z kremem na ogniu, dolej trochę wody, zagotuj i wrzuć wypłukaną surową kaszę jaglaną. Gotuj na średnim ogniu do czasu, aż kasza zmięknie. Zmiksuj zupę jeszcze raz lub zostaw kaszę w całości.

KRUPNIK Z KASZĄ JAGLANĄ

Na 4 porcje

2–3 ziemniaki
1 marchewka
70 g kaszy jaglanej (lub więcej)
1 łyżka masła lub oliwy
pieprz i sól
1 i 1/2 l bulionu warzywnego lub mięsnego (może być rosół drobiowy)
natka pietruszki (do dekoracji)

Ziemniaki i marchewkę umyj, obierz, pokrój w kostkę. Wrzuć na gotujący się bulion, dodaj wypłukaną kaszę jaglaną oraz masło lub oliwę i gotuj na średnim ogniu, aż składniki będą miękkie. Jeśli w trakcie gotowania uznasz, że zupa jest za gęsta, dolej trochę bulionu lub wody. Jeśli będzie za rzadka, wsyp więcej wypłukanej kaszy jaglanej. Dopraw zupę do smaku pieprzem i solą. Przelej do głębokich talerzy i posyp posiekaną natką pietruszki. Do zupy możesz także dodać kawałki mięsa z rosołu.

LEKKO PIKANTNY KREM POMIDOROWO-CUKINIOWY

Na 3–4 porcje

400 g pomidorów (bez skórki)
250 g cukinii

180 g marchewki
60 g pietruszki
60 g cebuli
2 łyżki oliwy
1 czubata łyżeczka suszonego tymianku (najlepiej zmielonego w młynku na proszek)
1 płaska łyżeczka pieprzu
2 szczypty mielonej ostrej papryki (lub do smaku)
sól
400 ml bulionu warzywnego lub mięsnego
kilka łyżek kwaśnej śmietany, jogurtu naturalnego lub koziego twarożku (do smaku)
świeże zioła, np. oregano, tymianek, bazylia (do dekoracji)

Do gotującego się bulionu dodaj oczyszczone i pokrojone w grubą kostkę marchewkę i pietruszkę. W tym samym czasie rozgrzej na patelni oliwę, podduś obraną i pokrojoną w piórka cebulę razem z pokrojoną na mniejsze kawałki cukinią. Pod koniec duszenia pozwól im się nieco przysmażyć, aby nabrały lekko złotego koloru.

Gdy marchewka z pietruszką będą prawie miękkie, dodaj pokrojone pomidory i gotuj do czasu, aż się rozpadną, na koniec wrzuć podduszoną cukinię z cebulą. Zmiksuj zupę na gładki krem. Dopraw tymiankiem, pieprzem, solą i ostrą papryką. Podawaj z kleksem śmietany, jogurtu naturalnego lub kremowego serka koziego, posypaną odrobiną świeżych ziół.

ROSÓŁ Z KURCZAKA

Na 3–4 porcje

900 g kurczaka
150 g marchewki (3 średnie)
50 g pietruszki
50 g pora
50 g selera
1/2 cebuli w łupinie
2 listki laurowe
10 kulek czarnego pieprzu
3 kulki ziela angielskiego
2 łyżeczki soli lub do smaku
ugotowany makaron
4–5 gałązek natki pietruszki (do dekoracji)

Kurczaka podziel na połówki. Do dużego garnka wlej 3 l wody, włóż mięso i podgrzewaj na wolnym ogniu, zdejmując łyżką tworzące się na powierzchni szumy. Dodaj marchewkę, pietruszkę, por, seler oraz przyprawy. Pozostaw lekko uchyloną pokrywkę i gotuj całość na wolnym ogniu przez 2–2 i 1/2 godziny, aż do odparowania 1/3 płynu. Kwadrans przed końcem gotowania opiecz na ogniu połówkę cebuli (wraz z łuską) i dodaj do rosołu (klaruje płyn). Możesz opiec cebulę na mocno rozgrzanej małej patelni.

Po zakończeniu gotowania wyjmij mięso i warzywa na dużą miskę, pozostaw odkryty rosół na kilka minut do odstania. Usuń cebulę i liście pora, marchewkę i pietruszkę pokrój w krążki, mięso podziel na porcje. Odstany rosół zlej delikatnie do czystego garnka, tak by resztka szumów pozostała na dnie. Nałóż do talerzy makaron, warzywa i mięso, zalej gorącym rosołem, posyp posiekaną natką pietruszki.

SŁONECZNY KREM Z PATISONÓW

Na 3–4 porcje

ok. 1 i 1/2 kg żółtych patisonów
100–150 g kaszy jaglanej
1 marchewka
1 czerwona cebula
2 listki laurowe
6 kulek ziela angielskiego
po 1 łyżeczce bazylii i curry
pieprz i sól
sok z 1/2–1 cytryny
oliwa
1–1,2 l bulionu warzywnego
świeże listki bazylii lub dowolne kiełki, np. rzodkiewki, lucerny (do dekoracji)

Marchewkę i cebulę obierz, pokrój w dużą kostkę. Patisony, najlepiej większe, obierz, usuń pestki i ogonki, pokrój na mniejsze kawałki. W garnku rozgrzej trochę oliwy i zeszklij cebulę. Dodaj marchewkę, patisony, listki laurowe, ziele angielskie oraz bazylię. Chwilę podsmażaj, mieszając od czasu do czasu, żeby nic się nie przypaliło, a następnie wlej bulion. Przykryj pokrywką i gotuj na średnim ogniu 5–7 minut.

Do wrzącej zupy dodaj wypłukaną kaszę jaglaną, przykryj pokrywką i gotuj, aż zmięknie. Wyjmij ziele angielskie oraz listki laurowe i zmiksuj zupę na gładki krem.

Dopraw pieprzem, curry, solą oraz sokiem z cytryny. Przelej do miseczek lub wydrążonych patisonów*, udekoruj listkami świeżej bazylii i/lub kiełkami (najlepiej domowymi).

ZUPA CZOSNKOWA ZE SKWARKAMI

Na 2–3 porcje

200 g ziemniaków
60 g czosnku
60 g marchewki
40 g selera
2 łyżki masła klarowanego
1 łyżka natki pietruszki
pieprz i sól
1 l bulionu mięsnego lub warzywnego
50 g świeżej słoniny na skwarki

Ziemniaki obierz i pokrój w plastry. Pozostałe warzywa pokrój w kostkę. Rozpuść w garnku masło, wrzuć wszystkie warzywa oraz natkę pietruszki i krótko poddus. Zalej wywarem i gotuj na wolnym ogniu do miękkości. Odstaw z ognia, odczekaj chwilę, a następnie zmiksuj na krem.

Słoninę pokrój w drobną kostkę i usmaż na chrupiąco. Dodaj do zupy bezpośrednio po nalaniu porcji na talerze. Podawaj z grzankami czosnkowymi i ziołowymi (s. 319). Zamiast skwarków ze słoniny możesz użyć wegańskich skwarków z tofu (s. 341).

ZUPA JAGLANO-PAPRYKOWA

Na 4–5 porcji

100 g kaszy jaglanej
3–4 średnie ziemniaki
3 marchewki

---

* Miseczki z patisonów: zamiast obierać patisony, wydrąż miąższ łyżką – ostrożnie, by nie uszkodzić łupin. Ogonki odetnij tak, by miseczki stały stabilnie i w miarę prosto. Upewnij się, że w spodzie lub ściankach nie ma żadnej dziurki. Naczynia gotowe!

1 pietruszka
1 duża czerwona papryka (najlepiej Ramiro)
2 świeże łodyżki trawy cytrynowej lub 1/2 łyżeczki sproszkowanej
3–4 ząbki czosnku
1 żółtko
2 łyżki masła klarowanego
2 listki laurowe
4–6 kulek pieprzu
pieprz i sól

W garnku zagotuj 2 i 1/2 l wody. Dwie marchewki i połowę pietruszki pokrój w cienkie plasterki, resztę zostaw w całości. Ziemniaki pokrój w drobną kostkę. Paprykę oczyść z pestek, połowę pokrój w krążki lub półkrążki, a połowę zostaw niepokrojoną. Łodyżki trawy cytrynowej obierz ze zdrewniałych części. Czosnek obierz i pokrój na plasterki.

Rozgrzej garnek z grubym dnem i rozpuść masło. Wrzuć czosnek, krótko zamieszaj i dodaj wszystkie pozostałe warzywa, opłukaną kaszę jaglaną, trawę cytrynową i przyprawy. Przemieszaj składniki kilkakrotnie, aby aromaty zaczęły się uwalniać, i od razu zalej wrzącą wodą. Gotuj z lekko uchyloną pokrywką do czasu, aż kasza zmięknie. Odstaw z ognia.

Wyjmij z zupy niepokrojone warzywa, trawę cytrynową oraz czubatą łyżkę ziemniaków i włóż do małego garnuszka. Dolej niewielką ilość wywaru i zmiksuj na krem. Dodaj żółtko, energicznie mieszając. Przelej całość do garnka z zupą, dopraw pieprzem i solą, zamieszaj. Odstaw na kwadrans dla połączenia smaków, posyp zieleniną.

ZUPA KUKURYDZIANA Z CHILI

Na 3–4 porcje

700 g kukurydzy (samych ziaren)
1 marchewka
1 pietruszka
1 duża cebula
1 żółta papryka
1 papryczka chili
1 płaska łyżeczka cząbru
1/2 łyżeczki mielonej słodkiej papryki
1/3 łyżeczki cynamonu

2 listki laurowe
4 kulki ziela angielskiego
pieprz i sól
sok z cytryny
cienki szczypiorek i czerwona papryczka chili (do posypania)

W garnku zagotuj ok. 800 ml wody, wrzuć ziarna kukurydzy, pozostałe obrane i pokrojone w kostkę warzywa (oprócz chili) oraz listki laurowe i ziele angielskie. Dopraw cząbrem, słodką papryką i cynamonem. Gotuj do miękkości warzyw. Pod koniec wrzuć pokrojoną papryczkę chili. Wyjmij listki oraz ziele i zmiksuj zupę na gładki żółty krem. Dopraw do smaku pieprzem, solą i sokiem z cytryny. Przelej do miseczek, udekoruj drobno posiekanym szczypiorkiem oraz papryczką chili. Zupa jest słodko-ostra, gęsta i bardzo sycąca.

ZUPA POKRZYWOWA Z BONITO

Na 3–4 porcje

100 g świeżych liści pokrzywy (mniej więcej 1 szklanka mocno ubitych)
5 ziemniaków
1 mała marchewka
1 cebula
2 ząbki czosnku
*1 płaska łyżka suszonej ryby bonito**
kawałek alg nori lub wakame (mniej więcej 3 cm)
1 łyżeczka rozmarynu
1 łyżeczka lubczyku
3 listki laurowe
6 kulek ziela angielskiego
pieprz i sól
sok z cytryny
oliwa
1 litr bulionu warzywnego

Liście pokrzywy oddziel od łodyg i opłucz. Ziemniaki, marchewkę, cebulę i czosnek obierz. Cebulę pokrój w kosteczkę i podsmaż w garnku na odrobinie oliwy. Do-

* Suszona ryba w formie cieniutkich płatków, do kupienia w sklepach z żywnością orientalną.

daj drobno posiekany czosnek oraz wszystkie przyprawy, łącznie z bonito i algami (dzięki nim zupa nabierze wyjątkowego, głębokiego smaku; można je pominąć, ale efekt nie będzie taki sam).

Wrzuć pokrojone w niewielką kostkę ziemniaki i marchewkę i dokładnie wymieszaj z przyprawami. Zalej bulionem, przykryj pokrywką i doprowadź do wrzenia. Kiedy ziemniaki będą prawie miękkie, wrzuć liście pokrzywy drobno posiekane lub pokrojone w wąskie paski. Dodaj trochę soku z cytryny. Gotuj kilka minut bez pokrywki na średnim ogniu. Pokrzywa powinna zachować ładny zielony kolor.

Zupę podawaj od razu, z kawałkami warzyw i pokrzywy, albo – jeśli wolisz – wyjmij listki laurowe oraz ziele angielskie i zmiksuj całość na krem.

ZUPA Z CZERWONEJ SOCZEWICY Z KUMINEM I SUMAKIEM

Na 4 porcje

180 g czerwonej soczewicy
6 łodyg selera naciowego, najlepiej eko
4 pomidory
2 łyżki przecieru pomidorowego
1 marchewka
1 cebula
1 por (biała część)
2 łyżeczki sumaku (+ do posypania)*
1–2 łyżeczki kuminu
1 czubata łyżeczka słodkiej papryki
1 łyżeczka tymianku
pieprz i sól
sok z cytryny lub limonki
oliwa
1–1,2 l bulionu warzywnego lub wody
świeże zioła, np. tymianek i oregano (do posypania)

---

* Sumak to kwaskowata przyprawa typowa dla kuchni arabskiej oraz tureckiej. Wchodzi w skład mieszanki zatar. Szybko traci aromat, więc należy go przechowywać w szczelnie zamkniętym szklanym słoiczku. Do nabycia w sklepach z przyprawami albo zdrową/orientalną żywnością.

Pomidory sparz wrzątkiem i obierz ze skórki, marchewkę i cebulę obierz – wszystko pokrój w kostkę. Oczyść por i pokrój dowolnie. Łodygi selera umyj, nożykiem ściągnij zewnętrzne włókna, pokrój w plastry. W garnku rozgrzej trochę oliwy, wrzuć cebulę i por, chwilę podsmażaj na średnim ogniu, a następnie dodaj marchewkę, łodygi selera oraz przyprawy: tymianek, kumin oraz sumak, ewentualnie dolej trochę wody. Chwilę podsmażaj, mieszając, by wydobyć cudowny aromat.

Wsyp wypłukaną soczewicę, wlej wodę lub bulion i przykryj garnek pokrywką. Kiedy zawartość się zagotuje, dodaj pomidory i przecier. Gotuj, aż warzywa i soczewica zmiękną. Jeśli chcesz, zmiksuj całość blenderem w celu uzyskania pożądanej konsystencji. Dopraw do smaku słodką papryką, pieprzem, solą i sokiem z cytryny lub limonki. Jeśli chcesz, dodaj więcej kuminu albo sumaku. Zupę podawaj gorącą, posypaną sumakiem i świeżymi ziołami.

ZUPA Z SELERA NACIOWEGO

Na 4 porcje

8 dużych łodyg (ok. 350 g) selera naciowego, najlepiej eko
100 g kaszy jaglanej lub quinoa (albo ich mieszanki w dowolnych proporcjach)
1 cebula
kawałek pora (białej części)
2 ząbki czosnku
3 listki laurowe
6 kulek ziela angielskiego
po 1 czubatej łyżeczce curry, czosnku niedźwiedziego i lubczyku
pieprz i sól
sok z cytryny
oliwa
1–1 i 1/2 l bulionu warzywnego
nać selera (do dekoracji)

Łodygi selera umyj, odetnij białe końcówki i nożykiem ściągnij długie zewnętrzne włókna (podobnie jak przy obieraniu skórki z rabarbaru). Grubsze łodygi przekrój na pół, wszystkie pokrój na cienkie plasterki. Obraną cebulę pokrój w drobną kostkę. Por przetnij wzdłuż na pół, dokładnie umyj i pokrój w cienkie paski.

W garnku rozgrzej trochę oliwy i zeszklij cebulę, dodaj por, a po 2 minutach obrany i drobno posiekany czosnek, listki laurowe, ziele angielskie, curry, czosnek niedźwiedzi oraz lubczyk. Dokładnie wymieszaj i podsmażaj na średnim ogniu przez minutę, uważając, by nic się nie przypaliło, ewentualnie dolej trochę wody. Dodaj seler naciowy i podsmażaj kolejne 2 minuty.

Wlej bulion i gotuj, aż seler nieco zmięknie (stanie się lekko szklisty). Wrzuć wypłukaną kaszę jaglaną i quinoa. Kiedy kasza będzie miękka, zdejmij garnek z ognia, dopraw zupę do smaku pieprzem, solą i sokiem z cytryny. Nalej zupę do miseczek i posyp posiekaną nacią selera.

Zupę możesz również zmiksować na krem albo podać w formie półkremowej – przed dodaniem kaszy odlej połowę zupy i zmiksuj. Dodaj do garnka po ugotowaniu kaszy. Dzięki temu zupa będzie bardziej gęsta, a jednocześnie z kawałkami warzyw i kaszą w całości.

4

Coś konkretnego. Dania rybne i mięsne

Mięso to pokarm wysokobiałkowy i, jak dowodzą badania naukowe, również wysokoproblematyczny dietetycznie, na co warto zwrócić uwagę. Jeśli uwzględniasz je w swojej diecie, zachęcamy cię do kupowania „czystego” mięsa, najlepiej ze sprawdzonego źródła, i do samodzielnego przyrządzania go zarówno w wersji kanapkowej, jak i obiadowej. Pominiesz w ten sposób najróżniejsze, w większości szkodliwe E-dodatki (m.in. azotyny i glutaminian sodu) i zdecydujesz, w jaki sposób je przyprawić.

À LA GOŁĄBKI (MIĘSNE I BEZMIĘSNE)

Na 5–6 porcji

1 główka kapusty białej lub 1 i 1/2 włoskiej
500 g mielonego mięsa (w wersji wegetariańskiej pieczarki lub tofu)
180 g kaszki kukurydzianej (lub pół na pół z drobno zmieloną bezglutenową bułką tartą)
3 cebule
3 jajka
pieprz i sól
bulion warzywny lub rosół

Kapustę drobno poszatkuj, dodaj posiekaną cebulę, posól i dobrze wymieszaj. Odstaw na godzinę, by kapusta puściła sok. Dokładnie odciśnij wodę, dodaj mięso, jajka, kaszkę oraz przyprawy. Starannie wszystko wymieszaj.

W wersji bezmięsnej użyj posiekanych i podduszonych pieczarek albo rozdrobnionego widelcem tofu. Gołąbki w takiej wersji są bardziej delikatne, więc obchodź się z nimi ostrożnie.

Z masy uformuj kotlety i smaż na patelni z obu stron, na rumiano. Ułóż kotlety w garnku z grubym dnem, warstwa na warstwie. Zalej bulionem warzywnym lub rosołem i duś pod pokrywką, aż gołąbki będą miękkie. Podawaj z sosem grzybowym, pomidorowym lub sosem z pieczonych warzyw.

BLINY ZAPIEKANE Z MIĘSEM

Na 15 sztuk

Ciasto
1 kg ziemniaków
80 g mąki kukurydzianej
2 duże jajka
1 cebula
łyżka masła klarowanego
2 łyżeczki soli

Nadzienie
600 g mięsa indyka
150 g surowego boczku

1 jajko
1 duża cebula
50 g masła klarowanego
1 łyżeczka majeranku
pieprz i sól
tłuszcz do smażenia

Przygotuj ciasto na bliny. Cebulę bardzo drobno pokrój i podsmaż na maśle. Ziemniaki zetrzyj na tarce na średnich oczkach, dodaj jajka, mąkę, podsmażoną cebulkę oraz sól i dokładnie wymieszaj.

Przygotuj nadzienie. Mięso indyka i boczek zmiel. Cebulkę bardzo drobno pokrój i podsmaż na maśle. Odstaw z ognia i do gorącej dodaj zmieloną masę mięsną, jajko oraz przyprawy. Dokładnie wymieszaj.

Na gorącym tłuszczu usmaż z masy ziemniaczanej bliny (o grubości 1 cm i średnicy mniej więcej 8 cm), na lekko złoty kolor, bez nadmiernego rumienienia. Z nadzienia uformuj płaskie kotlety (o grubości do 1 cm i średnicy mniej więcej 7 cm). Włóż każdy kotlet pomiędzy dwa bliny i ułóż wszystkie w odkrytym naczyniu żaroodpornym. Zapiekaj w piekarniku nagrzanym do 160°C przez 20 minut, sprawdzając przed wyjęciem, czy mięso jest dobrze upieczone. Jeśli nie, podpiecz bliny 5–10 minut dłużej.

CURRY POMIDOROWO-KREWETKOWE Z KASZĄ

Na 2–3 porcje

Sos
400–500 g pomidorów, bez skórki
6 krewetek tygrysich, oczyszczonych (lub więcej; zamiennie ok. 80 g krewetek koktajlowych)
1 cebula
3–4 ząbki czosnku
2 łyżki przecieru pomidorowego
2 czubate łyżeczki mielonej kolendry
1–2 łyżeczki curry
pieprz i sól
sok z 2 limonek

Kasza
150 g kaszy quinoa
150 g kaszy jaglanej
1 czerwona papryczka chili
2 łyżki oliwy
sól
garść świeżej natki kolendry (do posypania)

W garnku zagotuj 700 ml wody, na wrzątek wrzuć wypłukane kasze i gotuj do miękkości. Pod koniec gotowania posól, dodaj oliwę i posiekaną papryczkę chili. Wymieszaj, przykryj pokrywką i zmniejsz ogień, a po minucie wyłącz palnik. Nie zdejmuj pokrywki.

Cebulę obierz, drobno posiekaj i zeszklij na oliwie w drugim garnku lub na dużej patelni. Dodaj obrany i posiekany czosnek, chwilę podsmażaj, mieszając. Uważaj, by czosnek się nie przypalił! Dodaj curry i kolendrę, podsmażaj minutę, a następnie dodaj pokrojone w kostkę pomidory oraz przecier. Przykryj pokrywką i duś na małym ogniu.

Gdy pomidory się rozpadną, sos jest gotowy. Wlej sok z limonek, dopraw pieprzem i solą, ewentualnie dodaj więcej curry lub kolendry. Wrzuć do sosu oczyszczone krewetki i gotuj całość jeszcze 5 minut. Na talerzach ułóż porcje kaszy, polej sosem, dodaj kilka krewetek i posyp obficie natką kolendry.

DROBIOWE NUGGETSY

Nuggetsy według pomysłu Nigelli Lawson, w naszej wersji
z różnymi bezglutenowymi panierkami

Na 2–3 porcje

1 duża pierś z kurczaka, podwójna
200–250 ml jogurtu naturalnego lub maślanki
po 3–4 łyżki złocistego siemienia lnianego, niesłodzonych płatków kukurydzianych, sezamu, pestek słonecznika, domowej bezglutenowej bułki tartej
ulubione przyprawy i zioła, np. oregano, majeranek, tymianek, chili
pieprz i sól

Piersi kurczaka umyj, osusz i pokrój ostrym nożem na kawałki mniej więcej równej wielkości i grubości (dzięki temu upieką się jednocześnie). Do szklanej lub ceramicznej miski wlej jogurt albo maślankę (jak najświeższe), dodaj przyprawy i dokładnie wymieszaj. Wrzuć kawałki kurczaka i dokładnie pokryj marynatą. Wstaw na noc do lodówki.

Przygotuj ulubioną panierkę. Najlepiej sprawdzają się pokruszone niesłodzone płatki kukurydziane, ale możesz również użyć drobno zmielonej bułki tartej, pokruszonych bezglutenowych krakersów albo – dla urozmaicenia – zmielonego siemienia lnianego, słonecznika, pestek dyni, sezamu itp.

Wyjmij kawałki kurczaka z jogurtu i obtocz w przygotowanej panierce – powinna przykleić się do mięsa. Ułóż na blasze wyłożonej papierem (lub na arkuszu papieru położonym na kratce) i piecz w piekarniku nagrzanym do 200°C przez 15–20 minut. Podawaj z ulubionymi dodatkami, np. z domowymi frytkami, surówką i sosem czosnkowym.

FILETY Z PIERSI INDYKA W TAJSKIM SOSIE

Na 4 porcje

600 g filetu z piersi indyka
*1 kokos**
430 g marchewki
400 g papryki
330 g cukinii
2 duże ząbki czosnku
1/2 małej cytryny ze skórką, najlepiej eko
*1 łyżka drobno pokrojonej świeżej kolendry***
trawa cytrynowa
1 łyżka czerwonej pasty curry (np. Kanokwan)
1 łyżka bezglutenowego sosu sojowego (tamari, najlepiej eko)
1 łyżeczka kuminu
1 łyżeczka soli

Mięso pokrój w kostkę 2×2 cm. Paprykę pokrój w ćwiartki, a następnie w mniejsze cząstki, marchewkę w krążki, cukinie przekrój wzdłuż na ćwiartki, a później na kawałki długości 2–3 cm.

---

* Możesz użyć gotowego mleka kokosowego, jednak smak, jaki daje w potrawie świeże mleczko, jest niepowtarzalny w porównaniu z wyrobem z kartonika.

** Jeżeli masz możliwość użycia świeżego ziela czarnuszki, zwanej kolendrą siewną, uzyskasz niepowtarzalny efekt smakowy, dodając ją zamiast kolendry zwyczajnej.

Kokos nawierć korkociągiem i odsącz wodę kokosową. Skorupę rozłup, oddziel miąższ (bielmo), obierz z brązowej skórki, opłucz, pokrój na kawałki i zmiksuj z 300 ml gorącej wody. Przecedź płyn przez gęste sitko do garnuszka. Otrzymane mleczko odstaw, a wiórki raz jeszcze zalej 200 ml wody, zmiksuj i ponownie przecedź. Połącz mleczka. Jeśli płynu jest mniej niż 500 ml, uzupełnij go wodą.

Wlej do dużego garnka mleko kokosowe, dodaj pastę curry, rozmieszaj i podgrzewaj na średnim ogniu. Do gorącego płynu wrzuć pokrojone mięso i doprowadź całość do delikatnego wrzenia. Zmniejsz ogień i dodaj pokrojone warzywa, sos sojowy, pokrojoną połówkę cytryny, kumin, sól, przeciśnięty przez praskę czosnek, kolendrę oraz trawę cytrynową. Gotuj całość na średnim ogniu, bez pokrywki, aż mięso i warzywa zmiękną (ok. 20 minut). Mieszaj co jakiś czas. Podawaj na gorąco z bezglutenowym pieczywem.

GOŁĄBKI Z KARKÓWKI I KASZY JAGLANEJ Z PIECZARKAMI

Na 18–20 sztuk

1 kapusta włoska (ok. 1 kg)
500 ml wody
100 g masła klarowanego

Farsz na gołąbki
560 g karkówki
300 g ugotowanej kaszy jaglanej
500 g pieczarek
150 g cebuli (2 duże)
4 duże ząbki czosnku
180 g marchewki
120 g pietruszki
50 g selera (1/4 małego)
70 ml oleju ryżowego
2 duże jajka
3 łyżeczki kozieradki
1 łyżeczka kuminu
1 łyżeczka kminku
2 łyżeczki mielonego pieprzu
sól

Sos pomidorowy
100 g przecieru pomidorowego
100 g masła klarowanego
2 czubate łyżki mąki ziemniaczanej
2 łyżki inuliny (opcjonalnie)
1 łyżeczka pieprzu
sól
wywar spod gołąbków

Przygotuj kapustę. Oddziel z główki kapuściane liście i odkrój grube końcówki. Najmniejsze liście i pozostałości odłóż do wyłożenia dna garnka. Do dużego garnka wlej ok. 1 l wody i doprowadź do wrzenia. Liście kapusty uparuj pod przykryciem, wyjmij i przestudź.

Przygotuj farsz. Mięso pokrój w kostkę i zmiel. Pieczarki obierz, pokrój i usmaż na złoto z 40 ml oleju ryżowego, przełóż do miseczki. Cebulę pokrój w kostkę i usmaż na pozostałym oleju, pod koniec dodaj czosnek przeciśnięty przez praskę, wymieszaj i zestaw z ognia. Obierz marchewkę, pietruszkę i seler, pokrój na średniej wielkości kawałki i zmiel z 2/3 usmażonych pieczarek. Włóż warzywa do dużej miski, dodaj mięso, jajka, usmażoną cebulkę z czosnkiem, niezmielone pieczarki, kaszę jaglaną, sól i pozostałe przyprawy. Dokładnie wymieszaj farsz.

Zawiń i ugotuj gołąbki. Porcje nadzienia nakładaj na liście, zawijaj w kieszonkę i spinaj z dwóch stron drewnianymi wykałaczkami. Układaj gołąbki ciasno obok siebie w dużym garnku wyłożonym małymi liśćmi kapusty. W 500 ml gorącej wody rozpuść 100 g masła, posól do smaku, wymieszaj i zalej gołąbki. Gotuj na średnim ogniu, pod pokrywką, przez 40 minut.

Odlej gorący wywar spod ugotowanych gołąbków i dolej do niego tyle wody, aby otrzymać 600 ml. Wrzuć masło klarowane, zamieszaj, aby się rozpuściło, i wlej do blendera. Dodaj przecier pomidorowy, sól, pieprz, inulinę i mąkę ziemniaczaną. Zmiksuj na gładki sos. Przelej do garnka i podgrzewaj, aż zgęstnieje. Zalej gołąbki sosem i gotuj całość na wolnym ogniu jeszcze przez kwadrans. Odstaw do ostygnięcia (gołąbki przejdą smakami po całkowitym ostudzeniu i ponownym podgrzaniu).

KARTACZE Z MIĘSNYM FARSZEM (CEPELINY)

Na 16 sztuk

Ciasto
2,4 kg ziemniaków
skrobia z odciśniętego soku
1 czubata łyżka skrobi ziemniaczanej
1 duże jajko
2 łyżeczki soli

Farsz mięsny
500 g karkówki
1 cebula
45 g masła klarowanego
pieprz i sól

Przygotuj farsz. Mięso zmiel, cebulę drobno pokrój, podsmaż na 2/3 masła i dodaj do niej mięso. Dopraw pieprzem i solą, krótko podsmaż, mieszając.

Przygotuj ciasto ziemniaczane. 600 g ziemniaków (5 dużych) ugotuj w mundurkach, wystudź, obierz ze skórki i zmiel. Pozostałe surowe ziemniaki zetrzyj na najdrobniejszych oczkach, przełóż do płóciennej tkaniny lub podwójnie złożonej tetry bądź gazy i bardzo dokładnie odciśnij z nich nad miską sok, tak aby masa ziemniaczana była jak najbardziej sucha. Odciśnięty sok pozostaw w misce mniej więcej przez kwadrans, aby skrobia z ziemniaków osiadła na dnie. Delikatnie zlej wodnisty płyn, który się wydzieli nad powierzchnią skrobi. Połącz obie masy ziemniaczane, dodaj 1 łyżkę skrobi ziemniaczanej i skrobię uzyskaną z ziemniaczanego soku, jajko oraz sól i dokładnie wyrób ciasto rękoma.

Ulep kartacze. Z masy formuj płaskie placuszki, grube na 6–8 mm, o nieco wydłużonym kształcie (ok. 12×8 cm). Na każdy nałóż porcję farszu, dokładnie sklej, formując kształt cygara, i delikatnie obtocz na desce mąką ziemniaczaną.

Wkładaj do osolonej, wrzącej wody z dodatkiem łyżki tłuszczu tak, by wrzenie nie ustawało. Gotuj cepeliny na średnim ogniu nie dłużej niż 10 minut od wypłynięcia na wierzch. Wyławiaj łyżką cedzakową i polej niewielką ilością tłuszczu, aby się nie sklejały. Podawaj ze skwarkami.

KORZENNY KURCZAK Z MIODEM

Na 2 porcje

1 podwójna pierś z kurczaka
2 szalotki lub mała czerwona cebula
3 łyżki płynnego miodu (zamiennie melasa z karobu lub syrop daktylowy)
3 łyżki oliwy
3 łyżki bezglutenowego sosu sojowego (tamari, najlepiej eko)
4–6 gwiazdek anyżu
2 laski cynamonu
1/2 łyżeczki całych goździków
pieprz i sól
sok z limonki lub 1/2 cytryny

Pierś z kurczaka oczyść i podziel na dwie części. Grubszą część każdego kawałka natnij głęboko nożem w jednym lub dwóch miejscach. W misce wymieszaj miód, sos sojowy, oliwę oraz sok limonkowy lub cytrynowy. Dodaj trochę pieprzu, ewentualnie także soli (nie za dużo, ponieważ sos sojowy jest słony). Włóż mięso do marynaty tak, aby dokładnie się nią pokryło. Wstaw do lodówki na 2–3 godziny lub na całą noc.

Wyjmij kurczaka z marynaty i każdy kawałek połóż na dużym kawałku papieru do pieczenia umieszczonym na blasze. Jeśli w misce została marynata, polej nią mięso. Ułóż na kurczaku plasterki obranych szalotek, gwiazdki anyżu, pokruszoną korę cynamonu oraz goździki. Szczelnie zawiń mięso w papier i mocno ściśnij razem brzegi, żeby paczuszki się nie otworzyły. Piecz w piekarniku nagrzanym do 200°C przez 20 minut. Wyjmij kurczaka z piekarnika i sprawdź w najgrubszym miejscu, czy jest upieczony. Usuń przyprawy i przełóż mięso na talerz. Podawaj z dowolnymi dodatkami.

KRÓLIK Z PIECZARKAMI I SUSZONYMI ŚLIWKAMI

Na 2–3 porcje

500 g tuszki królika
120 g surowego boczku
500 g pieczarek
80 g czerwonej cebuli

60 g suszonych śliwek bez pestek
100 ml oleju ryżowego
60 ml koniaku
3 łodyżki świeżej trawy cytrynowej lub łyżeczka ususzonej i zmielonej

Marynata
50 ml oleju ryżowego
10 ml octu winnego
10 ml octu balsamicznego
1 liść laurowy, pokruszony na kawałki
1 łyżeczka soli (lub do smaku)
1/2 łyżeczki tymianku
1/2 łyżeczki pieprzu

Opłucz mięso i podziel na porcje. W szklanym naczyniu dokładnie połącz składniki marynaty i natrzyj nią porcje królika. Przykryj mięso i odstaw do lodówki na 8–12 godzin, po tym czasie wyjmij i odsącz z płynu (zachowaj go na później).

Boczek pokrój w plastry, cebulę w kostkę, pieczarki na ćwiartki, a śliwki na połówki. Usuń z łodyżek trawy cytrynowej wierzchnie, stwardniałe części i drobno pokrój miękki miąższ. Rozgrzej patelnię, wlej olej ryżowy, podsmaż plastry boczku i wyłóż nimi dno rondla, w którym będzie się dusiło mięso królika. Na patelni z gorącym tłuszczem pozostałym ze smażenia boczku kładź porcje królika i obsmażaj z obu stron, a następnie przekładaj do rondla z boczkiem. Na pozostałym tłuszczu podsmaż cebulę i pieczarki, tak aby sok z pieczarek lekko odparował, a cebula nabrała miękkości.

Wyłóż cebulę z pieczarkami na umieszczone w rondlu porcje królika, dodaj śliwki oraz pokrojoną trawę cytrynową i równomiernie polej całość marynatą. Duś pod przykryciem mniej więcej 30 minut, do czasu, aż mięso zmięknie. Na 10 minut przed końcem duszenia wlej alkohol. Lekko przemieszaj składniki, energicznie poruszając przykrytym rondlem. Zdejmij mięso z ognia i odstaw na kwadrans dla lepszego połączenia smaków. Podawaj z duszoną czerwoną kapustą z rodzynkami i jabłkiem (s. 221) i z ósemkami opieczonych ziemniaków.

KURCZAK Z ZIEMNIAKAMI I ESTRAGONEM

Na 4–5 porcji

1 kg ziemniaków
500 g piersi z kurczaka
150–200 g żółtego sera (np. gruyère'a, cheddara), mozzarelli lub twardego sera koziego
200 ml jogurtu greckiego lub gęstej kwaśnej śmietany
30 g masła, najlepiej klarowanego
1 cebula
1 łyżka posiekanego świeżego estragonu lub 2 łyżeczki suszonego
1/2–1 łyżeczka mielonej kozieradki
pieprz i sól

Do wrzącej wody wrzuć obrane i pokrojone na plasterki ziemniaki. Gotuj 10–15 minut, przed końcem gotowania dodaj trochę soli. Odcedź i zostaw w garnku bez pokrywki. Na patelni rozgrzej masło i zeszklij drobno posiekaną cebulę. Dodaj mięso kurczaka pokrojone na cienkie paski i chwilę podsmażaj na mocniejszym ogniu. Zmniejsz płomień i wlej połowę jogurtu lub śmietany. Dodaj estragon i kozieradkę. Dopraw pieprzem i solą (pamiętaj, że ziemniaki były już solone).

W żaroodpornym naczyniu posmarowanym odrobiną masła ułóż warstwę podgotowanych ziemniaków (mniej więcej połowę). Wyłóż na nie podsmażonego kurczaka z jogurtem i przykryj pozostałymi ziemniakami. Polej po wierzchu pozostałym jogurtem i posyp serem startym na grubych oczkach (albo ułóż cienkie plastry mozzarelli). Zapiekaj w piekarniku nagrzanym do 200°C przez 15–20 minut. W tym czasie z sera powinna się utworzyć apetyczna, lekko przyrumieniona skórka. Gotowe! Podawaj jako samodzielne danie lub w towarzystwie ulubionej surówki.

W wersji wegetariańskiej zamiast kurczaka można użyć pokrojonych na duże kawałki, podduszonych grzybów albo ulubionych warzyw – marchewki, papryki, brokułów, kalafiora, a nawet buraczków.

ŁOSOŚ W SOSIE POROWYM

Na 2–3 porcje

500 g surowego łososia
masło klarowane (do smażenia)

Warstwa spodnia (arsza)
2 marchewki
1 cebula
1 mały por
50 ml białego wina
2 łyżki kwaśnej, tłustej śmietany
1 łyżka masła klarowanego
3 gałązki świeżej bazylii
pieprz i sól
150 ml bulionu warzywnego

Sos
2 małe pory
1 mała pietruszka
1 mała cebula
1/2 małego selera
50 ml białego wina
2 łyżki kwaśnej, tłustej śmietany
2 łyżki masła klarowanego
pieprz i sól
250 ml bulionu warzywnego

Przygotuj arszę. Rozpuść masło, wrzuć pokrojone w cienkie krążki warzywa, przyprawy oraz posiekane listki z 1 gałązki bazylii, podsmażaj 5 minut. Dodaj bulion i duś do miękkości. Kilka minut przed końcem duszenia dodaj wino i śmietanę. Odstaw. Przygotuj sos w identyczny sposób jak arszę, na końcu zmiksuj.

Usmaż porcje ryby na maśle. Na dnie naczynia żaroodpornego połóż arszę, a na niej usmażoną rybę, zalej sosem. Wstaw do piekarnika nagrzanego do 190°C i zapiekaj przez 10 minut. Udekoruj pozostałymi listkami bazylii.

MAKARON Z KURCZAKIEM I WARZYWAMI

Na 2–3 porcje

250 g makaronu kukurydzianego, najlepiej spaghetti
1 podwójna pierś z kurczaka
1 duża cukinia
2 papryki (kolor dowolny)

2 małe białe cebule
przyprawy do smaku: curry, czosnek niedźwiedzi, chili
bezglutenowy sos sojowy (tamari, najlepiej eko)
pieprz i sól
oliwa

Na patelni rozgrzej 2 łyżki oliwy i podsmaż na niej kurczaka pokrojonego na paseczki wielkości 1×3 cm, z dodatkiem curry, pieprzu i soli. Na drugiej patelni podsmaż cebulę, paprykę i cukinię (jeśli jest ładna, młoda i niepryskana, nie obieraj jej ze skórki). Warzywa nie mogą się rozpadać, powinny być *al dente*. Pod koniec smażenia dodaj sos sojowy, czosnek niedźwiedzi i szczyptę chili.

W tym samym czasie w lekko osolonej wodzie ugotuj makaron *al dente*. Gdy będzie gotowy, odcedź go i połącz z kurczakiem i warzywami, delikatnie mieszając. Podawaj od razu.

PASTRAMI DOMOWE ZE SCHABU

bardzo świeży schab (cały lub połowa, jak najmniejszy w przekroju)
mieszanka ziół: majeranku, tymianku i oregano (200 g na cały schab, 100 g na połowę)
*1 łyżeczka oleju z oregano**
1 łyżka surowego miodu
sól

Schab dokładnie umyj i osusz papierowym ręczniczkiem. Miód rozprowadź w dłoniach i bardzo dokładnie wetrzyj w mięso. Włóż schab do szklanego naczynia, przykryj lnianą ściereczką i wstaw na dobę do lodówki. Po wyjęciu dokładnie umyj i osusz mięso, a następnie obsyp solą. Wetrzyj ją bardzo starannie w całą powierzchnię schabu. Włóż mięso do lodówki na kolejną dobę. Po wyjęciu umyj i osusz. Rozetrzyj w rękach olej z oregano i wmasuj dokładnie w całą powierzchnię schabu. Obsyp go solą i ziołami, dokładnie wcierając je w mięso.

Włóż mięso do woreczka dopasowanego kształtem do schabu, uszytego z gazy (brzegi kilkakrotnie zawiń, aby się nie porwały), albo do elastycznej siatki, w jakie pakowane są np. gotowe wędzone szynki. Powieś w ciemnym, chłodnym, przewiewnym i zabezpieczonym przed dostępem owadów miejscu na 7 dni, aby dojrzało. Go-

* Doskonale konserwuje mięso. Do kupienia w aptekach i sklepach zielarskich.

towy schab ma jasną barwę i delikatny, apetyczny aromat. Plastry po pokrojeniu są miękkie, lekko przezroczyste i połyskujące.

Tym sposobem najlepiej przyrządzać pastrami w porze wiosennej lub jesiennej. Miesiące letnie, zwłaszcza gdy panuje wysoka temperatura, należy przeczekać. Ważna jest też jakość schabu. Wybierz mięso dobrej jakości, z naturalnego chowu zwierząt albo droższe ze sklepu, bez wypełniaczy w rodzaju wody z dodatkami zwiększającymi objętość albo innych niepotrzebnych E.

PIECZONKI DROBIOWE I WIEPRZOWE

500 g schabu
500 g filetu z indyka
500 g karkówki lub szynki
500 g chudego surowego boczku

Marynata
50 ml oleju ryżowego
25 ml octu winnego
25 ml bezglutenowego sosu sojowego (tamari, najlepiej eko)
1 liść laurowy, pokruszony na kilka części
1 łyżeczka tymianku
1 łyżeczka kozieradki
1 łyżeczka mielonej kolendry
1/2 łyżeczki mielonego pieprzu
1 łyżeczka kurkumy
3 czubate łyżeczki soli
4 duże ząbki czosnku

Czosnek pokrój w cienkie plasterki, połącz z pozostałymi składnikami marynaty i dokładnie wymieszaj, rozcierając sól. Każdą porcję mięsa przekrój na dwie lub trzy części (stosownie do potrzeb). Przełóż do żaroodpornego naczynia z pokrywką, polej marynatą, wetrzyj ją dokładnie w mięso, przykryj naczynie i odstaw do lodówki na kilkanaście godzin (np. na noc).

Zmacerowane mięso obróć w naczyniu, ponownie wcierając płyn. Wstaw naczynie do piekarnika nagrzanego do 190–200°C i piecz przez 30 minut pod przykryciem, a następnie 20–30 minut bez przykrycia, aby mięso się przyrumieniło.

Po upieczeniu pozostaw pieczonki w naczyniu, co jakiś czas je obracając, by sos wchłonął się równomiernie, nadając mięsu odpowiednią wilgotność i wyrazistszy smak. Wystudzone mięso przechowuj w zamrażarce, oddzielnie opakowane.

Tak przygotowane małe pieczenie mają bardzo praktyczne zastosowanie. Można jadać je jako zimne mięsa do pieczywa, odmrażając pożądaną ilość i rodzaj. Można też w bardzo krótkim czasie przygotować z nich obiadową sztukę mięsa, dorabiając jedynie sos. I nie trzeba jeść ich przez kilka dni z rzędu, jak w przypadku dużego kawałka pieczystego. Niewątpliwym atutem pieczonek jest to, że – w przeciwieństwie do wszystkich gatunków wyrobów masarskich oferowanych w handlu – nie zawierają glutaminianu sodu, azotynów oraz innych pokarmowych E-trucizn.

PIEROGI Z ŁOSOSIEM I KOPERKIEM

Na 40 sztuk

dowolne ciasto pierogowe (zob. „Przepisy podstawowe i dodatki")
200 g świeżego filetu z łososia, bez skóry
3 łyżki drobno posiekanego świeżego koperku (+ do posypania)
pieprz i sól
kilka kropel soku z cytryny

Łososia umyj i osusz. Sprawdź, czy nie ma ości. Zmiel w maszynce lub drobno posiekaj nożem (siekanie w zupełności wystarczy). Dodaj koperek, pieprz i sól. Skrop odrobiną soku z cytryny i dokładnie wymieszaj.

Porcje nadzienia układaj na krążkach ciasta pierogowego i zlepiaj brzegi. Gotowe pierogi wrzuć do garnka z dużą ilością wrzącej wody i gotuj 3–4 minuty od momentu wypłynięcia. Wyglądają bardzo efektownie po przekrojeniu. Podawaj posypane koperkiem.

PLACUSZKI RYŻOWE Z CIELĘCINĄ I GROSZKIEM

Na 3 porcje

300 g ugotowanego ryżu parboiled lub brązowego
150 g mielonej cielęciny
100 g zielonego groszku, ugotowanego na parze lub ze słoika (eko)

50 g selera
1 cebula
pęczek natki pietruszki
1 jajko
pieprz i sól
oliwa

Cebulę drobno posiekaj i zrumień na oliwie. Dodaj do ugotowanego ryżu razem z posiekaną natką pietruszki i selerem startym na tarce o drobnych oczkach. Dodaj mieloną cielęcinę i jajko, dopraw pieprzem i solą, dokładnie wymieszaj. Na końcu wrzuć ugotowany groszek i delikatnie połącz go z masą.

Z masy formuj kotleciki. Jeśli chcesz, obtocz je w bezglutenowej bułce tartej lub drobno zmielonych niesłodzonych płatkach kukurydzianych. Smaż na odrobinie oliwy z obu stron, do zezłocenia. Podawaj jako dodatek do obiadu lub jako samodzielne danie, np. z sosem pomidorowym.

PRZEPIÓRKI W SOSIE ŚLIWKOWYM Z BIAŁYM WINEM

Na 2 porcje

2 sprawione przepiórki
80 g plastrów surowej słoniny
80 g plastrów surowego tłustego boczku
125 ml białego wytrawnego wina
1 łyżka masła klarowanego lub smalcu
5 ziarenek kardamonu, rozgniecionych
4 goździki
szczypta cynamonu
biały pieprz i sól

Umyte przepiórki podziel na połówki, osusz, natrzyj solą i białym pieprzem, ułóż w małym naczyniu żaroodpornym wysmarowanym masłem lub smalcem i wyłożonym plastrami słoniny. Obłóż boczkiem i zalej połową wina wymieszanego z przyprawami korzennymi. Piecz w piekarniku nagrzanym do 195°C przez 30 minut, sprawdzając miękkość. W połowie pieczenia wlej pozostałe wino.

QUICHE Z BRUKSELKĄ I SZYNKĄ

Ciasto
120 g mąki gryczanej
80 g mąki z ciecierzycy
40 g mąki ziemniaczanej
30 g zmielonego złocistego siemienia lnianego
110 g masła
1 jajko
1/2 łyżeczki soli
1/2 łyżeczki mielonej kozieradki
1/3 łyżeczki kurkumy

Nadzienie
240 g mrożonej brukselki, podgotowanej
200 g dobrej jakości szynki
200 g sera gouda
130 g śmietany 12%
1 duża cebula
3 jajka
1–2 łyżeczki ziół prowansalskich
chili (do smaku)
pieprz i sól
oliwa (do podsmażenia cebuli)

Z podanych składników zagnieć ciasto, wyłóż nim formę do tarty o średnicy 26 cm i podpiecz 10–15 minut w piekarniku nagrzanym do 180°C. Przestudź. Na podpieczone kruche ciasto wyłóż podgotowaną brukselkę, posiekaną i podsmażoną na rumiano cebulę oraz pokrojoną w kostkę szynkę.

Ser zetrzyj na tarce o grubych oczkach. W miseczce wymieszaj śmietanę z jajkami i 1/3 startego sera. Dopraw solą, pieprzem, roztartymi ziołami prowansalskimi i odrobiną chili. Masę jajeczną wylej na ciasto i ułożone na nim składniki. Wierzch posyp resztą startego sera. Piecz w piekarniku nagrzanym do 170°C przez 35 minut.

TORTILLA ZIEMNIACZANA Z CEBULĄ I BOCZKIEM

Na 1–2 porcje (tortilla o średnicy 20 cm)

250 g ziemniaków (niedużych, najlepiej jednakowej wielkości)
150–200 g chudego surowego boczku
1 cebula
6 jajek
pieprz i sól
kilka łyżek oliwy z oliwek

Boczek i cebulę pokrój w drobną kostkę i podsmaż na oliwie. Zdejmij z patelni i odsącz z nadmiaru tłuszczu. Ziemniaki obierz, pokrój w cienkie plastry, umyj i odsącz z wody. Następnie posól, odstaw na kilka minut i bardzo dokładnie osusz, np. za pomocą papierowych ręczniczków. Posolone ziemniaki możesz też ułożyć na ściereczce i zostawić, aż same wyschną.

Wlej na patelnię nową porcję oliwy (kilka łyżek) i podgrzej, wrzuć osuszone ziemniaki i smaż, aż będą miękkie. Poruszaj nimi często – powinny pozostać białe, nie mogą się przypalić! Miękkie ziemniaki zdejmij z patelni i nieco przestudź.

W misce roztrzep jajka z przyprawami, dodaj podsmażoną cebulę i boczek oraz ostudzone ziemniaki. Wymieszaj i wlej masę na rozgrzaną patelnię z odrobiną oliwy. Smaż na średnim ogniu, aż góra się zetnie. Możesz przykryć patelnię pokrywką. Kiedy wierzch będzie prawie ścięty, zsuń tortillę na talerz, przykryj patelnią i odwróć tak, by omlet wylądował na patelni na nieprzypieczonej stronie. Podsmażaj jeszcze przez chwilę.

Tradycyjna hiszpańska tortilla powinna być sucha z wierzchu, a w środku soczysta. Przyrządza się ją z surowych ziemniaków (jak wyżej), ale jeśli masz ugotowane wcześniej ziemniaki, np. z poprzedniego dnia, możesz je wykorzystać, pomijając smażenie – od razu połącz je z jajkami, cebulką i boczkiem i wlej całość na patelnię. Do tortilli możesz dodać również inne warzywa: brokuły, paprykę, kukurydzę, bób, pomidory albo pieczarki. Pełna dowolność!

ZAPIEKANE CUKINIE Z QUINOA I ŁOSOSIEM

Na 6 cukiniowych łódeczek

3 średniej wielkości cukinie
200 g filetu z łososia
100–150 g kaszy quinoa
100 g (lub więcej) dobrej jakości żółtego sera albo twardego sera koziego
2 łodygi selera naciowego, najlepiej eko
2 papryki (różne kolory)
1 cebula
pół pęczka natki pietruszki, drobno posiekanej
po 1 łyżeczce cząbru, oregano, czosnku niedźwiedziego, kozieradki i curry
pieprz i sól
sok z cytryny
oliwa
świeże oregano (do dekoracji)

Wypłukaną kaszę quinoa zalej zimną wodą (dwa razy więcej wody niż kaszy) i ugotuj do miękkości. Cukinie umyj, przetnij wzdłuż na pół i usuń pestki z samego środka. Łyżką wydrąż miąższ i odłóż. Z cukinii powinny powstać dość pojemne łódeczki. Ścianki nie mogą być jednak zbyt cienkie, by po wyjęciu z piekarnika cukinia się nie rozpadała.

Paprykę oraz łodygi selera oczyść i pokrój w drobną kostkę. Cebulę obierz i również drobno pokrój. W garnku rozgrzej oliwę i zeszklij na niej cebulę. Dodaj paprykę i seler, podsmażaj 2 minuty, mieszając. Następnie dodaj odłożony miąższ cukinii, drobno pokrojony, i podsmażaj kolejne 2 minuty. Przykryj garnek pokrywką i zostaw na małym ogniu. Kiedy warzywa będą prawie miękkie, dodaj przyprawy. Kilka razy zamieszaj. Po chwili zdejmij garnek z ognia, dodaj sok z cytryny, natkę pietruszki oraz ugotowaną kaszę. Spróbuj, ewentualnie dopraw.

Ułóż na blasze sześć cukiniowych łódeczek. Wypełnij je połową nadzienia, ułóż na nim cienkie kawałki łososia i przykryj resztą nadzienia. Zapiekaj w piekarniku nagrzanym do 180–200°C, aż cukinia zmięknie (20–30 minut). Pod koniec pieczenia ułóż na cukiniach pokrojony w plasterki ser i zapiekaj, aż się roztopi. Przed podaniem posyp świeżymi listkami oregano.

W wegetariańskiej wersji tej potrawy pomiń łososia, a w wersji wegańskiej także ser. Będzie równie smacznie!

5

Co dziś zjemy na obiad? Potrawy wegetariańskie i wegańskie

Obiady wegetariańskie i wegańskie to nasza smaczna codzienność. Zachęcamy do ich przygotowywania zwłaszcza te osoby, które do tej pory jadały głównie posiłki mięsne. Warzywa korzeniowe czy strączkowe oraz kasze i ryż, wbrew obiegowym opiniom, dostarczają komplet wartościowych składników wymaganych w dobrze zbilansowanej diecie. A przy tym zapewniają ogromną różnorodność. Proponujemy rozmaite kotleciki, makarony, naleśniki i pizze, a także bardzo popularne w naszej kuchni kopytka, pierogi, knedle i kluski – przede wszystkim takie potrawy, które wymagają użycia mąki (tradycyjnie pszennej, a u nas oczywiście bezglutenowej).

CZERWONE WARZYWNE CURRY Z CHRUPIĄCYM IMBIREM

Na 4 porcje

500 g pomidorów (2–3 sztuki)
1 mała cukinia
1 mały bakłażan
1 duża marchewka
1 duża żółta papryka
1 czerwona cebula
2 ząbki czosnku
kawałek świeżego imbiru (2–3 cm)
50 g przecieru pomidorowego
30–50 g czerwonej pasty curry (np. Kanokwan)
1 czubata łyżeczka mielonej kolendry
1 łyżeczka mielonego kuminu
1/2 łyżeczki kurkumy
1/3–1/2 łyżeczki cynamonu
chili (świeże lub w proszku, opcjonalnie)
pieprz i sól
sok z cytryny
oliwa

Marchewkę obierz, przekrój wzdłuż i pokrój na półtalarki. Oczyść paprykę z pestek i odetnij białe części. Pomidory sparz, obierz ze skórki, usuń zielone części. Bakłażana i cukinię, jeśli są młode, ładne i niepryskane, zostaw ze skórką. Wszystkie warzywa pokrój w dowolne większe kawałki. Imbir obierz i pokrój w wąskie paski.

W dużym garnku rozgrzej kilka łyżek oliwy, wrzuć obraną i pokrojoną w piórka cebulę, chwilę podsmażaj. Dodaj posiekany czosnek oraz przyprawy – kolendrę, kumin, cynamon i kurkumę. Wymieszaj dokładnie i podgrzewaj przez chwilę, by przyprawy uwolniły swój aromat. Wlej trochę wody (dno powinno być zakryte), dodaj przecier pomidorowy, pokrojoną marchewkę, paprykę oraz pomidory. Przykryj pokrywką i duś na średnim ogniu. Gdy marchewka zacznie mięknąć, dodaj bakłażana i cukinię. Duś pod przykryciem do momentu, gdy bakłażan zmięknie, a cukinia stanie się szklista.

Pod koniec gotowania dodaj pastę curry oraz imbir (powinien zachować chrupkość). Jeśli lubisz ostre potrawy, wrzuć także posiekane świeże chili lub trochę chili w proszku. Dopraw pieprzem, solą i sokiem z cytryny, ewentualnie dodaj więcej kolendry i kuminu. Podawaj z ugotowanym ryżem lub kaszą jaglaną.

KAPUSTA DUSZONA Z PIECZARKAMI, POMIDORAMI I ZE SKWARKAMI Z TOFU

Na 4 porcje

2–2 i 1/2 kg białej kapusty (może być młoda)
1 kg pomidorów, bez skórki
ok. 600 g pieczarek
400–500 g tofu
3 łyżki przecieru pomidorowego
po 2 łyżeczki mielonej kozieradki, majeranku i czosnku niedźwiedziego
2 łyżeczki nasion kminku
2 listki laurowe
4 kulki ziela angielskiego
pieprz i sól
sok z cytryny
oliwa
natka pietruszki lub posiekane świeże zioła (opcjonalnie, do dekoracji)

Z kapusty usuń brzydkie liście, wytnij głąb, a resztę dokładnie umyj i zetrzyj na szatkownicy lub pokrój nożem w cienkie paski. Pomidory przekrój na ćwiartki, usuń zielone części i pokrój na mniejsze kawałki. Pieczarki oczyść i obierz, pokrój na plasterki (kapelusze i nóżki). Poszatkowaną kapustę przełóż do dużego garnka, wlej 200 ml wody, dodaj przyprawy (oprócz pieprzu i soli), wymieszaj i duś pod przykryciem. Przygotuj skwarki z tofu (s. 341).

Do nieco podduszonej kapusty dodaj pomidory, przecier pomidorowy i pieczarki. Duś, aż wszystkie składniki staną się miękkie. Dopraw pieprzem, solą i sokiem z cytryny. Na końcu wrzuć skwarki z tofu i dokładnie wymieszaj. Posyp posiekaną natką lub ulubionymi ziołami. Podawaj na ciepło jako samodzielne danie lub dodatek do obiadu.

KLUSKI ŚLĄSKIE Z DZIURKĄ

Na 26 sztuk o średnicy 7 cm

1 kg ugotowanych ziemniaków, ostudzonych i zmielonych
250 g mąki ziemniaczanej
1 jajko i 1 żółtko
1 łyżka oleju ryżowego
sól

Do dużej miski włóż wszystkie składniki i dokładnie wymieszaj łyżką. Następnie wyrabiaj ciasto rękoma, aż utworzy się jednolita kula. Jeśli w trakcie wyrabiania masa będzie się kleić do rąk, przetrzyj je odrobiną mąki ziemniaczanej. Dno miski posyp łyżką mąki i włóż do niej ciasto.

W dużym garnku nastaw wodę na wrzątek, dodaj sól i łyżkę tłuszczu. Bierz w ręce kolejne porcje ciasta wielkości dwóch dużych orzechów włoskich, formuj z nich kulki i spłaszczaj na kształt krążka o średnicy mniej więcej 7 cm i grubości 1 cm. Kładź krążki na desce i palcem zrób w każdym dziurkę o średnicy 1 cm. Jeśli ciasto wybierane ze środka kuli nieco się klei, przecieraj ręce niewielką ilością mąki ziemniaczanej.

Gotuj kluski we wrzącej wodzie. Wrzucaj na raz tyle sztuk, aby kluski ułożyły się na dnie swobodnie, nie przykrywając się. Gdy wypłyną na powierzchnię, gotuj je jeszcze nie dłużej niż minutę. Wybierz łyżką cedzakową, odsącz, przełóż do miski i pokrop olejem, aby się nie sklejały.

Szczelnie przykryte możesz przechować w lodówce do następnego dnia. Pozostaną w dużym stopniu miękkie. Są doskonałą bazą do dań z mięsem i sosami, zastępując ziemniaki lub kasze. Równie dobre są na słodko, np. polane rozpuszczonym masłem i posypane ksylitolem lub polane musem owocowym albo z dodatkiem owocowego twarożku z nerkowców.

KNEDLE Z MORELAMI

Na 12 sztuk

500 g ugotowanych ziemniaków
130–140 g mąki ziemniaczanej
1 jajko

1 łyżeczka soli
olej ryżowy
12 małych dojrzałych moreli (śliwek węgierek lub bananów w pięciocentymetrowych kawałkach)

Ziemniaki zmiel przez maszynkę lub dwukrotnie przeciśnij przez praskę. Morele natnij wzdłuż i usuń pestkę (podobnie śliwki). Do miski wsyp mąkę i sól, dodaj ziemniaki i jajko. Wymieszaj masę łyżką, a następnie wyrób rękoma, aż utworzy gładką kulę. Reguluj wilgotność ciasta, podsypując je niewielką ilością mąki (nie więcej niż 1 łyżką!). Jeśli nadal jest nieco lepkie, obsyp mąką ręce. Oderwij porcję ciasta, uformuj kulkę o średnicy mniej więcej 5 cm, spłaszcz do wielkości placuszka o średnicy 8–9 cm, połóż na środek morelę i oblep ją szczelnie ciastem. Wyrównaj kształt, krótko tocząc knedel w dłoniach.

Nastaw wodę na wrzątek, dodaj łyżkę oleju i sól. Wrzuć na raz tyle knedli, aby na dnie garnka utworzyły pojedynczą warstwę. Nie przykrywaj garnka pokrywką. Gotuj knedle przez 5 minut od wypłynięcia. Przełóż do miski za pomocą łyżki cedzakowej, pokrop olejem, aby się nie sklejały, i energicznie zakręć naczyniem, aby olej dobrze się rozprowadził. Przykryj, aby nie obsychały. Podawaj ze słodkim sosem, z roztopionym masłem lub kwaśną śmietaną.

Knedle szczelnie przykryte i wstawione do lodówki pozostają miękkie do następnego dnia. Możesz je podgrzać na parze lub na patelni pod pokrywką, z niewielką ilością tłuszczu i dodatkiem 2–3 łyżek wody.

Poza sezonem można zastąpić morele np. bananem. Aby jego brzegi nie utrudniały lepienia knedli, wystarczy ścisnąć w dłoni każdy ukrojony kawałek przed włożeniem go do ciasta.

KOPYTKA GRYCZANE

Na 4–5 porcji

1,1 kg świeżo ugotowanych ziemniaków (ok. 1 i 1/2 kg surowych, nieobranych)
250 g mąki gryczanej
100 g mąki ziemniaczanej
2 jajka
olej ryżowy
2 łyżeczki soli

Ziemniaki obierz, ugotuj, odstaw, aby troszkę przestygły, i ciepłe zmiel. Dodaj jajka i porcjami dosypuj mąki wymieszane z solą. Mieszaj masę najpierw łyżką, a następnie wyrób rękoma. Jeśli okaże się zbyt lepka, dodaj 1–2 łyżki mąki gryczanej.

Podziel masę na trzy części. Posyp stolnicę niewielką ilością mąki gryczanej, oprósz dłonie i uformuj z każdej części masy wałek. Spłaszcz go na szerokość 4 cm i grubość 1 i 1/2 cm. Krój kopytka, odkładając je na blat lekko oprószony mąką gryczaną. Wkładaj porcjami do garnka z dużą ilością posolonej wrzącej wody i łyżką oleju. Po wypłynięciu na powierzchnię gotuj kopytka nie dłużej niż minutę. Odcedź na sicie. Przełóż do miski i skrop olejem (1 płaska łyżka na każdą ugotowaną porcję), by zapobiec sklejaniu. Trzymaj pod przykryciem, aby były ciepłe i nie wysychały.

Podawaj ze skwarkami ze słoniny lub z tofu (s. 341) albo z sosem pieczarkowym (s. 342) i ulubionymi surówkami. Kopytka nadają się do przechowania na następny dzień. Możesz je odsmażyć na chrupiąco lub lekko podgrzać na maśle klarowanym i 2–3 łyżkach wody, na patelni z pokrywką.

KOPYTKA GRYCZANO-KUKURYDZIANE Z SOSEM CUKINIOWYM I SKWARKAMI Z TOFU

Na 3–4 porcje

Kopytka
1 kg ugotowanych ziemniaków, obranych
100 g mąki gryczanej
50 g mąki kukurydzianej
50 g mąki ziemniaczanej
1 łyżeczka curry
przyprawy: chili, majeranek, bazylia, oregano lub inne (opcjonalnie)
skórka otarta z ekocytryny (opcjonalnie)
sól

Sos cukiniowy
2–3 średniej wielkości cukinie
1 cebula
2–3 ząbki czosnku
1 łyżka soku z cytryny
po 1/2 łyżeczki kozieradki i tymianku

pieprz i sól
oliwa

dodatkowo: skwarki z tofu (s. 341)

Ugotowane i przestudzone ziemniaki przeciśnij przez praskę albo zmiel w maszynce na gładką masę. Dodaj mąki, sól oraz pozostałe przyprawy. Ciekawy efekt daje skórka otarta z cytryny. Dokładnie wymieszaj wszystkie składniki ręką, spróbuj i ewentualnie dodaj więcej przypraw. Jeśli masa będzie zbyt rzadka, dodaj trochę więcej mąki gryczanej. Uformuj wałeczki i pokrój ostrym nożem ukośnie, by uzyskać kształt typowy dla kopytek.

Wrzucaj kopytka partiami do garnka z dużą ilością wrzącej wody. Po wypłynięciu gotuj jeszcze 2–3 minuty. Czas gotowania zależy od grubości kopytek. Najlepiej wyjmij jedno i sprawdź, czy ciasto w środku nie jest surowe. Po wyjęciu z wody obficie polej kopytka oliwą lub roztopionym masłem, żeby uniknąć sklejenia. Świeże smakują świetnie, ale jeszcze lepsze są następnego dnia, odsmażane na patelni. Podawaj z sosem cukiniowym i skwarkami z tofu.

Sos: cebulę obierz i pokrój w piórka. Cukinie pokrój w dużą kostkę (młode, ładne i niepryskane wykorzystaj w całości, ze skórką). Na patelni albo w garnku rozgrzej trochę oliwy, wrzuć cebulę i zeszklij. Dodaj posiekany czosnek i chwilę podsmażaj (nie może się przypalić!), a następnie wrzuć cukinię. Przykryj pokrywką i duś, aż cukinia zmięknie. Dopraw sokiem z cytryny i przyprawami. Całość zmiksuj na gładki krem. I gotowe!

KOPYTKA Z KASZY JAGLANEJ

Na 2 porcje

200 g kaszy jaglanej, wypłukanej
550 ml mleka (dowolnego), bulionu lub wody
60 g mąki gryczanej
20 g mąki ziemniaczanej
1 duże jajko
garść posiekanej natki pietruszki i koperku
1 łyżka masła lub oliwy
po 1 łyżeczce lubczyku i curry
1/2 łyżeczki kozieradki
pieprz i sól

W garnku zagotuj mleko lub bulion (jeśli nie masz, użyj wody, ale kopytka nie będą tak smaczne), wsyp kaszę jaglaną, dodaj łyżkę masła lub oliwy, lubczyk i curry. Gotuj kaszę do miękkości (w razie potrzeby dolej nieco płynu). Zdejmij z ognia i przestudź. Możesz zemleć kaszę na gładką masę w maszynce do mielenia lub w blenderze. Kopytka będą miały delikatniejszą konsystencję, ale przyrządzone z całej kaszy są równie pyszne!

Jeśli masz ugotowaną kaszę jaglaną, np. z poprzedniego dnia, z powodzeniem możesz jej użyć do zrobienia kopytek. Odważ ok. 500 g i postępuj zgodnie z dalszymi wskazówkami.

W dużej misce dokładnie wymieszaj ręką ugotowaną kaszę, mąki, jajko, posiekaną zieleninę, kozieradkę oraz pieprz i sól do smaku. Podziel masę na 2–3 części. Wyłóż każdą na blat lekko posypany mąką gryczaną i uformuj cienkie wałeczki. Ostrym nożem pokrój je ukośnie na kawałki i wrzucaj na wrzątek. Gotuj 5 minut od momentu wypłynięcia. Podawaj od razu z ulubionym sosem lub ze skwarkami z tofu.

Jeżeli kopytka mają zostać na następny dzień, polej je odrobiną oliwy i dokładnie wymieszaj, by się nie skleiły. Odsmażaj na patelni, aż będą złociste i chrupiące.

KORZENNY RYŻ Z MARCHEWKĄ

Na 3–4 porcje

300 g ryżu (lub kaszy jaglanej)
5 marchewek
1 duża cebula
po 1 czubatej łyżeczce mielonego kuminu i kolendry
1 łyżeczka cynamonu
po 1/2 łyżeczki imbiru, kurkumy i słodkiej papryki
pieprz i sól
sok z 1/2 cytryny
oliwa

Marchewki obierz i zetrzyj na drobnych oczkach. Na dużej patelni lub w garnku rozgrzej kilka łyżek oliwy i zeszklij obraną, drobno posiekaną cebulę. Dodaj marchewkę, a następnie przyprawy – oprócz słodkiej papryki i soku z cytryny. Podsmażaj kilka chwil, mieszając, by składniki uwolniły aromat. Uważaj, by nic się nie przypaliło, ewentualnie dolej trochę wody.

Dosyp wypłukany ryż (lub kaszę jaglaną) i dolej 800–900 ml wody (do ugotowania ryżu, zwłaszcza brązowego, potrzeba jej więcej niż do kaszy jaglanej; najlepiej dolewaj wodę stopniowo, w miarę potrzeby). Przykryj pokrywką, doprowadź do wrzenia i gotuj na średnim ogniu, aż ryż zmięknie, do uzyskania gęstej potrawki. Na końcu dopraw sokiem z cytryny i słodką papryką.

KOTLECIKI BURACZKOWE

Na 3–4 porcje

2–3 buraki upieczone w piekarniku i obrane (400–500 g)
200 g ugotowanej czerwonej fasoli (np. red kidney), odcedzonej
250 g kaszy jaglanej
80 g zmielonego złocistego siemienia lnianego
1 duża cebula, najlepiej czerwona
2 ząbki czosnku
pół pęczka natki pietruszki lub koperku
2 łyżki czerwonego octu winnego
po 2–3 łyżeczki kuminu i cząbru
po 1 łyżeczce kozieradki i słodkiej papryki
chili albo mielona, wędzona naturalnie papryka, słodka lub ostra
pieprz i sól
sok z cytryny
oliwa
600 ml bulionu warzywnego lub wody

Buraki w skórce pokrój na plastry, ułóż w szklanej lub ceramicznej formie albo na blasze wyłożonej papierem, skrop oliwą i piecz w piekarniku nagrzanym do 200°C, aż będą miękkie (ok. 40 minut; uważaj, by się nie przypaliły). Ostudź, obierz ze skórki i pokrój na kawałki. Cebulę obierz, pokrój w drobną kostkę i zeszklij na oliwie, pod koniec dodaj także drobno posiekany czosnek i chwilę podsmaż. Wypłukaną kaszę jaglaną wrzuć na wrzącą wodę lub bulion i gotuj do miękkości. Ostudź.

Buraki, fasolę, cebulę z czosnkiem oraz kaszę jaglaną zmiksuj na gładką masę w blenderze lub zmiel w maszynce. Dodaj siemię lniane, drobno posiekaną natkę pietruszki lub koperek, ocet, sok z cytryny i wszystkie przyprawy. Kotleciki powinny być dobrze doprawione, więc nie żałuj ziół. Jeśli lubisz ostre dania, dodaj nieco chili.

Formuj niewielkie kotleciki, mocno dociskając masę, by dobrze się trzymała. Jeśli będzie zbyt rzadka, dodaj więcej mielonego siemienia lub odrobinę mąki ziemniaczanej. W wersji niewegańskiej możesz dodać jajko. Smaż kotleciki na oliwie z obu stron, przewracając ostrożnie, żeby się nie rozpadły. Podawaj jako dodatek do obiadu albo… rozsmaruj na kanapce!

KOTLECIKI CIECIERZYCOWE

Na 2–3 porcje

300 g suchej ciecierzycy
1 cebula
*1 jajko lub zaparzone zmielone złociste siemię lniane**
pół pęczka świeżego koperku i/lub natki pietruszki
po 1–2 łyżeczki czosnku niedźwiedziego oraz mielonych nasion kolendry
1 łyżeczka mielonej kozieradki
duża szczypta kurkumy
pieprz i sól
sok z cytryny
oliwa
kawałek alg kombu lub wakame (do gotowania ciecierzycy)
kilka łyżek ugotowanej kaszy gryczanej, jaglanej, ryżu lub quinoa (opcjonalnie)

Ciecierzycę namocz na noc w dużej ilości wody. Rano zmień wodę i gotuj ciecierzycę do miękkości, najlepiej z kawałkiem alg (ułatwiają trawienie roślin strączkowych). Na początku gotuj na silnym ogniu, bez pokrywki, zbierając pianę. Gdy piana nie będzie się już wytrącać, zmniejsz ogień i przykryj garnek pokrywką. Cebulę obierz, pokrój w kostkę i zeszklij na oliwie. Koperek i/lub natkę pietruszki drobno posiekaj.

Do ugotowanej i odcedzonej ciecierzycy (zachowaj wodę) dodaj cebulę, pokrojoną natkę oraz pozostałe składniki i zmiksuj całość blenderem na gładką masę albo zmiel w maszynce przez najdrobniejsze sitko. Jeśli masa będzie zbyt sucha, dodaj trochę oliwy albo wody pozostałej po gotowaniu ciecierzycy. Aby kotlety lepiej się sklejały, możesz dodać trochę ugotowanej i zmiksowanej na papkę kaszy (lub ryżu).

---

* 4 łyżki zmielonego złocistego siemienia lnianego zalej 12 łyżkami wrzątku, wymieszaj, przykryj i odstaw na kilka minut do napęcznienia.

CHLEB LNIANO-ZIEMNIACZANY | 97
WEGAŃSKI SMALEC ZE SKWARKAMI Z TOFU | 138

(OD DOŁU) CHLEBEK WITARIAŃSKI CYTRYNOWY Z QUINOA | 100
CHLEBEK WITARIAŃSKI Z SUSZONYMI ŚLIWKAMI | 103
CHLEBEK „WITARIAŃSKI" JAGLANY Z AWOKADO | 102
CHLEBEK WITARIAŃSKI ORZECHOWY | 102

(Z PRAWEJ) BUŁKI POWSZEDNIE | 93
(Z LEWEJ) „CIABATTA" GRYCZANA Z OLIWKAMI I PESTKAMI DYNI | 104
PASTA Z BOBU I PESTEK DYNI | 128

BUŁECZKI SEROWE Z TAPIOKĄ | 91
SAŁATKA Z QUINOA, POMIDORA, OGÓRKA I ŚWIEŻEJ MIĘTY (TABBOULEH) | 234

(NA GÓRZE) BŁYSKAWICZNY CHLEBEK KUKURYDZIANY | 89
(NA DOLE) BŁYSKAWICZNY CHLEBEK GRYCZANY | 89
PASZTET WARZYWNY Z QUINOA | 131

MAKARON POMIDOROWO-KOKOSOWY ZE ŚWIEŻYM IMBIREM, CZOSNKIEM I PRAŻONYM SŁONECZNIKIEM |

PIZZA Z POLENTY Z POKRZYWĄ, POMIDORKAMI I SKÓRKĄ CYTRYNOWĄ

(NA GÓRZE Z PRAWEJ) AMARANTUSKI Z TAHINI | 245
(NA GÓRZE Z LEWEJ) CIASTECZKA MIGDAŁOWE Z RUMEM | 259
(NA DOLE) CIASTECZKA Z MASŁA FISTASZKOWEGO | 261

TRÓJKOLOROWY „SERNIK” Z NERKOWCÓW |

PIEGUSEK Z CZEREŚNIAMI | 286

Formuj niewielkie kotleciki i smaż na rozgrzanej oliwie z obu stron na złocisty kolor. Uważaj przy odwracaniu, ponieważ są dość delikatne. Kotleciki nadają się idealnie jako dodatek do obiadu albo obłożenie kanapki.

KOTLECIKI GRYCZANO-SELEROWE

Na 3–4 porcje

400 g kaszy gryczanej, niepalonej
300 g selera (1 duża bulwa, waga po obraniu)
1 cebula
pęczek natki pietruszki
po 2 łyżeczki mielonej kozieradki, kuminu i czosnku niedźwiedziego
pieprz i sól
sok z cytryny
oliwa
1 l bulionu warzywnego lub wody

Obrany seler pokrój w kostkę i wrzuć do gotującej się wody lub bulionu razem z kaszą gryczaną, gotuj do miękkości. Ostudź, zmiksuj w blenderze lub zmiel w maszynce razem z pokrojoną w kostkę i podsmażoną na oliwie cebulą. Kotleciki możesz też zrobić z niezmielonych składników, tylko drobniej pokrój seler przed gotowaniem.

Dodaj do masy posiekaną natkę pietruszki, sok z cytryny i przyprawy. Formuj płaskie kotleciki, mocno dociskając. Smaż na oliwie z obu stron na złoty kolor. Podawaj z dowolnym sosem i surówką.

KOTLECIKI JAGLANO-AMARANTUSOWE

Na 3–4 porcje

300 g kaszy jaglanej
150 g amarantusa
1–2 cebule
pęczek natki pietruszki
po 1 płaskiej łyżeczce mielonej kozieradki i cząbru

pieprz i sól
sok cytryny
oliwa
1 i 1/3–1 i 1/2 l bulionu warzywnego lub wody

Na wrzącą wodę lub bulion wrzuć wypłukaną kaszę jaglaną oraz amarantus i ugotuj na gęsto. Kiedy kasza będzie prawie gotowa, dodaj do niej kozieradkę, cząber i odrobinę soli. Wymieszaj. Cebulę obierz, drobno posiekaj i zezłoć na oliwie, wrzuć do ugotowanej i nieco przestudzonej kaszy. Dodaj posiekaną natkę, sok z cytryny oraz pieprz i sól.

W dłoniach formuj kotleciki, mocno dociskając, by masa dobrze się skleiła. Smaż na oliwie z obu stron na złocisty kolor. Podawaj z dowolnym sosem i ulubioną surówką.

KOTLECIKI JAGLANO-GRYCZANE W PESTKACH SŁONECZNIKA

Na 4–5 porcji

300 g ugotowanej kaszy jaglanej, zimnej
300 g ugotowanej kaszy gryczanej, zimnej
200 g cebuli (2 sztuki)
1 czerwona słodka papryka
1 mały pęczek natki pietruszki
listki z 4–5 gałązek świeżego oregano
2 jajka
1 łyżka łupinek babki jajowatej
1 łyżeczka kozieradki
1 łyżeczka mąki ziemniaczanej (opcjonalnie, masa będzie jeszcze bardziej zwarta)
pieprz i sól
oliwa
80–100 g pestek słonecznika (do obtaczania)

Obraną cebulę i oczyszczoną z pestek paprykę pokrój w drobną kostkę. Rozgrzej na patelni tłuszcz i podsmaż warzywa, aby zmiękły. Z pęczka natki pietruszki i z gałązek oregano oberwij listki i pokrój jak najdrobniej.

Do dużej miski wsyp obie kasze, dodaj jajka, usmażone warzywa, zieleninę, kozieradkę, łupinki babki, mąkę ziemniaczaną (opcjonalnie), sól i pieprz. Dokładnie wymieszaj. Weź dwie kopiaste łyżki masy, zmiksuj i z powrotem włóż do miski, a następnie wyrób masę rękoma. Odstaw na 10 minut, aby napęczniała. Formuj małe kotleciki, maczając ręce w niewielkiej ilości wody, aby masa do nich nie przywierała. Na desce rozsyp równomiernie pojedynczą warstwę pestek słonecznika. Uformowane kotleciki kładź na pestki, lekko dociskając, aby dobrze trzymały się masy.

Rozgrzej tłuszcz na patelni i smaż kotleciki z obu stron na złoty kolor. Podawaj na gorąco lub na zimno, z dodatkiem sosu pomidorowego (s. 344) lub czosnkowego (s. 342). Kotleciki możesz wykorzystać również jako przełożenie do burgera (s. 221).

KROKIETY ZE SZPINAKIEM I Z KOZIM SEREM

Na 14–16 sztuk

naleśniki amarantusowe (s. 333)
500 g świeżego szpinaku
120 g twardego sera koziego
1 jajko i 1 żółtko
30 g masła klarowanego
otręby gryczane (do obtaczania)
pieprz i sól

Ser pokrój w drobną kostkę. Liście szpinaku włóż na 3 minuty do osolonego wrzątku, odsącz na sicie i drobno pokrój. Rozgrzej w garnku masło i krótko podduś na nim szpinak z dodatkiem soli. Dodaj żółtko i pieprz, a na koniec wrzuć kozi ser i delikatnie wymieszaj masę. Kładź porcję na każdym naleśniku. Naleśniki zawijaj w kieszonkę i spinaj wykałaczką, a następnie maczaj w roztrzepanym jajku, obtaczaj w otrębach i obsmażaj na patelni z obu stron na chrupiąco.

KULKI W NASIONACH

Na 25 kulek (3–4 porcje)

ciasto jak na knedle z morelami (s. 186)
nasiona kminku, czarnuszki, wiesiołka, pokrzywy, uprażonego sezamu lub inne (do obtaczania)
sól
olej ryżowy

Wybrane nasiona rozsyp na stolnicy lub dużej desce do krojenia tak, aby się ze sobą nie mieszały. Ulep z ciasta kuleczki o średnicy mniej więcej 3 cm, każdą obtocz równomiernie w jednym rodzaju nasion i dodatkowo krótko zroluj w dłoniach jak pyzę, aby nasiona dobrze połączyły się z ciastem.

Nastaw wodę na wrzątek, dodaj łyżkę oleju i sól. Wrzucaj na raz tyle sztuk, aby na dnie znalazła się pojedyncza warstwa kulek. Nie przykrywaj garnka pokrywką. Gotuj 5 minut od wypłynięcia. Przełóż do miski za pomocą łyżki cedzakowej, pokrop olejem i energicznie zakręć naczyniem, aby olej dobrze się rozprowadził. Dzięki temu kulki nie będą się sklejać. Podawaj z dowolnym sosem, np. pieczarkowym (s. 342).

Kulki możesz przechować do następnego dnia i odsmażyć na maśle klarowanym albo lekko podgrzać z niewielką ilością masła klarowanego lub oleju ryżowego z dodatkiem 2–3 łyżek wody (użyj do podgrzania patelni, w rondlu kulki mogą się przylepiać do dna).

LASAGNE ZE SZPINAKIEM, Z POMIDOROWYM TOFU I WEGAŃSKIM BESZAMELEM

Na 4–6 porcji

12 płatów kukurydzianego makaronu na lasagne, ugotowanych
200 ml gęstego sosu pomidorowego
200 g dobrej jakości sera żółtego lub twardego sera koziego (opcjonalnie)
sos beszamelowy (s. 342)

Farsz pomidorowy z tofu
400 g tofu (w wersji mięsnej użyj mielonej wołowiny)
3 pomidory, bez skórki
1 marchewka
1 mała cebula
1 ząbek czosnku (opcjonalnie)
2 łyżki przecieru pomidorowego lub gęstego sosu pomidorowego
2 listki laurowe
4 kulki ziela angielskiego
1–2 łyżeczki cząbru
2 łyżeczki mielonej słodkiej papryki
pieprz i sól
oliwa

Farsz szpinakowy
600 g mrożonego szpinaku (lub dwa razy więcej świeżego)
1 mała cebula
2 ząbki czosnku
1 jajko (opcjonalnie)
2 łyżki oliwy
pieprz i sól
sok z cytryny

Farsz pomidorowy z tofu. Podsmaż na oliwie posiekaną cebulę, dodaj obraną i drobniutko pokrojoną marchewkę, posiekany czosnek, listki laurowe, ziele angielskie oraz cząber, wymieszaj i chwilę podsmażaj. Następnie dodaj pokrojone w kostkę pomidory oraz przecier. Przykryj pokrywką i duś do czasu, aż marchewka zmięknie. Pod koniec duszenia dodaj pokruszone widelcem tofu, dopraw pieprzem, solą i słodką papryką. W wersji z wołowiną najpierw podsmaż mięso, a następnie zdejmij je z patelni. Przygotuj sos z cebuli, przypraw, marchewki i pomidorów, wrzuć do niego mięso i duś pod przykryciem, na małym ogniu, aż będzie miękkie. Kiedy farsz będzie gotowy, wyjmij ziele angielskie i liście laurowe.

Farsz szpinakowy. Drobno pokrojoną cebulę podsmaż na oliwie, dodaj posiekany czosnek, a następnie szpinak. Jeśli używasz świeżego szpinaku, duś całość tak długo, aż jego liście znacznie zmniejszą objętość. Dopraw pieprzem, solą i sokiem z cytryny. Na końcu dodaj roztrzepane jajko (nie jest to konieczne) i całość dokładnie wymieszaj.

Wykończenie dania. Przygotuj sos beszamelowy. Żaroodporne naczynie lub prostokątną silikonową formę, która pomieści cztery płaty makaronu obok siebie (mniej więcej, po ugotowaniu możesz je przyciąć), posmaruj na dnie odrobiną beszamelu. Połóż warstwę ugotowanego makaronu, posmaruj beszamelem, wyłóż całe nadzienie z tofu i pomidorów (lub wołowiny i pomidorów), wierzch polej beszamelem, połóż kolejną warstwę makaronu, beszamel, nadzienie szpinakowe, beszamel i makaron. Wierzch polej gęstym sosem pomidorowym, a następnie, jeśli chcesz, posyp startym na grubych oczkach serem. Zapiekaj w piekarniku nagrzanym do 190°C przez 30–40 minut.

Najlepiej przygotować lasagne dzień wcześniej, a następnego dnia odgrzać je w piekarniku (i dopiero przy odgrzewaniu posypać wierzch serem). Odgrzewane lasagne nie tylko zachowają ładny wygląd (świeżo upieczone trochę się rozjeżdżają przy wyjmowaniu z formy), ale też ich smak będzie o wiele lepszy! Można przygotować lasagne w mniejszej formie i zamiast dwóch warstw nadzienia zrobić cztery, kładąc na przemian pomidory z tofu oraz szpinak.

LECZO Z DELIKATNIE SŁODKĄ PAPRYKĄ RAMIRO

Na 4–5 porcji

500 g papryki Ramiro
500 g czerwonych pomidorów, bez skórki
250 g żółtych pomidorków cherry
350 g małych pieczarek
340 g kukurydzy pasteryzowanej (waga netto)
280 g cebuli
240 g czerwonej fasoli konserwowej (waga netto)
200 g papryki żółtej lub pomarańczowej
200 g marchewki
1/2 małej główki czosnku
100 g masła klarowanego
80 ml koniaku lub czerwonego wytrawnego wina
1 łyżka posiekanego świeżego oregano
1 łyżeczka posiekanego świeżego lubczyku
2–4 gałązki natki pietruszki
1 łyżeczka pieprzu
sól

Paprykę pokrój na półkrążki. Kukurydzę i czerwoną fasolę opłucz na sicie i odsącz. Marchewkę obierz i pokrój w słupki, cebulę na półkrążki, a obrane pieczarki na ćwiartki. Czerwone pomidory sparz wrzątkiem, obierz ze skórki i pokrój na ósemki, a żółte pomidorki cherry pokrój na połówki. Czosnek obierz, dwa ząbki zostaw z łuskami i rozgnieć je szerokim nożem, a resztę pokrój na plasterki.

Rozgrzej duży garnek, rozpuść masło, wrzuć paprykę, cebulę, marchewkę oraz pieczarki i duś przez kwadrans na małym ogniu, bez pokrywki. Dodaj pomidory, czosnek, sól, pieprz, oregano, lubczyk i duś pod lekko uchyloną pokrywką kolejny kwadrans. Dolej alkohol, dodaj kukurydzę i fasolę, delikatnie przemieszaj, duś jeszcze kilka minut pod przykryciem, aż aromaty połączone z alkoholem nabiorą wyrazistości. Wyłącz i pozostaw pod przykryciem co najmniej na pół godziny. Przed podaniem posyp posiekaną natką pietruszki. Potrawa jest tym smaczniejsza, im dłużej postoi. Doskonała po odgrzaniu.

MAKARON POMIDOROWO-KOKOSOWY ZE ŚWIEŻYM IMBIREM, Z CZOSNKIEM I PRAŻONYM SŁONECZNIKIEM

Na 3–4 porcje

400 g makaronu kukurydzianego (najlepiej świderki)
4–5 pomidorów, obranych ze skórki
60–80 ml mleczka kokosowego (4–5 łyżek)
50 g pestek słonecznika (+ do posypania)
4 duże ząbki czosnku
2–3 cm korzenia świeżego imbiru
1 łyżka przecieru pomidorowego
1 łyżeczka suszonego tymianku
1/2 łyżeczki mielonej kozieradki
chili w proszku lub oliwa aromatyzowana chili (do smaku)
pieprz i sól
sok z 1/2 cytryny
oliwa
pestki słonecznika i świeży tymianek (do dekoracji)

Rozgrzej dużą, głęboką patelnię i upraż na niej na sucho pestki słonecznika. Uważaj, żeby się nie przypaliły – powinny tylko zacząć intensywnie pachnieć. Przestudź, wsyp do blendera i miksuj przez pół minuty, aż utworzą się małe grudki (gruba mączka słonecznikowa).

Na tej samej patelni rozgrzej trochę oliwy, wrzuć obrany i drobno posiekany imbir oraz czosnek. Chwilę podsmażaj na średnim ogniu, mieszając często, by nic się nie przypaliło. Dodaj tymianek i kozieradkę, pokrojone pomidory bez skórki oraz przecier. Zmniejsz ogień i duś pod pokrywką, aż pomidory zaczną się rozpadać. Dodaj mleczko kokosowe i zmielony słonecznik. Jeśli sos będzie za gęsty, dolej więcej mleczka.

Dopraw pieprzem, solą, sokiem z cytryny oraz chili (odrobiną dla przełamania smaku). Do sosu wrzuć odcedzony makaron ugotowany *al dente* i wymieszaj. Podawaj posypany całymi pestkami słonecznika i listkami świeżego tymianku.

MAKARON Z „PESTO" – WŁOSKIE PODSTAWY I POLSKIE WARIACJE

Tradycyjne bazyliowe pesto
garść świeżej bazylii
garstka orzeszków piniowych, lekko podprażonych na suchej patelni
kilka łyżek najwyższej jakości startego parmezanu
kilka łyżek oliwy z oliwek
1 mały ząbek czosnku
sól

Tradycyjne włoskie zielone pesto przygotowuje się z sześciu wymienionych wyżej składników. Wystarczy utłuc wszystko lub zmiksować w blenderze na mniej lub bardziej gładką masę. Nic prostszego! Pesto z bazylią nie należy podgrzewać, ponieważ może zrobić się gorzkie, dlatego dodaje się je do gorącego makaronu ugotowanego *al dente*, szybko miesza i od razu podaje. Sosu nie powinno być wiele. Makaron ma być nim delikatnie oblepiony, a nie zalany. Czerwona wersja pesto zamiast bazylii zawiera suszone pomidory.

W polskiej wersji zamiast bazylii można użyć natki pietruszki, jarmużu, liści rzodkiewki lub pokrzywy czy każdej innej zieleniny. A zamiast drogich orzeszków piniowych, które często docierają do naszych domów już nieco zjełczałe, wykorzystać orzechy laskowe, włoskie, orzeszki bukowe, migdały, nerkowce albo pestki dyni lub słonecznika. Zamiast parmezanu możesz użyć innego twardego sera dobrej jakości, krowiego lub koziego. Albo przygotować wegańską wersję bez sera.

Używaj pesto do makaronu, jak również do smarowania kanapek, wytrawnych gofrów i naleśników, do polewania ryb (pesto w wersji bardziej rozcieńczonej), jako nadzienie do jajek, dodatek do zup, zapiekanek i w każdy inny sposób, na jaki przyjdzie ci ochota! Kilka naszych propozycji znajdziesz na następnych stronach.

MAKARON Z CZERWONYM „PESTO" Z SUSZONYCH POMIDORÓW

Na 3–4 porcje

500 g makaronu kukurydzianego
200 g suszonych pomidorów w oliwie (zachowaj oliwę)

100 g pestek słonecznika albo migdałów lub orzechów włoskich (bez skórki)
1 ząbek czosnku
pieprz i sól
sok z cytryny
świeże oregano i pestki słonecznika (do dekoracji)

Pomidory zmiksuj w blenderze na gładką masę razem z czosnkiem i słonecznikiem lub orzechami. Dodaj kilka łyżek oliwy z pomidorów, żeby łatwiej się miksowało. Dopraw do smaku pieprzem, solą i sokiem z cytryny.

Makaron ugotuj al dente w dużej ilości wody. Odcedź, ale zachowaj trochę wody z gotowania – kilka łyżek powinno wystarczyć. Nie przelewaj makaronu zimną wodą! Do garnka z makaronem dodaj pomidorowe „pesto" i wymieszaj. Gęsty pomidorowo-słonecznikowy sos powinien dokładnie oblepić makaron. Jeśli całość będzie zbyt sucha i trudna do połączenia, dodaj trochę wody z gotowania makaronu. Podawaj od razu. Posyp pestkami słonecznika i udekoruj listkami oregano.

Do „pesto" w wersji niewegańskiej możesz dodać kilka łyżek dobrej jakości żółtego sera lub twardego sera koziego, startego. Zmiksuj go razem z pozostałymi składnikami sosu. „Pesto" pomidorowe świetnie sprawdza się również jako pasta do kanapek.

MAKARON Z „PESTO" JARMUŻOWO-DYNIOWYM

Na 3 porcje

400 g makaronu kukurydzianego
300–400 g liści jarmużu, najlepiej eko
80 g pestek dyni
2 ząbki czosnku
1–2 łyżki soku z cytryny
1–2 łyżki oliwy
1/3 łyżeczki mielonej kozieradki
pieprz i sól
sok z cytryny
do posypania (opcjonalnie): pestki dyni, żółty ser, twardy ser kozi

Oczyszczone liście jarmużu oraz pozostałe składniki sosu wrzuć do blendera i zmiksuj na niezbyt gładką masę (drobinki dyni powinny być wyczuwalne). Jeśli będzie się trudno miksować, dolej trochę więcej oliwy lub odrobinę wody. Dopraw do smaku sokiem z cytryny oraz pieprzem i solą.

Makaron ugotuj *al dente* w dużej ilości wody. Odcedź, ale zachowaj trochę wody z gotowania – kilka łyżek powinno wystarczyć. Nie przelewaj makaronu zimną wodą! Do garnka z makaronem dodaj „pesto" i wymieszaj, by sos dokładnie oblepił makaron. Jeśli całość będzie zbyt sucha i trudna do połączenia, dodaj trochę wody z gotowania makaronu. Podawaj od razu. Jeżeli chcesz, posyp pestkami dyni oraz dobrej jakości żółtym serem lub twardym serem kozim, startym na drobnej tarce.

MAKARON Z „PESTO" Z NATKI MARCHEWKI

Na 3 porcje

400 g makaronu kukurydzianego
80 g nerkowców (zamiennie innych orzechów bez skórki lub pestek, np. słonecznika, dyni)
50–60 g natki marchewki
1 mały ząbek czosnku
pieprz i sól
sok z cytryny
oliwa
do posypania (opcjonalnie): nerkowce, natka marchewki, żółty ser, twardy ser kozi

Natkę marchewki zmiksuj w blenderze z orzechami i czosnkiem na w miarę gładką masę. Dodaj trochę oliwy lub wody, żeby łatwiej się miksowało. Dopraw do smaku pieprzem, solą i sokiem z cytryny.

Makaron ugotuj *al dente* w dużej ilości wody. Odcedź, ale zachowaj trochę wody z gotowania – kilka łyżek powinno wystarczyć. Nie przelewaj makaronu zimną wodą! Do garnka z makaronem dodaj „pesto" i wymieszaj, by sos dokładnie oblepił makaron. Jeśli całość będzie zbyt sucha i trudna do połączenia, dodaj trochę wody z gotowania makaronu. Podawaj od razu. Jeżeli chcesz, posyp posiekanymi nerkowcami i natką marchewki albo dobrej jakości żółtym serem lub twardym serem kozim, startym na drobnej tarce.

„Pesto" świetnie nadaje się nie tylko jako sos do makaronu, lecz także do ryb i mięs, oraz jako pasta do smarowania naleśników, wytrawnych gofrów i kanapek albo nadzienie do jajek.

NALEŚNIKI SEZAMOWE Z JARMUŻEM

Na 14–16 sztuk

naleśniki gryczano-sezamowe (s. 334)
400–500 g liści jarmużu, najlepiej eko (możesz dać więcej)
50–100 g sera żółtego lub twardego sera koziego, startego (opcjonalnie)
1 mała cebula
4 ząbki czosnku
1 łyżeczka mielonej kozieradki i czosnku niedźwiedziego
pieprz i sól
sok z cytryny
oliwa
sezam lub czarnuszka (do dekoracji)

Na oliwie zeszklij cebulę pokrojoną w drobną kostkę, a następnie dodaj bardzo drobno posiekany czosnek. Chwilę podsmażaj, uważając, by nic się nie przypaliło. Dodaj umyte, odsączone i posiekane liście jarmużu. Duś pod przykryciem, aż jarmuż zmniejszy objętość. Dodaj przyprawy do smaku.

Na każdym naleśniku rozsmaruj porcję nadzienia. Jeśli chcesz, posyp nadzienie startym serem. Zwiń naleśniki w rulon i podawaj od razu, dopóki są ciepłe, albo odgrzej na patelni, starając się zbyt mocno ich nie przypiekać. Gotowe posyp podprażonymi na suchej patelni sezamem lub czarnuszką.

NALEŚNIKI Z DYNIĄ, TOFU I PRAŻONYM SEZAMEM

Na 7 sztuk

7 naleśników gryczano-sezamowych o średnicy 24 cm (s. 334)
600 g dyni (obranej i oczyszczonej z pestek)
300 g tofu
1 kwaśne jabłko (opcjonalnie)
40–50 g sezamu
garstka świeżego tymianku
1 łyżeczka cynamonu
po 1/2 łyżeczki mielonego kardamonu oraz imbiru
sól
sok z cytryny
oliwa

Na suchej, rozgrzanej patelni podpraż ziarna sezamu, aż nabiorą lekko złocistego koloru i zaczną intensywnie pachnieć. Przełóż do miseczki. Na tej samej patelni rozgrzej odrobinę oliwy, wrzuć pokrojony w małą kostkę miąższ dyni. Chwilę podsmażaj, mieszając. Dodaj pokrojone w kosteczkę tofu oraz obrane i starte na grubych oczkach jabłko (opcjonalnie). Przykryj pokrywką i duś, aż dynia zmięknie (stanie się szklista). Dodaj przyprawy korzenne oraz sól i sok z cytryny do smaku. Na końcu wrzuć listki tymianku oraz podprażony sezam (odłóż trochę tymianku i sezamu do dekoracji).

Porcją gorącego nadzienia posmaruj ćwiartkę każdego naleśnika, złóż go na pół i jeszcze raz na pół, by uzyskać trójkąt. Ułóż naleśniki na talerzu, posyp odłożonym sezamem i tymiankiem.

Naleśniki możesz podać także w wersji na słodko – zamiast soli i tymianku dodaj do nadzienia ulubione słodzidło (stewię, miód, ksylitol).

NALEŚNIKI Z POKRZYWĄ LUB ZE SZPINAKIEM I Z KOZIM SEREM

Na 7 sztuk

ciasto na 7 naleśników gryczanych (s. 334)
1 łyżeczka czosnku niedźwiedziego lub cząbru (do ciasta naleśnikowego, opcjonalnie)
300–400 g (lub więcej) posiekanych liści pokrzywy albo szpinaku
200–300 g kremowego naturalnego twarożku koziego
1 cebula
4 ząbki czosnku
1/2 łyżeczki mielonej kozieradki
pieprz i sól
sok z cytryny
oliwa

Na oliwie zeszklij cebulę pokrojoną w drobną kostkę, a następnie dodaj bardzo drobno posiekany czosnek. Chwilę podsmażaj, uważając, by nic się nie przypaliło. Dodaj umyte, odsączone i drobno posiekane liście pokrzywy lub szpinaku. Duś pod przykryciem, aż liście zmniejszą objętość. Dopraw do smaku pieprzem, solą, sokiem z cytryny i kozieradką. Na końcu dodaj kremowy kozi twarożek i wszystko razem wymieszaj. Podgrzewaj, aż twarożek się rozpuści i połączy z resztą nadzienia. Serek możesz pominąć, ale zwiększ wtedy ilość pokrzywy lub szpinaku.

Przygotuj ciasto na naleśniki gryczane, dodaj do niego czosnek niedźwiedzi lub cząber oraz szczyptę soli. Wymieszaj i usmaż naleśniki. Na każdym rozsmaruj porcję nadzienia. Zwiń ciasto w rulon i podawaj od razu, dopóki naleśniki są ciepłe, albo odgrzej na patelni, starając się zbyt mocno ich nie przypiekać.

PIEROGI „RUSKIE" Z KOZIM TWAROŻKIEM I SZAŁWIĄ

Na 40 sztuk

dowolne ciasto na pierogi (zob. „Przepisy podstawowe i dodatki")
400 g ugotowanych ziemniaków
200 g kremowego naturalnego twarożku koziego
1 cebula lub 2 szalotki
świeża szałwia (20 dużych listków + listki do dekoracji)
1/2 łyżeczki mielonej kozieradki
pieprz i sól
sok z cytryny
oliwa

Najpierw przygotuj nadzienie (nawet dzień wcześniej). Ugotowane i ostudzone ziemniaki przepuść przez praskę do ziemniaków lub maszynkę do mielenia. Masa ziemniaczana powinna być gęsta i gładka. Cebulę lub szalotki obierz, drobno posiekaj i zeszklij na oliwie. Do dużej miski wrzuć ziemniaki, kozi ser (jeśli jest twardszy i ma grudki, zmiel go razem z ziemniakami), cebulę (odłóż trochę do dekoracji) oraz przyprawy do smaku: pieprz, sól, kozieradkę, odrobinę soku z cytryny i drobno posiekane listki szałwii. Dokładnie wymieszaj.

Przygotuj ulubione ciasto na pierogi, np. gryczane lub zaparzane. Porcje nadzienia nakładaj na krążki ciasta i zlepiaj pierogi, mocno dociskając brzegi. Wrzucaj partiami do garnka z dużą ilością osolonej wrzącej wody. Ugotowane ułóż na talerzu i posyp odłożoną zrumienioną cebulką oraz listkami szałwii.

PIEROGI Z BOTWINKĄ I SEREM FETA

Na 40 sztuk

dowolne ciasto na pierogi (zob. „Przepisy podstawowe i dodatki")
200–300 g sera feta (oryginalnego owczo-koziego)
3–4 duże pęczki botwinki
1 ząbek czosnku (opcjonalnie)
1/2–1 łyżeczka mielonej kozieradki
pieprz
sok z cytryny
oliwa

Botwinkę – liście i łodyżki osobno – bardzo drobno posiekaj, odłóż 4 łyżki do posypania. Na patelni rozgrzej odrobinę oliwy i wrzuć posiekane łodyżki. Chwilę podsmażaj na małym ogniu, często mieszając. Przykryj patelnię pokrywką, ewentualnie dolej trochę wody i duś łodyżki kilka minut. Następnie dodaj posiekane liście oraz czosnek. Duś przez kilka kolejnych minut, aż liście zwiędną, a łodyżki nieco zmiękną.

Fetę odsącz z płynu i bardzo drobno pokrój lub rozgnieć widelcem. Aby nadzienie było mniej słone, wymocz fetę przed użyciem w zimnej wodzie. Wrzuć ser do botwinki, wymieszaj. Dopraw sokiem z cytryny, odrobiną pieprzu i kozieradką. Przestudź.

Przygotuj ulubione ciasto na pierogi, np. gryczane lub zaparzane. Porcje nadzienia nakładaj na krążki ciasta i zlepiaj pierogi, mocno dociskając brzegi. Wrzucaj partiami do garnka z dużą ilością osolonej wrzącej wody. Ugotowane ułóż na talerzu i posyp odłożoną botwinką. Surowe łodyżki przyjemnie chrupią i wspaniale kontrastują z kremowym nadzieniem.

PIEROGI Z NADZIENIEM SEROWO-ORZECHOWYM Z CHILI

Na 40 sztuk

dowolne ciasto na pierogi (zob. „Przepisy podstawowe i dodatki")
400 g kremowego naturalnego serka, najlepiej koziego
150 g migdałów lub innych orzechów (zmielonych grubo w maszynce lub tartych)
1/3 łyżeczki chili (lub do smaku)
pieprz i sól
sok z cytryny

Ser dokładnie wymieszaj z orzechami, dopraw do smaku pieprzem, solą, chili oraz sokiem z cytryny. Przygotuj ulubione ciasto na pierogi, np. kukurydziane zaparzane. Porcje nadzienia nakładaj na krążki ciasta i zlepiaj pierogi, mocno dociskając brzegi. Wrzucaj partiami do garnka z dużą ilością osolonej wrzącej wody. Wyjmij z wody za pomocą łyżki cedzakowej. Podawaj od razu lub następnego dnia, odsmażane na patelni.

Nadzienie serowo-orzechowe możesz przygotować także w wersji słodkiej. Pomiń chili, pieprz i sól, a zamiast nich dodaj do smaku trochę ksylitolu lub innego słodzidła.

PIEROGI Z OWOCAMI I TWAROŻKIEM

Na 40 sztuk

dowolne ciasto zaparzane na pierogi (np. kukurydziane, zob. „Przepisy podstawowe i dodatki")
250–300 g owoców, np. pokrojonych drobno moreli, truskawek, jagód, malin
200 g naturalnego twarożku
ksylitol, stewia lub miód (do osłodzenia, wedle uznania)
śmietana (do polania)
mleko (do zaparzenia ciasta pierogowego)

Przygotuj ciasto pierogowe, np. kukurydziane lub gryczano-kukurydziane. Zaparz je mlekiem zamiast wodą. Do wrzącego mleka dodaj dużą szczyptę ksylitolu.

Owoce umyj, większe i twardsze pokrój w drobną kostkę. Wymieszaj owoce z twarożkiem, ewentualnie dosłodź do smaku. Porcje nadzienia nakładaj na krążki ciasta i zlepiaj pierogi, mocno dociskając brzegi. Wrzucaj partiami do garnka z dużą ilością wrzącej wody. Wyjmij z wody za pomocą łyżki cedzakowej. Podawaj od razu, polane śmietaną i posypane odrobiną ksylitolu.

PIEROGI ZIEMNIACZANO-GROSZKOWE

Na 40 sztuk

dowolne ciasto pierogowe (zob. „Przepisy podstawowe i dodatki")
400–500 g obranych surowych ziemniaków
200 g zielonego groszku
1 mała cebula

1 ząbek czosnku (opcjonalnie)
po 1 czubatej łyżeczce kuminu, kolendry i kozieradki
po 1/3 łyżeczki imbiru, cynamonu i chili
pieprz i sól
oliwa
natka pietruszki lub kolendry oraz dowolne świeże kiełki (do dekoracji)

Ziemniaki pokrój na mniejsze kawałki i wrzuć na wrzątek. Na garnku z ziemniakami umieść naczynie do gotowania na parze i wrzuć do niego groszek (świeży lub mrożony). Przykryj pokrywką i gotuj, aż warzywa będą miękkie. Groszek zostaw na sicie, ziemniaki dokładnie odcedź i zostaw bez pokrywki, by odparowały. Garnek z ziemniakami możesz dodatkowo postawić na gazie i podgrzewać, mieszając co jakiś czas, by usunąć jak najwięcej wody. Jeśli ziemniaki będą zbyt wodniste, nadzienie będzie za rzadkie i kłopotliwe w lepieniu.

Cebulę drobno posiekaj i zeszklij na oliwie. Jeśli chcesz, pod koniec smażenia dodaj czosnek, obrany i drobno posiekany lub przeciśnięty przez praskę. Podsmażaj jeszcze chwilę. Ziemniaki zmiksuj z groszkiem i cebulą za pomocą blendera lub zmiel w maszynce na gładką masę. Dodaj przyprawy – masa powinna być mocno aromatyczna, orientalnoostra.

Porcje nadzienia układaj na krążkach ciasta i zlepiaj pierogi. Gotuj w dużej ilości osolonego wrzątku. Podawaj posypane drobno posiekaną natką pietruszki lub kolendry (albo ich mieszanką) oraz dowolnymi kiełkami, np. groszkowymi lub rzodkiewkowymi. Pierogi smakują wspaniale także następnego dnia, odsmażane na patelni.

PIZZA GRYCZANO-AMARANTUSOWA Z PAPRYKĄ, SUSZONYMI POMIDORAMI, CZOSNKIEM I KAPARAMI

Ciasto
200 g mąki gryczanej (opcjonalnie pełnoziarnistej)
100 g mąki amarantusowej
50 g mąki ziemniaczanej
1 jajko
2 łyżki oleju ryżowego
1 łyżka octu winnego

7 g drożdży instant Dr. Oetker
270 ml ciepłej wody
zioła prowansalskie
sól

Dodatki
500 g papryki
10 suszonych pomidorów w oliwie
1 główka czosnku
2 łyżki kaparów
pieprz i sól
oliwa

Pomidory odsącz z oliwy (zostaw ją do posmarowania wierzchu ciasta) i pokrój w paski. Czosnek obierz, ząbki pokrój na ćwiartki, paprykę oczyść z pestek i pokrój w cienkie półkrążki – podsmaż wszystko razem na patelni.

Mąki wymieszaj z drożdżami, ziołami oraz solą, dodaj jajko, olej, ciepłą wodę, ocet i dokładnie wymieszaj łyżką. Następnie, natłuszczając ręce olejem, wyrób ciasto na gładką kulę, aż przestanie się kleić. Formę o wymiarach 35×24 cm (na dość cienkie ciasto) lub papier wysmaruj olejem ryżowym. Natłuszczonymi rękoma rozłóż ciasto. Posmaruj wierzch oliwą z pomidorów, aby skórka upiekła się na chrupiąco. Nagrzej piekarnik do 190°C, wstaw ciasto na kilka minut, aby się nieznacznie podpiekło, wyjmij je, rozłóż dodatki, posyp pieprzem i solą i ponownie wstaw do piekarnika. Piecz w tej samej temperaturze 15–20 minut. Wyjmij pizzę i podawaj gorącą z ulubionymi sosami.

PIZZA GRYCZANO-RYŻOWA Z PIECZARKAMI, SUSZONYMI POMIDORAMI I OLIWKAMI

Ciasto
170 g mąki ryżowej
165 g mąki gryczanej
85 g mąki ziemniaczanej
1 jajko
2 łyżki oleju ryżowego
1 łyżka octu

7 g drożdży instant Dr. Oetker
ok. 250 ml ciepłej wody
zioła prowansalskie
szczypta sody oczyszczonej
szczypta soli

Dodatki
500 g pieczarek
10 suszonych pomidorów w oliwie
150 g dobrej jakości żółtego sera
20 oliwek
1 cebula
pieprz i sól

Pomidory odsącz z oliwy (zostaw ją do posmarowania wierzchu ciasta) i pokrój w paski. Oliwki pokrój na połówki, a cebulę w półkrążki. Pieczarki pokrój w plastry, dodaj cebulę i usmaż na złoto. Ser zetrzyj na grubych oczkach.

Wsyp do miski mąki i drożdże, wymieszaj, dodaj zioła oraz sól i ponownie wymieszaj. Dodaj jajko, olej, ocet, szczyptę sody i tyle ciepłej wody, aby ciasto było gęste (ok. 250 ml). Składniki wymieszaj łyżką, a następnie dokładnie zagnieć, natłuszczając ręce olejem (ciasto jest nieco lepkie). Odstaw do wyrośnięcia.

Formę o wymiarach 35×24 cm (na ciasto średniej grubości) lub papier wysmaruj olejem ryżowym, natłuść ręce i przełóż ciasto porcjami, rozprowadzając je równomiernie. Posmaruj wierzch ciasta oliwą z pomidorów. Rozłóż dodatki, posyp pieprzem i solą oraz serem. Piecz w piekarniku nagrzanym do 190°C przez 20–25 minut.

PIZZA NA SPODZIE Z KASZY JAGLANEJ Z PIECZARKAMI I MOZZARELLĄ

250 g pieczarek
200 g kaszy jaglanej
150 g przecieru lub gęstego sosu pomidorowego
2 kulki mozzarelli (krowiej lub bawolej, zamiennie 150–200 g twardego sera koziego)
pęczek szczypiorku
1 łyżka oregano (do posypania)

ulubione zioła do ciasta na pizzę, np. oregano, czosnek niedźwiedzi, curry
pieprz i sól
sok z cytryny
oliwa

W garnku zagotuj 700 ml wody, wrzuć wypłukaną kaszę jaglaną i gotuj do miękkości. Pod koniec gotowania dodaj ulubione przyprawy lub zioła, np. oregano, czosnek niedźwiedzi, curry. Gorącą kaszę przełóż do formy o średnicy 28 cm, rozłóż równomiernie i mocno dociśnij łyżką, tworząc spód pizzy.

Posmaruj kaszę przecierem lub sosem pomidorowym doprawionym pieprzem, solą i sokiem z cytryny. Posyp połową oregano. Na sosie ułóż obrane i pokrojone w cienkie plastry pieczarki. Posyp odrobiną pieprzu i soli. Wstaw do piekarnika nagrzanego do 200°C i zapiekaj 15–20 minut. Pięć minut przed końcem pieczenia wyjmij pizzę, posyp posiekanym szczypiorkiem, a na wierzchu połóż plasterki sera i posyp je odrobiną oregano. Zapiekaj, aż ser się rozpuści.

Pizzę możesz zrobić w dowolnej wariacji smakowej, wybierając ulubione przyprawy oraz dodatki – kukurydzę, brokuły, tuńczyka, podsmażone kawałki kurczaka, plasterki ananasa, kozi ser, salami, szpinak itp.

PIZZA Z POLENTY Z POKRZYWĄ, POMIDORKAMI I ZE SKÓRKĄ CYTRYNOWĄ

270 g kaszki kukurydzianej
sos pokrzywowy (podwójna porcja z przepisu na naleśniki z pokrzywą, bez dodatku sera, s. 207)
10 pomidorków koktajlowych (lub więcej)
1–2 kulki mozzarelli (krowiej lub bawolej)
skórka otarta z cytryny, najlepiej eko
ulubione przyprawy, np. czosnek niedźwiedzi, oregano, bazylia, majeranek
świeże oregano
sól
oliwa

W garnku zagotuj 750 ml wody, na wrzątek wsypuj stopniowo kaszkę kukurydzianą, cały czas energicznie mieszając widelcem, aby nie utworzyły się grudki. Ugotuj gęstą polentę, dodając pod koniec gotowania ulubione przyprawy oraz sól do smaku. Przełóż masę do formy na pizzę o średnicy 28 cm, dociśnij łyżką i wyrównaj powierzchnię.

Przygotuj sos pokrzywowy, korzystając z przepisu na nadzienie do naleśników. Pomiń kozi ser i zwiększ 2–3 razy ilość pokrzywy. Jeśli sos będzie za gęsty, dodaj nieco oliwy lub wody. Ewentualnie zmniejsz ilość czosnku lub zupełnie go pomiń. Gotowy sos zmiksuj w blenderze na gładką masę. Jeśli nie masz pokrzywy, możesz wykorzystać szpinak lub jarmuż.

Spód z polenty posmaruj oliwą i polej sosem pokrzywowym. Na wierzchu połóż przepołowione pomidorki koktajlowe i pokrojoną na plastry mozzarellę. Posyp suszonym oregano i zapiekaj w piekarniku nagrzanym do 200°C przez 15–20 minut. Po wyjęciu posyp skórką cytrynową i listkami świeżego oregano. Pizzę możesz również przygotować we własnej wariacji smakowej, wybierając ulubione przyprawy oraz dodatki.

PLACUSZKI CUKINIOWO-BOTWINKOWE

Na 2–3 porcje

1 kg cukinii
500 g botwinki (liści i łodyżek)
1 cebula
pół pęczka natki pietruszki, posiekanej
*1 duże jajko lub zaparzone zmielone złociste siemię lniane**
60 g mąki z ciecierzycy (lub nieco więcej)
30–60 g mąki gryczanej (opcjonalnie)
1/2 łyżeczki mielonej kozieradki
pieprz i sól
sok z cytryny
oliwa

Cukinię obierz (jeśli jest młoda, ładna i niepryskana, zostaw skórkę) i zetrzyj na grubej tarce. Młode, małe cukinie zetrzyj z pestkami, ze starszych i większych usuń pestki. Dodaj odrobinę soli, dzięki czemu cukinia szybciej puści wodę. Odstaw przy-

* 3 łyżki zmielonego złocistego siemienia lnianego zalej 9 łyżkami wrzątku, wymieszaj, przykryj i odstaw na kilka minut do napęcznienia.

najmniej na kwadrans, a następnie bardzo dokładnie odciśnij, by pozbyć się jak najwięcej wody. Jeśli cukinia będzie za mało odciśnięta, placuszki mogą się rozpaść podczas smażenia.

Na patelni rozgrzej oliwę, wrzuć drobno posiekaną cebulę i zeszklij. Dodaj posiekane łodyżki botwiny, zmniejsz ogień i przykryj patelnię pokrywką. Po kilku minutach dorzuć posiekane liście. Duszenie cebuli i botwinki możesz pominąć, jeśli wolisz, by w placuszkach ich kawałki były bardziej chrupiące.

W dużej misce wymieszaj odciśniętą cukinię z pozostałymi składnikami. Jeśli masa będzie zbyt rzadka albo podczas smażenia placki będą się rozpadać, dodaj więcej mąki z ciecierzycy, mąkę gryczaną lub dodatkowe jajko. Jeżeli w misce zgromadzi się woda, odlej ją i jeszcze raz odciśnij masę, ewentualnie uzupełnij przyprawy (część wylejesz z wodą). Smaż placuszki na rozgrzanej oliwie do lekkiego zrumienienia z obu stron. Po zdjęciu z patelni ułóż placki na papierowym ręczniku, by pozbyć się nadmiaru tłuszczu. Są pyszne i delikatne na ciepło, równie dobrze smakują odgrzane następnego dnia (są bardziej zwarte).

POMIDOROWE WRAPY

Na 8 sztuk (naleśniki o średnicy 24 cm)

Ciasto
120 g mąki gryczanej
50 g mąki kukurydzianej
200 ml mleka (dowolnego)
150 ml wody
1 jajko
2 czubate łyżeczki przecieru pomidorowego
duża szczypta soli

Nadzienie
1/3–1/2 kapusty pekińskiej
100–150 g fety lub sera koziego (opcjonalnie)
100 g ugotowanych ziaren kukurydzy
1 mała czerwona papryka
1 mały pomidor, bez skórki
kilka ugotowanych na parze różyczek brokułu
garść ulubionych kiełków

Sos
200 g jogurtu naturalnego (krowiego lub koziego)
3 łyżeczki przecieru pomidorowego
1 płaska łyżeczka kremowej musztardy (opcjonalnie)
1 malutki ząbek czosnku, drobno posiekany lub przeciśnięty przez praskę (opcjonalnie)
pieprz i sól

Składniki sosu wymieszaj w miseczce. Warzywa do nadzienia umyj, pomidora obierz i pokrój w drobną kostkę, z papryki usuń pestki i białe części, pokrój w kostkę lub cienkie paski. Kapustę pokrój w paski. Różyczki brokułu podziel na mniejsze kawałki. Fetę lub ser kozi pokrój w kostkę. Wszystkie składniki nadzienia dokładnie wymieszaj, ewentualnie dodaj pieprz i sól do smaku (nie jest to konieczne, jeśli dobrze doprawisz sos).

Usmaż naleśniki. Jajko roztrzep w misce trzepaczką, dodaj mleko, wodę, przecier pomidorowy i sól, a następnie wsyp mąki. Dokładnie wymieszaj, by nie było grudek. Patelnię do naleśników z nieprzywierającą powłoką posmaruj odrobiną oliwy (za pomocą pędzelka lub papierowego ręczniczka), rozgrzej i smaż naleśniki z obu stron. Przed nabraniem każdej kolejnej porcji dokładnie wymieszaj ciasto. Naleśniki układaj na dużym talerzu i trzymaj w ciepłym miejscu, aż usmażysz wszystkie, np. w lekko nagrzanym piekarniku albo na kuchence obok patelni, pod pokrywką lub folią aluminiową.

Na środku każdego naleśnika ułóż porcję nadzienia i polej sosem. Dolną część naleśnika zawiń do góry, by przykryć nadzienie. Następnie zawiń prawą część naleśnika, a później lewą, tworząc coś na kształt dziecięcego becika. Dolną część wrapów owiń szczelnie paskiem folii aluminiowej, aby zapobiec rozwinięciu się naleśnika i wyciekaniu sosu. Podawaj szybko, dopóki są ciepłe. Jeśli wystygną, możesz je podgrzać na dużej patelni pod pokrywką albo w piekarniku (ułóż na blasze w taki sposób, by górna część, bez folii, była wyżej, np. oparta o brzeg formy – wtedy sos nie wycieknie).

Nadzienie i sos można dowolnie modyfikować, dodając ulubione składniki, np. ogórki kiszone, ugotowane jajko, szpinak, gotowanego łososia albo podsmażonego kurczaka.

PYZY ZIEMNIACZANE ZE SKWARKAMI

Na 30 sztuk

ciasto według przepisu na kartacze (s. 169)
100 g świeżej słoniny wieprzowej (zamiennie skwarek z tofu, s. 341)

Słoninę pokrój w kostkę i smaż na patelni, aż wydzieli się tłuszcz, a skwarki się zrumienią. Przygotuj pyzy. Bierz w ręce kawałki ciasta wielkości średniej moreli, formuj z nich w dłoniach kulki i delikatnie obtaczaj na desce oprószonej mąką ziemniaczaną. Wkładaj do osolonej, wrzącej wody z dodatkiem łyżki tłuszczu tak, by wrzenie nie ustawało. Gotuj na średnim ogniu nie dłużej niż 10 minut od wypłynięcia. Wyławiaj za pomocą łyżki cedzakowej, polej niewielką ilością tłuszczu, aby się nie sklejały. Podawaj ze skwarkami.

TARTA ZIELONO-BIAŁA Z KOZIM SEREM, KAPARAMI I OLIWKAMI

Ciasto
250 g mąki gryczanej
125 g mąki kukurydzianej
125 g mąki ryżowej
200 g masła
100 g oleju kokosowego
3 żółtka
400 ml wody
1 łyżeczka ulubionych suszonych ziół, np. prowansalskich
1 łyżeczka soli
1/2 łyżeczki sody oczyszczonej

Nadzienie
500 g pieczarek
100 g cebuli
100 g twardego koziego twarogu
100 ml przecieru pomidorowego
60 ml oleju ryżowego (4 łyżki)
20 g masła klarowanego
20 zielonych oliwek
1 łyżka kaparów
1 łyżeczka soli

Obrane pieczarki pokrój w plastry, cebulę w krążki, oliwki na połówki, kozi ser w kostkę 1×1 cm. Rozgrzej na patelni olej, wrzuć pieczarki i lekko podsmaż. Dodaj cebulę, dopraw solą i duś do miękkości. Zdejmij z ognia. Wlej do garnuszka 50 ml wody, dodaj przecier oraz masło i mieszaj do połączenia składników. Odstaw.

Przygotuj ciasto. Masło zetrzyj na grube wiórki, rozpuść olej kokosowy. Wsyp do miski mąki, dodaj sodę, sól, ulubione zioła i wymieszaj. Dodaj żółtka, rozpuszczony olej kokosowy, starte masło i krótko posiekaj składniki nożem. Stopniowo dodawaj wodę i rękoma wyrabiaj ciasto, aż do uzyskania jednolitej konsystencji.

Formę o średnicy 26 cm lekko natłuść olejem ryżowym, nakładaj ciasto porcjami, a następnie połącz w jedną warstwę. Równomiernie rozsmaruj przygotowany w garnuszku sos pomidorowy. Rozłóż cebulę z pieczarkami, oliwki, kozi ser i kapary. Piecz w piekarniku nagrzanym do 190°C przez 20–30 minut, aż brzegi ciasta będą chrupiące.

TORCIK NALEŚNIKOWY Z CUKINIĄ I KOZIM SEREM

Na 1–2 porcje (torcik o średnicy 24 cm)

5 naleśników kukurydziano-tapiokowych (s. 336)
3 cukinie
300 g (lub więcej) twardego lub półtwardego sera koziego (zamiennie dobrej jakości żółtego sera)
suszone oregano i czosnek niedźwiedzi
pieprz i sól
oliwa

Ser zetrzyj na tarce. Cukinie umyj, osusz i pokrój pod skosem na średniej długości plastry o równej grubości (3–4 mm). Jeśli cukinie są młode, ładne i niepryskane, nie obieraj ich ze skórki. Plastry cukinii ułóż na blasze lub kratce wyłożonej papierem, skrop oliwą, posyp solą i oregano. Wstaw do piekarnika nagrzanego do 190°C na górną półkę i piecz przez 15–20 minut, aż cukinia zmięknie. Uważaj, żeby się nie przypaliła.

W okrągłym żaroodpornym naczyniu lub tortownicy wyłożonej papierem połóż pierwszy naleśnik i posyp go odrobiną startego sera. Na serze ułóż plastry cukinii, posyp je oregano, czosnkiem niedźwiedzim, pieprzem i odrobiną soli, a na koniec porcją sera i przykryj drugim naleśnikiem. Powtarzaj czynności do wyczerpania naleśników. Odłóż trochę sera do posypania torcika po wierzchu.

Naczynie z torcikiem wstaw do piekarnika, na środkową półkę, i zapiekaj kilka minut, aż ser się rozpuści. Pod koniec pieczenia posyp wierzch resztą sera i dużą szczyptą oregano. Kiedy ser się rozpuści, wyjmij danie z piekarnika. Podawaj od razu.

Torcik możesz także przygotować i podgrzać na dużej patelni, układając na niej kolejne warstwy. Wlej na patelnię odrobinę wody, przykryj pokrywką i podgrzewaj na małym ogniu, aż ser się rozpuści. Jeśli chcesz, usmaż więcej mniejszych naleśników i zrób wyższy torcik.

ZIELONE NALEŚNIKI SZPINAKOWE

Na 6 sztuk o średnicy 24 cm

300 g świeżego szpinaku (lub 150 g rozmrożonego i odsączonego)
200 ml mleka (dowolnego)
120 g mąki gryczanej
1 jajko
1 czubata łyżeczka suszonej bazylii lub czosnku niedźwiedziego
1/4 łyżeczki soli
oliwa

Szpinak zmiksuj blenderem, ale nie całkowicie – powinny zostać małe kawałki. Jajko ubij na pulchną masę, dodaj mleko, mąkę i przyprawy. Dokładnie wymieszaj, by nie było grudek. Na końcu dodaj szpinak (zamiennie możesz użyć jarmużu lub pokrzywy). Odstaw ciasto na kwadrans.

Patelnię do naleśników posmaruj odrobiną oliwy, rozgrzej i smaż naleśniki z obu stron. Ciasto jest gęste i trzeba je rozsmarowywać na patelni, ale naleśniki smażą się bezproblemowo. Przed nabraniem każdej kolejnej porcji dokładnie wymieszaj ciasto.

Podawaj z ulubionym nadzieniem, np. kremowym kozim serkiem (200–300 g) z dodatkiem garści posiekanej świeżej bazylii, doprawionym pieprzem, solą i sokiem z cytryny.

6

Kiedy w brzuchu burczy…
Sałatki, surówki, przekąski

Warto wybierać zdrowe przekąski, sałatki i surówki zamiast szybkich fastfoodowych „zapychaczy". W awaryjnych sytuacjach, kiedy w brzuchu burczy, niektóre z naszych propozycji mogą z powodzeniem zastąpić obiad albo przynajmniej zaspokoić pierwszy głód. Skosztuj pożywnych i smacznych dań z naszego baru sałatkowo-przekąskowego, np. burgera, zapiekanek, krakersów, paluszków serowych czy wytrawnych muffinów. W książce skupiamy się na potrawach mącznych, by pokazać ich bezglutenowe wersje, dlatego sałatek i surówek jest tylko kilka, ale gorąco zachęcamy do tworzenia własnych kompozycji i jadania ich jak najczęściej!

BURGER W BUŁCE

Na 6 porcji

6 bułek powszednich (s. 93)
100 g ugotowanej na sypko kaszy gryczanej
100 g ugotowanej na sypko kaszy jaglanej
150 g cebuli
100 g pieczarek
1 mała papryka Ramiro
25 g mąki ziemniaczanej
1 małe jajko
1/2 łyżeczki łupinek babki jajowatej (Ispagul)
1/2 łyżeczki kozieradki
pieprz i sól
oliwa
dodatkowo: warzywa do przełożenia (liście sałaty, duże plastry ogórka lub pomidora), gęsty sos lub keczup

Pieczarki pokrój na półplasterki, cebulę w drobną kostkę, a paprykę w półkrążki. Usmaż do miękkości, dopraw kozieradką, solą i pieprzem. Zmiksuj czubatą łyżkę usmażonych warzyw i po płaskiej łyżce kaszy gryczanej oraz jaglanej (dla zagęszczenia masy), a resztę zostaw niezmiksowaną.

Do miski włóż wszystkie składniki, dokładnie wyrób masę, odstaw na 10–15 minut, by nabrała kleistości. Formuj kotlety o grubości mniej więcej 1 cm i średnicy ok. 10 cm (jeżeli masa nieznacznie klei się do rąk, zwilż je odrobiną wody). Smaż z obu stron na złoty kolor.

Bułkę przekrój. Na jednej połówce ułóż świeże warzywa (wedle uznania), polej sosem, połóż burgera, powtórz warstwę warzyw z sosem i przykryj drugą połówką bułki. Gotowe!

CZERWONA KAPUSTA Z RODZYNKAMI I JABŁKIEM

Na 4–5 porcji

1 główka kapusty czerwonej (ok. 1,2 kg)
2 duże jabłka odpowiednie do duszenia, np. szare renety, antonówki

80 g rodzynek
50 g masła klarowanego
sok i miąższ z 1/2 cytryny
50 ml czerwonego wytrawnego wina
2 łyżki żurawiny do mięsa (opcjonalnie)
duża szczypta cynamonu
pieprz i sól

Oddziel od kapusty dwa wierzchnie liście. Przekrój główkę na ćwiartki. Usuń z każdej części głąb oraz białe zgrubienia liści. Cienko poszatkuj. Rodzynki opłucz. Jabłka obierz ze skórki, wydrąż gniazda nasienne, pokrój w cienkie plastry.

Rozgrzej garnek z grubym dnem, rozpuść masło, wrzuć kapustę i energicznie zamieszaj. Dodaj rodzynki, podgrzewaj i mieszaj jeszcze przez 5 minut, aż kapusta nieco straci na objętości. Podlej kapustę 300 ml wody, dodaj jabłka, wyciśnięty cytrynowy sok i miąższ, wino oraz żurawinę. Dopraw pieprzem, solą i cynamonem, dokładnie wymieszaj. Duś pod lekko uchyloną pokrywką, co jakiś czas mieszając, aż kapusta zmięknie. Jeśli woda zbytnio odparuje, dolej więcej. Zestaw garnek z ognia, szczelnie przykryj i zostaw co najmniej na kwadrans, aby potrawa przeszła smakami, a rodzynki napęczniały.

Jeśli nie możesz dostać odpowiedniego gatunku jabłek, zamiennie użyj dwóch średnio dojrzałych bananów.

FRYTKI – NIE TYLKO Z ZIEMNIAKÓW

Na 2–3 porcje

5–6 ziemniaków (zamiennie batatów, topinamburów, marchewek, pietruszek, selerów, pasternaków, buraków)
kilka łyżek oliwy sansa lub oleju ryżowego
pieprz i sól
dowolne mielone przyprawy i suszone zioła: słodka papryka, curry, tymianek, cząber, czosnek niedźwiedzi, kumin, chili, oregano, kozieradka, kminek (mielony lub w całości)

Ziemniaki umyj, obierz (młode dokładnie wyszoruj, nie obieraj) i pokrój na grube paski. Ułóż na blasze wyłożonej papierem do pieczenia lub dużej formie silikonowej w taki sposób, by jak najmniej się ze sobą stykały – dzięki temu będą bardziej chrupiące. Skrop ziemniaki olejem i posyp przyprawami (poza solą). Piecz w piekarniku nagrzanym do 200–220°C przez 20–30 minut na środkowej lub wyższej półce (uważaj, by na najwyższej ziemniaki nadmiernie się nie przypaliły!).

Ostateczny czas pieczenia zależy od jakości ziemniaków i wielkości kawałków. W środku powinny być miękkie, z zewnątrz lekko chrupiące. Wyjmij gotowe frytki z piekarnika, posyp solą i podawaj z ulubionymi sosami (np. czosnkowym, s. 342).

Inny sposób doprawiania. Pokrojone w paski surowe ziemniaki włóż do dużego garnka, polej olejem, posyp przyprawami i kilka razy energicznie potrząśnij garnkiem. Dzięki temu olej i przyprawy równomiernie oblepią wszystkie ziemniaki z każdej strony.

Frytki możesz przygotować także z podgotowanych ziemniaków. Umyte, obrane i pokrojone ziemniaki wrzuć na wrzątek i gotuj 5 minut. Odcedź, zostaw na 5 minut do odparowania. Dopraw według powyższych wskazówek.

A jeśli nie ziemniaki, to co? Wykorzystaj dowolne bulwy lub korzenie: słodkie ziemniaki (bataty), topinambur (słonecznik bulwiasty, wymaga dłuższego czasu pieczenia lub wstępnego podgotowania), marchewkę, pietruszkę, seler, pasternak albo buraki. Umyj, obierz, pokrój, przypraw i upiecz tak samo jak frytki ziemniaczane.

GOFRY ZIEMNIACZANE

Na 6 kwadratowych gofrów

800 g ziemniaków (waga po obraniu)
1 cebula
2 jajka
40 g mąki gryczanej (3 łyżki)
20 g mąki ziemniaczanej (1 łyżka)
1–2 łyżki posiekanego koperku lub natki pietruszki (opcjonalnie)
po 1 łyżeczce majeranku i mielonej słodkiej papryki (lub innych przypraw, np. curry, tymianku, kuminu)
szczypta świeżo zmielonej gałki muszkatołowej
pieprz i sól

Obrane ziemniaki zetrzyj na tarce o grubych oczkach, dodaj bardzo drobno posiekaną cebulę, posól i odstaw na 20 minut. Po tym czasie mocno odciśnij, żeby pozbyć się nadmiaru wody. Dodaj do ziemniaków jajka, koperek lub natkę oraz mąki wymieszane z przyprawami i dokładnie wymieszaj. Odstaw na 10 minut.

Gofrownicę posmaruj odrobiną oleju, nagrzej i nakładaj porcje ziemniaczanej masy – po 2 czubate łyżki na każdą formę. Rozłóż równomiernie. Piecz do lekkiego zrumienienia przez 4–5 minut. Podawaj od razu jako dodatek do obiadu lub samodzielną przekąskę (np. z ulubionym sosem albo posypane startym serem).

GRZANKI PIWNO-SEROWE

Na 8–10 sztuk

8–10 cienkich kromek bezglutenowego chleba
250–300 g sera gruyère, cheddara, ementalera lub twardego sera koziego
200 ml piwa bezglutenowego (np. Estrella Damm Daura, Celia Žatec)
2 żółtka
1 łyżeczka kremowej musztardy (opcjonalnie)
szczypta świeżo startej gałki muszkatołowej
chili
biały pieprz

W rondelku delikatnie podgrzej piwo, dodaj starty ser i mieszaj, aż zupełnie się rozpuści. Gęsty krem zdejmij z ognia, dodaj żółtka wymieszane z musztardą, gałką muszkatołową i pieprzem. Kromki chleba, najlepiej bez dziur, posmaruj serowo-piwnym kremem i posyp odrobiną chili w proszku. Ułóż grzanki na blasze i zapiekaj w piekarniku nagrzanym do 200°C przez 15–20 minut, aż ser się zezłoci.

KIMCHI – KOREAŃSKA KISZONA KAPUSTA

1 kg kapusty pekińskiej
200 g białej rzodkwi daikon
pęczek szczypiorku
1–2 łyżki drobno posiekanego czosnku
1/2 łyżki drobno posiekanego świeżego imbiru
2 łyżki sproszkowanego chili
1/2 łyżki ksylitolu
11 łyżeczek soli kamiennej

dodatkowo: 1 marchewka, 2 papryki (zielona i czerwona), kilka różowych rzodkiewek, czarna rzepa, por, jabłko

Kapustę umyj, pokrój na mniejsze kawałki (np. szerokie paski), włóż do dużego garnka lub miski, posyp 10 łyżeczkami soli i dokładnie wymieszaj rękoma, by sól pokryła wszystkie kawałki. Odstaw na 6 godzin, następnie przełóż kapustę na sitko i wypłucz sól pod bieżącą wodą, mieszając kapustę ręką. Zostaw na sitku do odsączenia.

Rzodkiew obierz i pokrój na zapałki, szczypiorek pokrój na pięciocentymetrowe kawałki. Wszystkie składniki – kapustę, rzodkiew, szczypiorek, czosnek, imbir, chili, ksylitol i 1 łyżeczkę soli – dokładnie wymieszaj. W wersji urozmaiconej dodaj także inne warzywa, np. marchewkę, kolorową paprykę albo różową rzodkiewkę, oczyszczone i pocięte w zapałki. Możesz dodać także por, rzepę albo starte jabłko.

Przełóż wszystko do kamionkowego lub szklanego naczynia, mocno dociskając. Przykryj talerzykiem. Zostaw w cieple na 1–2 dni (wystarczy zostawić na kuchennym blacie), a później wstaw do lodówki. Smak kimchi zmienia się wraz z czasem leżakowania. Możesz ją przechowywać nawet kilka miesięcy (po miesiącu zawsze kontroluj wygląd, zapach i smak przed zjedzeniem większej porcji).

Podawaj jako dodatek do obiadu (na zimno lub ciepło) albo urozmaicenie kanapek (smakuje świetnie w towarzystwie awokado łagodzącego ostrość chili).

KOLOROWA SURÓWKA

Na 3–4 porcje

1/3–1/2 główki kapusty pekińskiej lub 1/2–1 mała główka sałaty lodowej
kilka różyczek kalafiora (surowego)
1 marchewka
1 czerwona papryka
1 duży ogórek gruntowy
1/2 awokado
5 rzodkiewek
pęczek szczypiorku
garść ulubionych kiełków
3–4 łyżki oleju lnianego lub innego oleju tłoczonego na zimno
1/3 łyżeczki mielonej kozieradki

pieprz i sól
sok z cytryny

Umyj warzywa. Obierz ogórek i marchewkę, z papryki usuń pestki i białe części. Kapustę pokrój w wąskie paski (sałatę porwij rękoma). Różyczki kalafiora podziel na mniejsze kawałki. Obierz połówkę awokado, pokrój w kostkę i skrop sokiem z cytryny, by nie ściemniało. Szczypiorek pokrój dowolnie. Marchewkę, paprykę, ogórek i rzodkiewkę zetrzyj na grubej tarce, pokrój na zapałki lub w drobną kostkę.

Wszystkie warzywa wrzuć do dużej miski, dodaj olej, kiełki, przyprawy oraz sok z cytryny do smaku. Dokładnie wymieszaj. Wstaw surówkę do lodówki przynajmniej na godzinę. Dla urozmaicenia możesz dodać kilka łyżek naturalnego jogurtu, jogurtu greckiego lub kwaśnej śmietany.

Surówka smakuje świetnie także na gorąco, np. podsmażona na patelni na odrobinie oliwy (do momentu, aż kapusta zwiędnie) i podana z kaszą jaglaną.

KRAKERSY MIGDAŁOWO-LNIANE

Na 30 sztuk

100 g mąki migdałowej (drobnej)
60 g zmielonego złocistego siemienia lnianego
1 jajko
60 ml oleju (4 łyżki)
4 łyżki nasion czarnuszki lub białego i czarnego sezamu
1–2 łyżeczki oregano
1/2 łyżeczki soli (lub więcej)

Wszystkie składniki wymieszaj razem na gładką, gęstą masę. Jeśli będzie się kruszyć, dodaj trochę więcej oleju lub odrobinę wody. Wyłóż masę na papier do pieczenia, przykryj drugim kawałkiem papieru lub folią spożywczą i cienko rozwałkuj, mniej więcej na grubość 2 mm. W miarę możliwości uformuj z ciasta prostokąt. Zdejmij górną warstwę papieru i ostrym nożem lub radełkiem pokrój rozwałkowane ciasto na kwadraty lub prostokąty.

Umieść papier z ciastem na kratce do pieczenia, wstaw do piekarnika nagrzanego do 100°C, włącz termoobieg, uchyl leciutko drzwiczki i susz krakersy przez 2 godziny. Po tym czasie odwróć ciasto, ostrożnie zdejmij papier i susz krakersy jeszcze przez godzinę. Wyjmij z piekarnika i połam na kawałki, zgodnie z linią nacięć.

Krakersy są chrupiące nawet po 2–3 dniach. Można je dowolnie doprawić, dodając więcej soli albo ulubione przyprawy lub zioła. Zamiast czarnuszki lub sezamu możesz dodać kminek.

KRAKERSY SEROWE

Na 15 sztuk

70 g sera cheddar lub twardego sera koziego
30 g mąki gryczanej
30 g mąki z orzeszków ziemnych (zamiennie mąki sezamowej lub innej orzechowej, drobnej)
10 g mąki ziemniaczanej
20 g oleju kokosowego
2 łyżeczki bezglutenowego sosu sojowego (tamari, najlepiej eko)
2/3 łyżeczki mielonej papryki słodkiej, ostrej lub naturalnie wędzonej
dowolne przyprawy i zioła: curry, oregano, kminek, suszony czosnek (opcjonalnie)
2 szczypty soli (opcjonalnie)

Ser zetrzyj na tarce o drobnych oczkach. Wszystkie składniki wrzuć do miski i wymieszaj mikserem lub wyrób ręką na jednolitą masę. Dodaj ulubione przyprawy i zioła. Wyłóż masę na arkusz papieru do pieczenia, przykryj drugim arkuszem i cienko rozwałkuj. Zdejmij górną warstwę papieru i za pomocą radełka lub ostrego noża potnij ciasto na kwadraty, prostokąty albo romby.

Umieść papier z ciastem na kratce do pieczenia. Piecz krakersy w piekarniku nagrzanym do 180°C przez 15–20 minut, aż będą rumiane. Wyjmij i przestudź. Mają bardzo intensywny smak, są niezwykle kruche i chrupiące.

KUKURYDZIANE MUFFINKI ZE SZCZYPIORKIEM I Z CHILI

Na 12 sztuk o średnicy 6 cm

200 g ugotowanych ziaren kukurydzy, zmiksowanych na gładkie purée
100 g ugotowanych ziaren kukurydzy w całości (opcjonalnie)
100 g mąki kukurydzianej
70 g mąki gryczanej

30 g zmielonego złocistego siemienia lnianego
200 ml mleka (dowolnego)
60 ml oliwy (4 łyżki)
2 jajka
1 czerwona papryczka chili
pęczek szczypiorku
1 lekko czubata łyżeczka bezglutenowego proszku do pieczenia
po 1 łyżeczce mielonej kozieradki, słodkiej papryki i curry
1/3 łyżeczki soli
1–2 łyżki mieszanki białego i czarnego sezamu lub czarnuszki (do posypania)

W dużej misce wymieszaj wszystkie suche składniki: mąki, siemię lniane, proszek do pieczenia i przyprawy. W drugiej roztrzep jajka, dodaj mleko, oliwę, kukurydziane purée, drobno posiekane chili i szczypiorek. Wlej miksturę do miski z suchymi składnikami i widelcem szybko wymieszaj ciasto. Możesz również dodać ziarna kukurydzy w całości.

Foremki do muffinek napełniaj ciastem do 3/4 wysokości. Posyp je po wierzchu sezamem lub czarnuszką. Piecz w piekarniku nagrzanym do 180°C przez 27–30 minut (nie otwieraj piekarnika wcześniej, bo muffinki opadną).

MARYNOWANY SER OWCZY LUB KOZI

500 g twardego owczego lub koziego twarogu
5 ząbków czosnku, nieobranych
5 małych papryczek chili
1 gałązka świeżego rozmarynu
1 łyżeczka kulek czarnego pieprzu
oliwa z oliwek extra virgin
olej słonecznikowy lub arachidowy

Przygotuj szklane naczynie z pokrywką, składniki powinny być w nim ułożone dość ciasno. Ser pokrój w kostkę 3×3 cm. Gałązkę rozmarynu podziel na kawałki, rozgnieć czosnek w łupinach. W naczyniu ułóż warstwami ser i przyprawy, zalej w 1/4 oliwą, a w 3/4 olejem słonecznikowym lub arachidowym. Potrząśnij lekko naczyniem, by oleje się połączyły. Przykryj i odstaw na 2–3 dni w ciemne i zimne miejsce, aby ser się zamarynował.

MIZERIA INACZEJ

2–3 większe ogórki gruntowe
200 ml jogurtu naturalnego (krowiego lub koziego) albo jogurtu greckiego
1 ząbek czosnku
1 łyżka oleju lnianego
1/3 łyżeczki tymianku
szczypta chili (opcjonalnie)
pieprz i sól
sok z cytryny

Ogórki umyj, obierz i zetrzyj na tarce o grubych lub drobnych oczkach – jak wolisz. Zostaw starte ogórki na sitku, by odsączyć nadmiar wody. Obierz czosnek i przeciśnij przez praskę. Suszony tymianek rozdrobnij w młynku, aby pozbyć się większych, twardszych kawałków. Do szklanej lub ceramicznej miski wlej jogurt i dodaj wszystkie pozostałe składniki. Dokładnie wymieszaj. Spróbuj i ewentualnie dodaj więcej soli, chili lub soku z cytryny. Wstaw do lodówki i schładzaj przynajmniej przez 2 godziny.

PALUSZKI SEROWE GRYCZANE

Na 12 sztuk

70 g mąki gryczanej
30 g mąki ziemniaczanej
120 g startego sera żółtego (np. cheddara) lub twardego sera koziego
1 żółtko
30 ml oleju
45 ml ciepłej wody
1/2 łyżeczki soli
duża szczypta kurkumy i suszonego czosnku
do posypania (opcjonalnie): kryształki soli, mak, sezam, czarnuszka

Połącz w misce suche składniki, wrzuć ser starty na drobnych oczkach, wymieszaj. Na końcu dodaj olej, wodę i żółtko. Jeśli chcesz, dodaj do ciasta ulubione przyprawy lub zioła, np. oregano, mielony pieprz, chili. Mikserem lub ręką wyrób ciasto. Wyłóż je na blat lub stolnicę lekko posypaną mąką kukurydzianą i zagniataj ciasto, aż będzie gładkie, sprężyste i przestanie się kleić do rąk.

Podziel ciasto na 12 części, z każdej uformuj wałek o grubości mniej więcej 1 cm. Jeśli chcesz, skręć go delikatnie na całej długości lub ponacinaj ostrym nożem, tworząc ozdobny wzorek. Paluszki możesz obsypać kryształkami soli, makiem, sezamem albo czarnuszką. Ułóż paluszki na papierze umieszczonym na kratce do pieczenia. Wstaw do piekarnika nagrzanego do 180°C i piecz 20 minut. Podawaj jako chrupiący dodatek do zup, zapiekanych jajek lub sałatek albo jako samodzielną przekąskę.

PALUSZKI SEROWE KUKURYDZIANE

Na 16 sztuk

100 g mąki ziemniaczanej
60 g mąki kukurydzianej
80 g startego sera żółtego (np. cheddara) lub twardego sera koziego
60 ml oleju
60 ml ciepłej wody
1 jajko
1 płaska łyżeczka bezglutenowego proszku do pieczenia
1/3–1/2 łyżeczki soli
szczypta kurkumy
do posypania (opcjonalnie): kryształki soli, mak, sezam, czarnuszka

Połącz w misce suche składniki, wrzuć ser starty na drobnych oczkach, wymieszaj. Na końcu dodaj olej, wodę i jajko. Jeśli chcesz, dodaj także ulubione przyprawy lub zioła, np. oregano, suszony czosnek, chili. Mikserem lub ręką wyrób ciasto. Wyłóż je na blat lub stolnicę lekko posypaną mąką kukurydzianą i zagniataj ciasto, aż będzie gładkie, sprężyste i przestanie się kleić do rąk.

Podziel ciasto na 16 części, z każdej uformuj wałek o grubości mniej więcej 1 cm. Jeśli chcesz, skręć go delikatnie na całej długości lub ponacinaj ostrym nożem, tworząc ozdobny wzorek. Paluszki możesz obsypać kryształkami soli, makiem, sezamem albo czarnuszką. Ułóż paluszki na papierze położonym na kratce do pieczenia. Wstaw do piekarnika nagrzanego do 180°C i piecz 15–17 minut. Podawaj jako chrupiący dodatek do zup, zapiekanych jajek lub sałatek albo jako samodzielną przekąskę.

PIECZONA ZIOŁOWA POLENTA Z SEREM

Na 4–5 porcji

400 g kaszki kukurydzianej
100 g (lub więcej) dobrej jakości sera żółtego lub twardego sera koziego (opcjonalnie, do posypania)
2 łyżki oliwy lub masła (+ oliwa do smażenia)
1–2 łyżki natki pietruszki
po 1 łyżeczce oregano, tymianku i bazylii
sól
1 i 1/3 l bulionu warzywnego lub wody

W garnku zagotuj bulion lub wodę. Na wrzątek wsypuj stopniowo kaszkę kukurydzianą, cały czas mieszając trzepaczką, żeby nie utworzyły się grudki. Dodaj masło lub oliwę i gotuj kaszkę na małym ogniu przez kilka minut, aż bardzo zgęstnieje i będzie miękka. Pod koniec gotowania dodaj sól do smaku i pozostałe przyprawy, a także drobno posiekaną natkę pietruszki.

Gorącą polentę wylej na blaszkę o wymiarach 28×22 cm i zostaw do całkowitego ostygnięcia. Pokrój nożem w kwadraty lub prostokąty. Na patelni rozgrzej oliwę i smaż kawałki polenty do lekkiego zezłocenia ze wszystkich stron (lub tylko z góry i z dołu). Przełóż na talerze i od razu, jeśli chcesz, posyp drobno startym serem. Podawaj jako dodatek do obiadu, np. zamiast ziemniaków lub ryżu, albo jako samodzielne danie.

Polentę możesz także podsmażyć na patelni grillowej albo podpiec w piekarniku nagrzanym do 180–200°C, aż będzie rumiana (najlepiej pod grillem). Pod koniec pieczenia posyp ją serem i wstaw do piekarnika jeszcze na 3 minuty. Dla urozmaicenia możesz wrzucić do gotującej się kaszki kukurydzianej ulubione dodatki, np. podduszone grzyby, oliwki, drobno pokrojoną paprykę.

PRAŻONA SOJA Z SOLĄ

Na małą miseczkę

80 g suchych ziaren ekologicznej soi
2 łyżeczki oliwy sansa lub oleju ryżowego
1/3 łyżeczki soli

Soję namaczaj przez 8 godzin w dużej ilości wody. Odsącz i zostaw na sitku do obeschnięcia lub osusz papierowym ręcznikiem. Ułóż ziarna na papierze do pieczenia umieszczonym na kratce z piekarnika. Możesz zagiąć brzegi papieru, tworząc centymetrowe ścianki, dzięki czemu podczas mieszania ziarenka soi nie będą spadać.

Rozłóż soję tak, by – w miarę możliwości – ziarna nie dotykały do siebie. Skrop je oliwą i posyp solą. Wstaw do piekarnika nagrzanego do 180°C i piecz przez 35–40 minut. Co 10–15 minut przemieszaj ziarna i sprawdź, czy ich chrupkość ci odpowiada. Naszym zdaniem najlepsze są właśnie po 35–40 minutach. Prażone dłużej mogą nadmiernie się przypiec i będą gorzkawe.

Wyjmij soję z piekarnika i przestudź. Jeśli chcesz, posyp dodatkową porcją soli albo ulubionymi przyprawami, np. suszonym czosnkiem, chili albo słodką papryką. Na czas pieczenia nie posypuj soi żadnymi przyprawami poza solą, ponieważ długi czas prażenia może spowodować, że się przypalą.

ROLADKI Z SZYNKI

10 cienkich plasterków dobrej jakości szynki (o średnicy 10–12 cm)
120–150 g naturalnego kremowego twarożku (może być kozi)
mały słoiczek zielonych lub białych szparagów bądź świeże ugotowane na parze
mały słoiczek malutkich ogórków konserwowych
młodziutki cienki szczypiorek (zamiennie drewniane wykałaczki)

W zależności od wielkości i kształtu szynki zostaw plastry w całości lub przekrój na krótsze kawałki, żeby roladki nie były zbyt długie. Posmaruj szynkę cienką warstwą twarożku, na jednym końcu połóż połówkę przeciętego wzdłuż ogórka i jeden szparag. Zwiń w roladkę, obwiąż szczypiorkiem lub zepnij wykałaczką.

SAŁATKA CZERWONA

Na 2 porcje

200 g ugotowanej czerwonej fasoli lub fasoli konserwowej, odsączonej
2 papryki Ramiro lub 1 czerwona słodka papryka
3 małe mięsiste pomidory, bez skórki
1 duża czerwona cebula

Sos
1 mały mięsisty pomidor, bez skórki
3 łyżki oleju
3 łyżki octu winnego
2 gałązki świeżej bazylii + 1 gałązka do dekoracji
pieprz i sól

Przygotuj sos. Listki z dwóch gałązek bazylii, pomidora, ocet i olej zmiksuj na gładko. Dopraw do smaku. Cebulę i paprykę pokrój w bardzo cienkie krążki, wrzuć do miski, posól i lekko wygnieć ręką, by nieco zmiękły, ale pozostały w całości. Dodaj pokrojone w plastry pomidory i fasolę. Polej sosem. Wymieszaj i odstaw do połączenia smaków. Udekoruj listkami bazylii.

SAŁATKA NICEJSKA

Na 2–3 porcje

1 mała główka sałaty lodowej
200 g fasolki szparagowej, ugotowanej i ostudzonej
4 średnie ziemniaki, ugotowane i ostudzone
2 duże mięsiste pomidory, bez skórki
2 jajka ugotowane na twardo
10 dużych oliwek
50 g parmezanu

Sos
2 łyżki oliwy z oliwek extra virgin
sok z małej cytryny
1 łyżka musztardy
1 łyżka drobno posiekanej natki pietruszki
biały pieprz i sól

Wrzuć składniki sosu do miseczki lub małego ceramicznego moździerza i dokładnie utrzyj. Jeśli nie masz moździerza, użyj do utarcia sosu małej drewnianej pałki. Gotowy sos przykryj i wstaw do lodówki, do schłodzenia.

Ziemniaki i jajka pokrój w kostkę, pomidory w półplasterki, oliwki na ćwiartki, a fasolkę na kawałki długości 2–3 cm. Sałatę porwij na drobne kawałki. Parmezan zetrzyj na średnich oczkach.

Do dużej miski włóż wszystkie warzywa i jajka, posyp parmezanem, polej sosem i delikatnie wymieszaj. Odstaw na kilka minut do połączenia smaków. Podawaj z bułeczkami serowymi (s. 91).

SAŁATKA Z QUINOA, POMIDORA, OGÓRKA I ZE ŚWIEŻEJ MIĘTY (TABBOULEH)

Na 3–4 porcje

300 g kaszy quinoa (zamiennie kaszy jaglanej)
2 mięsiste pomidory (ok. 500 g)
2–3 duże ogórki gruntowe (ok. 300 g)
1 szalotka lub mała cebula
po pęczku natki pietruszki i kolendry
garstka listków świeżej mięty
4 łyżki oleju lnianego lub innego oleju na zimno
pieprz i sól
sok z limonki lub cytryny

Kaszę quinoa wypłucz i ugotuj na sypko w 600 ml wrzącej wody. Ostudź. Pomidory sparz, zdejmij skórkę, usuń zielone części, nasiona i sok, miąższ pokrój w kostkę. Ogórki i szalotkę obierz, pokrój w kostkę (szalotkę drobniutko). Posiekaj natkę pietruszki, kolendrę oraz miętę. Dodaj wszystko do ostudzonej kaszy razem z olejem. Dopraw do smaku sokiem z limonki lub cytryny, pieprzem i solą. Dokładnie wymieszaj widelcem. Spróbuj i ewentualnie dodaj więcej oleju, soku, przypraw, ziół albo warzyw.

Sałatka smakuje najlepiej, gdy postoi kilka godzin w lodówce, ale można ją zjeść od razu, a nawet podgrzać w garnku i podać na ciepło.

SAŁATKA Z ZIELONEJ SOCZEWICY I MARYNOWANYCH KORZENI

Na 2 porcje

150 g zielonej soczewicy
1 duża marchewka
1 duża pietruszka

1 mała bulwa selera (lub 1/2 dużej)
60 g orzechów laskowych lub migdałów
pół pęczka natki pietruszki lub kolendry
100 ml białego octu winnego lub ekologicznego octu jabłkowego
4 łyżki oliwy
2 listki laurowe
6 kulek ziela angielskiego
po 1/2 łyżeczki nasion kolendry i suszonego tymianku
pieprz i sól

Orzechy zalej zimną wodą i mocz przez kilka godzin. Po odsączeniu zdejmij skórkę. Soczewicę zalej dużą ilością wody i gotuj, aż będzie miękka (uważaj, żeby jej nie rozgotować!). Warzywa korzeniowe umyj, obierz i pokrój w grube paski lub kostkę. Ugotuj *al dente*, najlepiej na parze (np. nad soczewicą). Wszystkie składniki powinny zachować swój kształt, nie rozpadać się przy mieszaniu sałatki i stawiać zębom lekki opór podczas gryzienia.

Do rondelka wlej ocet i oliwę, dodaj 4 łyżki wody, listki laurowe, ziele angielskie, kolendrę i tymianek. Gotuj na małym ogniu przez 10 minut. Do przestudzonej zalewy wrzuć podgotowane korzenie, wymieszaj i wstaw całość do lodówki na 3–4 godziny. Mieszaj co jakiś czas, by wszystkie kawałki pokryły się zalewą.

Do soczewicy dodaj odcedzone warzywa, orzechy i posiekaną natkę pietruszki lub kolendry. Dopraw do smaku pieprzem i solą. Delikatnie wszystko wymieszaj. Podawaj po schłodzeniu.

SAŁATKA ZIELONO-BIAŁA Z KURCZAKIEM

Na 3–4 porcje

300 g filetu z kurczaka (pojedyncza pierś)
200 g kiszonych ogórków
200 g zielonego groszku (świeżego ugotowanego lub konserwowego odsączonego)
160 g selera konserwowego, odsączonego
1 biała cebula, drobno posiekana (opcjonalnie)
2 łyżki majonezu
2 łyżki jogurtu naturalnego
pieprz i sól
oliwa

Kurczaka pokrój w jak najcieńsze paseczki (maksymalnie 1/2 cm grubości), podsmaż na oliwie z odrobiną pieprzu i soli, ostudź. Ogórki pokrój w cienkie paski (grubości 3 mm), by mniej więcej pasowały grubością do selera. Wszystkie składniki delikatnie wymieszaj w dużej misce i dopraw do smaku.

SZPARAGI Z BOCZKIEM I SUSZONYMI POMIDORAMI

Na 2 porcje

500 g białych szparagów
150 g surowego boczku w plastrach
6 suszonych pomidorów w oliwie
50 g parmezanu
1 łyżeczka ksylitolu
1 łyżeczka soli
1 łyżeczka soku z cytryny

Szparagi obierz cienko nożykiem do warzyw i odkrój twarde końcówki. Zagotuj wodę, dodaj sól, ksylitol, sok z cytryny, włóż szparagi i gotuj 10 minut. Po ugotowaniu dokładnie odsącz. Pomidory pokrój w cienkie paseczki. Parmezan zetrzyj na średnich oczkach. Plastry boczku krótko podsmaż z obu stron i 2/3 rozłóż na dnie małego żaroodpornego naczynia. Ułóż szparagi, pomidory, resztę boczku i posyp startym serem. Zapiekaj w piekarniku nagrzanym do 170°C przez 15 minut bez przykrycia, ustawiając naczynie w górnej części piekarnika. Podawaj gorące.

ŚLEDZIE Z CEBULKĄ W OLEJU LNIANYM

650 g solonych śledzi bez głów (z czystej solanki); po oddzieleniu odpadów zostanie ok. 500 g
1 duża cebula
4 kulki ziela angielskiego
4 kulki pieprzu czarnego i mielony pieprz do smaku
2 listki laurowe
ocet winny
olej lniany

Śledzie namocz w misce zimnej wody. Zmień wodę po dwóch godzinach i ponownie po kolejnych dwóch. Sprawdź słoność, próbując kawałeczek śledzia. Jeśli uznasz, że są dla ciebie za słone, mocz je w świeżej zimnej wodzie jeszcze przez 1–2 godziny. Wyjmij śledzie z wody, rozkrój każdego wzdłuż dolnej krawędzi, zaczynając od części brzusznej. Usuń mlecz lub ikrę, oddziel kręgosłup z ośćmi. Przekrój śledzia na dwie oddzielne połówki wzdłuż grzbietu, oczyść ze skóry i z resztek ości. Krótko opłucz, odsącz i pokrój na kawałki wielkości 3–4 cm.

Cebulę pokrój w bardzo drobną kostkę. W naczyniu z pokrywką ułóż warstwę cebuli, a następnie pojedynczą warstwę śledzi. Oprósz je pieprzem, pokrop octem i polej odrobiną oleju. Powtarzaj czynności do wyczerpania pokrojonych kawałków ryby, kładąc pomiędzy kolejne warstwy kulki przypraw i listki laurowe. Uzupełnij naczynie olejem lnianym, by śledzie były całkowicie nim przykryte. Lekko dociśnij, dzięki czemu usuniesz powietrze, a olej dokładnie przesączy się przez wszystkie warstwy. Zamknij i odstaw do lodówki na dobę. Przechowuj do 3–4 dni.

Tak przyrządzone śledzie z solanki, jako zimna przekąska, niepoddane obróbce cieplnej, są doskonałym źródłem wielonienasyconych kwasów Omega-3, bardzo szybko utleniających się w podwyższonej temperaturze. Dodatek oleju lnianego nie jest przypadkowy. Tak jak śledzie jest on jednym z najlepszych źródeł kwasów Omega-3, a więc w czasie trawienia nie konkuruje z nimi enzymatycznie. Zastąpienie oleju lnianego innymi tłuszczami, bogatymi w wielonienasycone kwasy Omega-6 lub Omega-9 (np. oliwą z oliwek, olejem słonecznikowym czy arachidowym), w różnym stopniu pomniejsza ten korzystny efekt.

WARZYWA W CIEŚCIE

Na 2 porcje

100 g mąki gryczanej
100 ml wody
1 jajko
1 cebula czerwona lub cukrowa
kawałek małego selera
8–10 cm cukinii
2–3 małe marchewki
sól
oliwa

Wymieszaj dokładnie mąkę z jajkiem i wodą. Posól i odstaw, aż ciasto nabierze objętości. Obierz warzywa i cienko pokrój (na 2–3 mm): cebulę i cukinię w krążki, seler w plastry, a marchewkę w długie paski. Rozgrzej patelnię, maczaj warzywa w cieście i smaż na gorącym tłuszczu z obu stron na złoty kolor. Podawaj na gorąco lub na zimno, same albo z sosem czosnkowym bądź keczupem.

WYTRAWNE MUFFINY Z ZIELENINY

Na 10–12 sztuk o średnicy 6 cm

140 g mąki gryczanej
40 g mąki sezamowej lub migdałowej
30 g zmielonego złocistego siemienia lnianego
ok. 100 g świeżych liści pokrzywy, szpinaku, jarmużu, botwiny lub innych
2 jajka
4 łyżki soku z cytryny
2 łyżki oliwy
2 łyżeczki czosnku niedźwiedziego
po 1 łyżeczce kozieradki i curry
1 lekko czubata łyżeczka bezglutenowego proszku do pieczenia
1/3 łyżeczki soli
100–150 g fety, twardego sera koziego lub naturalnego tofu (opcjonalnie)

W dużej misce wymieszaj wszystkie suche składniki: mąki, proszek do pieczenia, siemię lniane i przyprawy. W blenderze zmiksuj pokrzywę lub szpinak z 60 ml wody (4 łyżkami), oliwą i sokiem z cytryny do uzyskania gładkiego koktajlu (ok. 200 ml). Na końcu dodaj jajka i jeszcze chwilę miksuj. Wlej otrzymaną miksturę do suchych składników i widelcem szybko wymieszaj ciasto. Dla urozmaicenia możesz dodać ser pokrojony w drobną kostkę.

Foremki do muffinek napełniaj ciastem do 3/4 wysokości. Piecz w piekarniku nagrzanym do 180°C przez 25 minut. Muffiny mają piękny zielony kolor. Smakują najlepiej przekrojone na pół i posmarowane świeżym masłem, twarożkiem lub wegańskim smalczykiem (s. 138).

ZAPIEKANKI NA CHLEBKU GRYCZANYM

Na 4 zapiekanki

2 błyskawiczne chlebki gryczane (s. 89)
500 g pieczarek
200 g dobrej jakości sera żółtego albo twardego lub półtwardego sera koziego
odrobina masła lub wegańskiej margaryny Alsan-Bio (do posmarowania chlebków)
oregano (lub inne ulubione zioła)
pieprz i sól

Chlebki przekrój wzdłuż na pół, by uzyskać długie, cienkie spody do zapiekanek. Pieczarki oczyść i zetrzyj na tarce o grubych oczkach. Ser również zetrzyj. Każdą kromkę chleba delikatnie posmaruj odrobiną masła (jeśli dasz za dużo tłuszczu, po upieczeniu będzie wyciekał z zapiekanki). Ułóż pieczarki, posyp pieprzem i solą oraz oregano. Na końcu posyp startym serem i dużą szczyptą oregano. Piecz w piekarniku nagrzanym do 180°C, aż pieczarki zmiękną, a ser się roztopi. Zjedz na ciepło.

W bardziej urozmaiconej wersji zapiekanek oprócz pieczarek (albo zamiast nich) możesz użyć dowolnych warzyw lub innych dodatków, a wierzch gotowej zapiekanki polać ulubionym sosem.

ZIEMNIACZANE ĆWIARTKI Z KMINKIEM

Na 3 porcje

10 ziemniaków
3–4 łyżki kminku
3 łyżki oliwy lub roztopionego masła klarowanego
sól gruboziarnista

Ziemniaki, najlepiej równej wielkości, dokładnie umyj, a następnie wyszoruj szczoteczką. Przetnij na ćwiartki. Ułóż skórką do dołu na papierze do pieczenia lub w formie lekko posmarowanej oliwą albo masłem. Wierzch ziemniaków posmaruj oliwą lub masłem za pomocą miękkiego pędzelka. Posyp obficie kminkiem i solą. Wstaw do piekarnika nagrzanego do 180°C i piecz przez 30–35 minut. Sprawdź, czy nie są surowe (jeśli tak, piecz jeszcze kilka minut).

Wyjmij z piekarnika i podawaj jako samodzielną przystawkę lub dodatek do innych dań. Smakują wspaniale z sosem czosnkowym i surówką.

ZIEMNIACZANE WACHLARZYKI Z ROZMARYNEM, CZOSNKIEM I GRUBĄ SOLĄ

Na 2–3 porcje

500 g małych ziemniaków, najlepiej młodych
garstka świeżych igiełek rozmarynu
kilka ząbków czosnku
3–4 łyżki masła klarowanego
2 łyżeczki gruboziarnistej soli himalajskiej (bez antyzbrylaczy)
sok z cytryny

Młode ziemniaki dokładnie wyszoruj szczoteczką, nie obieraj (zwykłe obierz ze skórki). Małe zostaw w całości, duże przekrój na pół. Ostrym nożem gęsto ponacinaj górną część ziemniaków, równolegle, tworząc wachlarzyk. Natnij głęboko, jednak nie do końca. Ułóż ziemniaki na blasze wyłożonej papierem do pieczenia lub w naczyniu żaroodpornym posmarowanym odrobiną klarowanego masła. Resztę masła roztop i połową polej ziemniaki. Następnie posyp je czosnkiem – drobno posiekanym lub przeciśniętym przez praskę. Jeśli nie chcesz mocnego czosnkowego akcentu, wrzuć do naczynia czosnek w całości, nieobrany. Na końcu oprósz ziemniaki solą oraz świeżym rozmarynem i skrop sokiem z cytryny.

Piecz w piekarniku nagrzanym do 200°C przez 30 minut. W trakcie pieczenia polewaj ziemniaki resztą roztopionego masła. Podawaj jako samodzielne danie lub jako dodatek do obiadu. Mocniej przypieczone pachną niemal jak ziemniaki z ogniska!

7

Bezgrzeszne słodkości, czyli wypieki i desery bez wyrzeczeń

Jeżeli jesteś łasuchem i uwielbiasz słodycze, ale od czasu rozstania z glutenem nie możesz znaleźć w sklepach żadnych smakujących ci bezglutenowych łakoci, skorzystaj z naszych przepisów! Nawet jeśli uważasz się za cukiernicze antytalencie. Nawet jeśli wcześniejsze próby samodzielnego pieczenia bez glutenu zawsze kończyły się w koszu na śmieci. Spokojnie, wszystko się uda! Na początku ich smak może być dla niektórych szokiem – brak w nich zwykłego cukru, aromatów i innych polepszaczy występujących w słodkich gotowcach. Być może twoje kubki smakowe są przyzwyczajone do innych doznań. Ale zapewniamy, że kiedy zaczniesz przyrządzać i degustować nasze wypieki oraz desery… cóż, wpadniesz po uszy!

AMARANTUSKI Z TAHINI

Na 10 sztuk

60 g naturalnego masła sezamowego (tahini, np. Primavika lub domowego, s. 328)
30–40 g ksylitolu
6 kropel stewii fluid (opcjonalnie)
20 g amarantusa ekspandowanego (poppingu)
1 małe jajko (lub pół średniego, wystarczy 25–30 g)

Jajko roztrzep, wymieszaj ze słodzikami i tahini (najlepiej niezbyt gęstym). Dodaj popping i dokładnie wymieszaj ręką lub za pomocą łyżki. Od razu formuj w dłoniach kulki o średnicy monety pięciozłotowej i delikatnie spłaszczaj. Ciasteczka mogą być cienkie lub grubsze, jak wolisz. Ułóż na blasze i piecz w piekarniku nagrzanym do 180°C przez 10–12 minut. Kontroluj stopień przypieczenia, gdyż ciasteczka powinny tylko lekko się zezłocić.

Zaraz po upieczeniu i przestygnięciu ciasteczka są lekkie i chrupiące, zwłaszcza jeśli popping był świeży, a masa po wymieszaniu składników nie czekała zbyt długo na wstawienie do piekarnika (im dłużej, tym bardziej popping namaka i staje się mniej chrupiący). Następnego dnia ciasteczka robią się miększe, ale są równie smaczne jak świeże.

AMARANTUSOWE CIASTO Z JABŁKAMI I OWOCAMI CZARNEGO BZU

300 g jabłek, obranych i startych na dużych oczkach
200 g owoców czarnego bzu [*] *(zamiennie drobnych jagód lub porzeczek)*
200 g mąki gryczanej
60 g prażonej mąki amarantusowej (firmy EkoProdukt)
60 g mąki ryżowej

[*] Zbieraj tylko dojrzałe, intensywnie wybarwione owoce. Zielone lub czerwonawe kulki wyrzuć! Wszystkie owoce pozbaw zielonych szypułek. Niedojrzałe owoce czarnego bzu zawierają sambunigrynę, która może wywołać zatrucie. W dojrzałych owocach nie ma już tej substancji, a dodatkowym zabezpieczeniem przed jej ewentualnymi skutkami jest wysoka temperatura podczas pieczenia, która neutralizuje trujące właściwości bzu (gdyby jakimś sposobem niedojrzała kulka dostała się do ciasta).

40 g mąki kukurydzianej
40 g kakao lub karobu
30 g zmielonego złocistego siemienia lnianego
80 g ksylitolu
30–35 kropel stewii fluid
350 ml mleka (dowolnego)
120 ml oleju (8 łyżek)
4 jajka
1 łyżka ekologicznego octu jabłkowego lub sok z 1/2 cytryny
1 łyżeczka gęstego ekstraktu z wanilii lub 1 łyżka ekstraktu domowego (s. 317)
po 1 łyżeczce cynamonu i mielonych goździków
1 łyżeczka bezglutenowego proszku do pieczenia
szczypta soli

Owoce bzu przebierz (zostaw tylko dojrzałe, czarne kulki), usuń zielone szypułki, umyj i zostaw na sicie do odsączenia. Żółtka utrzyj z ksylitolem i stewią na gładką, jasną masę. Dodaj olej, ekstrakt z wanilii, sól oraz ocet lub sok cytrynowy i dokładnie wszystko wymieszaj. Na końcu dodaj mleko. W osobnej misce (lub dużym słoju) połącz suche składniki: mąki, siemię lniane, kakao, przyprawy i proszek do pieczenia.

Do płynnej masy z żółtkami wsypuj stopniowo mieszankę suchych składników, cały czas miksując. Masa będzie dość gęsta, więc pod koniec lepiej mieszać drewnianą łyżką niż mikserem. Dodaj starte jabłka i owoce czarnego bzu. Ubij pianę z białek i wmieszaj ją do ciasta na końcu, delikatnie, za pomocą drewnianej łyżki lub silikonowej trzepaczki. Przelej ciasto do formy o wymiarach 28×22 cm i piecz w piekarniku nagrzanym do 180°C przez 40–45 minut. Ciasto jest wilgotne i wygląda bardzo efektowne po przekrojeniu. Smakiem przypomina trochę… sernik.

AWARYJNE CIASTECZKA Z POPPINGIEM

Na 15 sztuk

40 g amarantusa ekspandowanego (poppingu, zamiennie ryżowego lub jaglanego)
40 g rodzynek lub innych suszonych owoców (większe drobno pokrój)
40 g sezamu, pestek słonecznika, wiórków kokosowych lub pokrojonych orzechów
1 jajko
10–20 g ksylitolu lub miodu

Jajko ubij z ksylitolem lub miodem na pulchną masę. Wrzuć rodzynki i sezam, a na końcu popping z amarantusa. Szybko wymieszaj. Od razu, zanim popping nadmiernie namoknie, formuj ciastka ręką lub za pomocą łyżki i układaj na blasze w centymetrowych odstępach. Piecz w piekarniku nagrzanym do 180°C przez 8–10 minut, do lekkiego zrumienienia. Gotowe w kwadrans!

Do ciastek możesz dodać ulubione dodatki albo to, co akurat masz w domu: dowolne orzechy, posiekaną czekoladę, pestki słonecznika, wiórki kokosowe, suszoną żurawinę, śliwki albo jagody goji.

BABECZKI FISTASZKOWE Z BUDYNIEM

Na 15 sztuk

ciasto na babeczkowe spody, przygotowane według przepisu na ciasteczka z masła fistaszkowego (s. 261)
430 ml mleka (dowolnego)
80 g masła fistaszkowego
40 g mąki ziemniaczanej
20 g ksylitolu
garstka posiekanych orzeszków ziemnych lub kawałek czekolady 90%, drobno startej (do dekoracji)

Przygotuj ciasto na babeczkowe spody. W oryginalnym przepisie ciasto jest bardzo słodkie, więc możesz zmniejszyć ilość ksylitolu, ponieważ nadzienie babeczek również będzie słodzone. Podziel ciasto na 15 równych części i wyłóż ciastem formy na babeczki lub foremki muffinkowe, tworząc brzeg o wysokości 1–1 i 1/2 cm. Wstaw spody do piekarnika nagrzanego do 180°C i piecz przez 15–17 minut. Wyjmij i zostaw do przestudzenia, a później delikatnie wyciągnij z foremek i połóż na kratce do całkowitego wystygnięcia.

Przygotuj budyń fistaszkowy. Odlej mniej więcej jedną trzecią mleka do garnuszka, dodaj mąkę ziemniaczaną i dokładnie wymieszaj, by nie było grudek. Pozostałe mleko zagotuj z ksylitolem i masłem fistaszkowym. Mieszaj trzepaczką, aż masło się rozpuści i mleko uzyska jednolitą karmelową barwę. Gotujące zdejmij z ognia, wlej rozmieszaną mąkę i szybko wymieszaj całość trzepaczką (nie łyżką, ponieważ mogą się utworzyć grudki). Postaw budyń na palniku na średnim ogniu i poczekaj, aż zacznie bulgotać. Pogotuj chwilę, mieszając. Spróbuj, czy jest wystarczająco słodki.

Gorącym budyniem napełniaj babeczkowe spody, czubato. Wierzch udekoruj startą czekoladą lub siekanymi orzeszkami ziemnymi (albo jednym i drugim). Babeczki są mięciutkie, słodkie i mocno fistaszkowe. Gdy budyń ostygnie, wstaw babeczki do lodówki. Podawaj schłodzone.

BABECZKI JOGURTOWE Z OWOCAMI

Na 12 sztuk o średnicy 6 cm

250 g naturalnego jogurtu (może być kozi)
120 g mąki ziemniaczanej
60 g mąki gryczanej
60 g mąki kukurydzianej
60 g mąki ryżowej
20 g mąki amarantusowej
20 g skrobi z tapioki
90 ml oleju (6 łyżek)
80 g ksylitolu
8–12 kropel stewii fluid (opcjonalnie, do dosłodzenia)
80 g owoców (np. drobnych czereśni, jagód, rabarbaru, truskawek, zamiennie rodzynek)
2 jajka
1 i 1/2 łyżeczki bezglutenowego proszku do pieczenia
1/2 łyżeczki sody oczyszczonej
1 łyżeczka łupinek babki jajowatej (opcjonalnie, nadadzą nieco więcej pulchności)
szczypta wanilii (opcjonalnie)

Wymieszaj w misce mąki, skrobię z tapioki, proszek do pieczenia, sodę i łupinki babki jajowatej. W osobnej misce utrzyj jajka z ksylitolem, stewią i wanilią, aż będą jasne i puszyste. Dodaj olej i jogurt, krótko wymieszaj. Na końcu wsyp do jajeczno-jogurtowej masy suche składniki oraz rodzynki (jeśli używasz) i krótko zmiksuj, tylko do połączenia składników. Ciasto będzie dość rzadkie.

Porcje ciasta przelej do foremek na babeczki lub muffinki (napełnij w 3/4 wysokości). Na wierzchu ułóż oczyszczone i osuszone owoce (np. wydrylowane i przecięte na pół niewielkie czereśnie, porzeczki, drobno pokrojony rabarbar). Piecz w piekarniku nagrzanym do 180°C przez 22–25 minut.

BABKA Z JAGODAMI I WANILIOWĄ KRUSZONKĄ

Ciasto
150–200 g jagód
150 g mąki gryczanej
130 g mąki ryżowej
150 ml mleka (dowolnego)
100 ml oleju
60 g ksylitolu
30 kropel stewii fluid
3 jajka
1 łyżeczka gęstego ekstraktu waniliowego lub 1 łyżka domowego
1 lekko czubata łyżeczka bezglutenowego proszku do pieczenia

Kruszonka
70 g mąki gryczanej
50 g masła lub oleju kokosowego
50 g ksylitolu
pół laski wanilii lub 1/3 łyżeczki sproszkowanej wanilii

Jagody przebierz, umyj i zostaw na sicie do odsączenia. Przygotuj kruszonkę. W rondelku roztop masło, dodaj wyskrobane ze strąka ziarenka wanilii lub wanilię w proszku, a następnie ksylitol. Podgrzewaj i mieszaj, aż ksylitol się rozpuści. Zdejmij z ognia, dodaj mąkę i dokładnie wyrób kruszonkę – palcami lub widelcem. Odstaw do ostygnięcia.

W jednej misce wymieszaj mąki i proszek do pieczenia, w drugiej ubij jajka z ksylitolem i stewią, aż masa stanie się gładka i jasna. Wlej olej, mleko i ekstrakt waniliowy, krótko zmiksuj. Do mokrych składników wsyp suchą mieszankę i szybko wymieszaj ciasto. Będzie dość gęste. Przełóż połowę masy do tortownicy z kominem lub formy na babkę o średnicy 22 cm, obsyp gęsto jagodami i przykryj resztą ciasta. Wierzch posyp kruszonką. Część jagód możesz położyć na wierzchu (delikatnie wciśnij je w ciasto i dobrze przykryj kruszonką, aby się nie spaliły). Piecz w piekarniku nagrzanym do 180°C przez 45–50 minut, do lekkiego zrumienienia kruszonki.

BABKA MARCHEWKOWO-RODZYNKOWA W POLEWIE

375 g mąki gryczanej
150 g soczystej marchewki
50 g drobnych rodzynek
50 g miodu
30 kropel stewii fluid
100 ml oleju ryżowego
100 ml ciepłej wody z rozpuszczoną czubatą łyżeczką oleju kokosowego
3 duże jajka
1 łyżeczka cynamonu
po 1 łyżeczce bezglutenowego proszku do pieczenia i sody oczyszczonej
szczypta soli

Marchewkę zetrzyj na drobnych oczkach. Rodzynki opłucz i zalej wrzątkiem, po kwadransie odsącz. Do miski wsyp mąkę, proszek do pieczenia, sodę, sól, cynamon i wymieszaj trzepaczką. Białka ubij na sztywno, dodaj miód oraz żółtka i dalej ubijaj, aż masa stanie się jasna. Za pomocą dużej drewnianej łyżki wmieszaj olej ryżowy oraz wodę z rozpuszczonym olejem kokosowym, marchewkę, rodzynki oraz dodawane porcjami suche składniki. Mieszaj tylko do momentu, aż wszystkie składniki dokładnie się połączą.

Przełóż ciasto do formy z kominem o średnicy 24–25 cm, wstaw do piekarnika nagrzanego do 180°C i piecz 35–40 minut. Po upieczeniu zostaw ciasto w piekarniku przez kilka minut, wyjmij, wyciągnij z formy i przełóż na kratkę do ostygnięcia. Polej dowolną polewą (s. 339) lub rozpuszczoną czekoladą.

BATON CZEKOLADOWY Z SUSZONYMI ŚLIWKAMI I MORELAMI (KREMOWY)

100 g oleju kokosowego
80 g kakao (zamiennie karobu)
50 g suszonych śliwek bez pestek
50 g suszonych moreli
10 plasterków pigwy z nalewki
3–4 łyżki melasy z karobu
10 kropel stewii fluid
1 żółtko

Suszone morele zalej gorącą wodą, odstaw na kwadrans, a następnie odsącz. Morele i śliwki pokrój na małe kawałki, mniej więcej 1/2×1 cm, a pigwę na drobną kosteczkę. Do garnuszka włóż olej kokosowy, dodaj melasę, stewię oraz, po rozpuszczeniu składników, stopniowo kakao. Podgrzewaj na bardzo małym ogniu, mieszając, aż do uzyskania gładkiej konsystencji – nie dopuść do zagotowania. Zestaw z ognia i energicznie mieszając, dodaj żółtko, a następnie pokrojone owoce. Oddzielający się tłuszcz kokosowy połączy się z pozostałymi składnikami w miarę stygnięcia masy, po kilkakrotnym jej zamieszaniu.

Gęstą, jednolitą masę przełóż do foremki o wymiarach 25×6 cm, o głębokości 4 cm, najlepiej silikonowej, wyrównaj powierzchnię szerokim nożem lub szpatułką. Jeśli użyjesz jako foremki naczynia szklanego lub ceramicznego, wyłóż je małym kawałkiem folii spożywczej, aby po zastygnięciu masy łatwo było wyjąć baton.

Foremkę owiń szczelnie folią i wstaw do lodówki na minimum 4–5 godzin (nie zamrażaj!). Baton stężeje już po godzinie, ale im dłużej się schładza, tym bardziej zyskuje na smaku i konsystencji – następnego dnia jest jeszcze smaczniejszy. Wyjmij baton bezpośrednio przed podaniem i pokrój na plastry o szerokości 1 cm. Dodatkowe porcje przechowuj w lodówce, ponieważ olej kokosowy w temperaturze pokojowej szybko mięknie.

Baton jest po schłodzeniu twardy, ale jednocześnie ma lekką konsystencję i dobrze się kroi. Zamiast formować baton, możesz wypełnić masą małe silikonowe foremki na pralinki. Po całkowitym schłodzeniu wyjmiesz je z łatwością, ale – podobnie jak baton – im dłużej poleżą, tym będą smaczniejsze.

BATONIKI CZEKOLADOWE Z AMARANTUSEM I MIGDAŁAMI

120 g masła lub wegańskiej margaryny Alsan-Bio
100 g czekolady 90%
80 g mielonych lub tartych migdałów
60 g amarantusa ekspandowanego (poppingu)
3–4 łyżki płynnego miodu, syropu daktylowego lub melasy z karobu
20 kropel stewii fluid (lub do smaku)
1 łyżeczka domowego ekstraktu waniliowego lub 1/3 łyżeczki gęstego (opcjonalnie)
10 g płatków migdałowych
10 g suszonych jagód goji (do dekoracji)

Masło i pokruszoną czekoladę wrzuć do rondelka i rozpuść w kąpieli wodnej (umieść rondelek na garnku z odrobiną gotującej się wody). Do ciepłej czekolady dodaj stewię i wybrane płynne słodzidło, do smaku. Jeśli chcesz, dodaj troszkę wanilii. Odłóż ok. 60 g masy do innego naczynia i wsyp mielone migdały, a do reszty dodaj popping z amarantusa (jeśli nie chcesz robić dwóch osobnych warstw, wymieszaj wszystko razem).

Masę z amarantusem przełóż do keksówki o wymiarach 26×10 cm (lub większej), dociśnij i wyrównaj. Na niej ułóż cienką warstwę migdałową, również dociśnij i wyrównaj. Wierzch posyp płatkami migdałowymi oraz jagodami goji (zamiennie możesz użyć rodzynek lub innych suszonych owoców, drobno pokrojonych) i lekko wciśnij je w masę. Ostudź deser, a następnie wstaw do lodówki, do całkowitego zastygnięcia. Przed podaniem pokrój na wąskie prostokątne batony.

BATONIKI CZEKOLADOWO-KOKOSOWO-OWSIANE

180 g mleka kokosowego
140 g płatków owsianych bezglutenowych (certyfikowanych)
100 g wiórków kokosowych
100 g czekolady 90%
20 kropel stewii fluid (lub do smaku)
3–4 łyżki płynnego miodu, syropu daktylowego lub melasy z karobu (opcjonalnie)

Mleko kokosowe i pokruszoną czekoladę wrzuć do rondelka i rozpuść w kąpieli wodnej (umieść rondelek na garnku z odrobiną gotującej się wody). Do ciepłej czekoladowo-kokosowej mieszanki dodaj stewię lub wybrany płynny słodzik, do smaku. Odłóż ok. 120 g masy do innego naczynia i dodaj do niej 90 g wiórków kokosowych. Do reszty dodaj płatki owsiane (lub gryczane, jeśli lubisz ich wyrazisty smak). Masa musi być ciepła, by płatki zmiękły!

Masę z wiórkami kokosowymi przełóż do keksówki 26×10 cm lub większej, dociśnij i wyrównaj. Na niej ułóż warstwę owsianą, również dociśnij i wyrównaj. Wierzch posyp pozostałymi wiórkami kokosowymi i lekko wciśnij je w masę. Ostudź deser, a następnie wstaw do lodówki, do całkowitego zastygnięcia. Przed podaniem pokrój na wąskie prostokątne batony.

BEZMLECZNA CZEKOLADA KOKOSOWO-KAROBOWA („TRUFLOWA")

80 g oleju kokosowego (nierafinowanego, tłoczonego na zimno)
80 g karobu
50 g mleczka kokosowego
10 kropel stewii fluid
1 łyżeczka gęstego ekstraktu waniliowego lub 1/4 łyżeczki wanilii w proszku
szczypta mielonego cynamonu lub goździków (opcjonalnie)
dodatkowo: orzechy, prażone migdały, pestki, rodzynki, skórka otarta z pomarańczy, owoce kandyzowane lub suszone, kawa, wiórki kokosowe itp.

Do garnka włóż olej kokosowy i mleczko kokosowe. Podgrzej na bardzo małym ogniu, żeby olej się roztopił, ale nie zagotował. Dodaj karob, stewię, wanilię oraz cynamon lub goździki. Wszystko dokładnie wymieszaj, uważając, by masa się nie przypaliła. Kiedy karob dokładnie połączy się z płynami, zdejmij garnek z ognia. Przestudź masę, co jakiś czas mieszając ją energicznie, by oddzielający się tłuszcz kokosowy ponownie połączył się z resztą składników.

Gdy masa osiągnie temperaturę pokojową, zamieszaj ją ponownie i przełóż do keksówki o wymiarach 20×10 cm (26×10 cm lub większej). Wyrównaj wierzch i obsyp ulubionymi dodatkami, lekko wciskając je w czekoladę. Foremkę przykryj dokładnie folią aluminiową lub spożywczą i wstaw do lodówki, aż masa całkiem zastygnie. W dotyku będzie twarda, ale bardzo łatwo da się ją pokroić nożem. Przechowuj czekoladę w lodówce i wyjmuj bezpośrednio przed podaniem.

Dodatki (orzechy, rodzynki itp.) możesz również wrzucić do masy, by znalazły się w środku czekolady, ale zrób to dopiero wtedy, gdy masa przestygnie. Najlepiej przygotować czekoladę w silikonowych keksówkach, z których łatwo się ją wyjmuje. Ze średniej keksówki, o wymiarach 20×10 cm, otrzymasz czekoladę o grubości 1 cm. Jeśli wolisz cienkie tabliczki, użyj większej formy.

BROWNIE BANANOWE

3 bardzo dojrzałe banany (po obraniu 330–350 g)
150 g maślanki
100 g mąki migdałowej

100 g mąki gryczanej
50 g zmielonego złocistego siemienia lnianego
50 g skrobi z tapioki
50 g oleju kokosowego, płynnego
50 g ksylitolu
stewia fluid (opcjonalnie, do dosłodzenia)
2 jajka
2 łyżki karobu lub kakao
po 1/2 łyżeczki bezglutenowego proszku do pieczenia i sody oczyszczonej
wanilia

Obrane banany rozgnieć widelcem albo rozmieszaj mikserem do uzyskania w miarę gładkiej papki. Dodaj żółtka, wanilię i ksylitol, ewentualnie także stewię, jeśli lubisz bardzo słodkie ciasta (dojrzałe banany i odrobina ksylitolu powinny wystarczyć osobom lubiącym delikatną słodycz). Miksuj całość przez minutę. Na końcu wlej roztopiony i przestudzony olej kokosowy oraz maślankę, dokładnie wymieszaj.

W osobnej misce wymieszaj suche składniki: mąki, siemię lniane, skrobię z tapioki, karob, proszek do pieczenia i sodę. Wsyp je stopniowo do mokrych składników i krótko zmiksuj. Na końcu dodaj pianę ubitą z białek i delikatnie połącz z ciastem za pomocą drewnianej łyżki lub silikonowej trzepaczki. Przełóż masę do keksówki o wymiarach 26×10 cm i piecz w piekarniku nagrzanym do 180°C przez 45–50 minut. Ciasto jest bardzo aromatyczne i wilgotne.

BUDYŃ KAKAOWY LUB KAROBOWY (Z OPCJĄ CZEKOLADOWĄ)

Na 2 porcje

500 ml mleka (dowolnego)
30–40 g mąki ziemniaczanej (im więcej, tym gęstszy budyń)
2 łyżki kakao lub karobu
ksylitol lub stewia fluid (do smaku)
kilka kostek czekolady (opcjonalnie)

Odlej mniej więcej jedną trzecią mleka do garnuszka, dodaj mąkę ziemniaczaną, kakao lub karob oraz słodzidło. Dokładnie wymieszaj, by nie było grudek. Pozostałe mleko zagotuj, zdejmij z ognia, wlej rozmieszaną z mlekiem mąkę i szybko wymieszaj całość trzepaczką (nie łyżką, ponieważ mogą się utworzyć grudki). Postaw budyń na palniku na średnim ogniu i poczekaj, aż zacznie bulgotać. Pogotuj chwilę, mieszając. Spróbuj, czy jest wystarczająco słodki. Gotowy deser przelej do salaterek i podawaj na ciepło lub schłodzony.

Jeśli budyń wyda ci się za rzadki, wymieszaj trochę mąki ziemniaczanej z odrobiną płynu (wody lub mleka) i w takiej postaci wlej do budyniu. Dokładnie, energicznie wymieszaj i gotuj jeszcze przez chwilę. Dla wzbogacenia smaku dodaj do gorącego budyniu kilka kostek czekolady i mieszaj, aż się rozpuści.

BUDYŃ MIODOWO-WANILIOWY

Na 2 porcje

500 ml mleka (dowolnego)
30 g mąki ziemniaczanej
1–2 łyżeczki miodu (najlepiej lipowego lub wielokwiatowego)
1/2–3/4 łyżeczki gęstego ekstraktu waniliowego

Odlej mniej więcej jedną trzecią mleka do garnuszka, dodaj mąkę ziemniaczaną i dokładnie wymieszaj, by nie było grudek. Pozostałe mleko zagotuj, zdejmij z ognia, wlej rozmieszaną z mlekiem mąkę i szybko wymieszaj całość trzepaczką (nie łyżką, ponieważ mogą się utworzyć grudki). Postaw budyń na palniku na średnim ogniu i poczekaj, aż zacznie bulgotać. Dodaj miód oraz ekstrakt waniliowy i chwilę pogotuj, mieszając. Spróbuj, czy jest wystarczająco słodki. Jeśli chcesz, dodaj odrobinę ksylitolu, stewii fluid lub miodu. Jeżeli posłodzisz za mocno, wlej trochę soku z cytryny.

Gotowy deser przelej do salaterek i podawaj na ciepło lub schłodzony (schłodzony jest smaczniejszy). Z podanych proporcji uzyskasz lekki budyń, o delikatnej konsystencji.

BUDYŃ OWOCOWY

Na 2 porcje

400 ml mleka (dowolnego)
100 ml owoców (np. malin, truskawek, bananów, brzoskwiń)
30–40 g mąki ziemniaczanej (im więcej, tym gęstszy budyń)
ksylitol lub stewia fluid (do smaku)

Oczyszczone i umyte owoce zmiksuj w blenderze na gładki koktajl. Odmierz 100 ml i dolej do mleka. Odlej mniej więcej jedną trzecią mleczno-owocowej mieszanki do garnuszka, dodaj mąkę ziemniaczaną oraz słodzidło. Dokładnie wymieszaj, by nie było grudek mąki.

Pozostałe mleko z musem owocowym zagotuj, zdejmij z ognia, wlej rozmieszaną z mlekiem mąkę i szybko wymieszaj całość trzepaczką (nie łyżką, ponieważ mogą się utworzyć grudki). Postaw budyń na palniku na średnim ogniu i poczekaj, aż zacznie bulgotać. Pogotuj chwilę, mieszając. Spróbuj, czy jest wystarczająco słodki. Gotowy deser przelej do salaterek i podawaj na ciepło lub schłodzony.

Jeśli budyń wyda ci się za rzadki, wymieszaj trochę mąki ziemniaczanej z odrobiną płynu (wody lub mleka) i wlej do budyniu. Dokładnie, energicznie wymieszaj i gotuj jeszcze chwilę. Dla wzbogacenia smaku dodaj do budyniu całe owoce lub udekoruj nimi deser.

BURACZKOWE CIASTO Z TRUSKAWKAMI I CZEKOLADĄ

500 g buraków (2 średniej wielkości sztuki, surowe)
200 g mąki gryczanej
200 g mąki migdałowej
ok. 150 g świeżych truskawek
100 g czekolady 90%
50 g kakao lub karobu
50 g ksylitolu (opcjonalnie)
2 łyżeczki stewii fluid
2 duże jajka (lub 3 małe)
150 ml oleju
2 łyżki soku z cytryny
2 płaskie łyżeczki bezglutenowego proszku do pieczenia
1 łyżeczka mielonych goździków
szczypta soli

Buraki umyj, obierz i zetrzyj na drobnej tarce. Truskawki umyj, usuń szypułki, zostaw na sicie do odsączenia. Jeśli są bardzo duże, pokrój na mniejsze kawałki. Czekoladę pokrój w kostkę.

W jednej misce wymieszaj mąki, kakao lub karob, przyprawy i proszek do pieczenia. W drugiej ubij jajka z ksylitolem i stewią na gładką, jasną masę. Dodaj olej, sok z cytryny oraz buraki i zmiksuj. Stopniowo wsypuj suche składniki do masy buraczanej i dokładnie, szybko wymieszaj. Masa będzie dość gęsta. Na końcu dodaj pokrojoną czekoladę.

Przelej połowę masy do tortownicy o średnicy 22 cm, na wierzchu gęsto ułóż truskawki i przykryj resztą ciasta, wyrównaj. Piecz w piekarniku nagrzanym do 180°C przez 50–60 minut. Gotowe ciasto możesz polać ulubioną polewą czekoladową (np. według przepisu ze strony 280 na mocno czekoladowe ciasto z borówkami). Wypróbuj też wersję z innymi świeżymi owocami, np. malinami, brzoskwiniami, jagodami lub śliwkami.

CHRUPIĄCE CHMURKI JAGLANO-SEZAMOWE

Na 15 sztuk

100 g naturalnego masła sezamowego (tahini, np. Primavika lub domowego, s. 328)
30–40 g ksylitolu
6 kropel stewii fluid (opcjonalnie)
25 g kaszy jaglanej ekspandowanej (poppingu)

Tahini (najlepiej niezbyt gęste) wymieszaj ze słodzidłami. Dodaj popping jaglany i dokładnie wymieszaj za pomocą łyżki. Masa jest dość sypka i trudno ją uformować w dłoniach. Najlepiej nałóż porcję masy na łyżkę, a drugą łyżką nieco ją ugnieć, formując ładną chmurkę, i zsuń z łyżki prosto na papier do pieczenia. Ciasteczka mogą być mniejsze lub większe, jak wolisz. Piecz w piekarniku nagrzanym do 180°C przez 8–10 minut. Kontroluj stopień przypieczenia, gdyż ciasteczka powinny tylko leciutko się zezłocić.

Zaraz po upieczeniu i przestygnięciu ciasteczką są lekkie i chrupiące jak bezy, zwłaszcza jeśli popping był świeży, a masa po wymieszaniu składników nie czekała zbyt długo na wstawienie do piekarnika (im dłużej, tym bardziej popping namaka i staje się mniej chrupiący). Trzeba się z nimi obchodzić ostrożnie, ponieważ łatwo się kruszą. Następnego dnia ciasteczka robią się nieco miększe, ale są równie smaczne.

CHRUPIĄCE CIASTECZKA Z PŁATKAMI (W DWÓCH WERSJACH)

Na 30 ciasteczek

Wersja I
100 g płatków jaglanych
60 g niesłodzonych płatków kukurydzianych
60 g mąki gryczanej
20 g mąki ziemniaczanej
100 g grubo mielonych lub tartych migdałów (z wyczuwalnymi kawałkami)
100 g masła lub wegańskiej margaryny Alsan-Bio
80 g ksylitolu, zmielonego na puder
1 jajko
1 łyżka domowego ekstraktu waniliowego lub 1 łyżeczka gęstego
1 czubata łyżeczka kakao lub karobu
1 łyżeczka mielonych goździków
1/2 płaskiej łyżeczki sody oczyszczonej

Wersja II – zamień pierwsze cztery składniki z wersji I na:
70 g płatków jaglanych
70 g niesłodzonych płatków kukurydzianych
70 g zmielonego złocistego siemienia lnianego
50 g otrąb gryczanych

Sposób przygotowania ciastek jest identyczny dla obu wersji. Masło utrzyj z ksylitolem, dodaj jajko i wanilię, wymieszaj. Zmieszaj razem wszystkie suche składniki i wsyp do utartego masła. Z ciasta formuj kulki i układaj na blasze w dwucentymetrowych odstępach (podczas pieczenia trochę się rozpłyną). Piecz w piekarniku nagrzanym do 190°C przez 13–15 minut.

Ciastka szczelnie zamknięte, np. w puszcze lub słoiku, będą twardsze i bardziej chrupiące. Bez opakowania nieco zmiękną przez noc, ale chrupkość płatków nadal będzie przyjemnie wyczuwalna. Ciastka w wersji II nie zawierają mąki i są bardziej pożywne (dłużej się je gryzie).

CIASTECZKA MIGDAŁOWE Z RUMEM

Na 30 sztuk

400 g mąki migdałowej (najlepiej Efavit, jedną trzecią możesz zastąpić migdałami tartymi lub grubo mielonymi)
140 g masła lub wegańskiej margaryny Alsan-Bio
80–100 g ksylitolu, zmielonego na puder
1 jajko
2 łyżki rumu (zamiennie 1 łyżka domowego ekstraktu waniliowego lub 1 łyżeczka gęstego)
1/2 łyżeczki skórki otartej z ekocytryny lub pomarańczy (opcjonalnie)
30 migdałów (do dekoracji)

Masło utrzyj z ksylitolem na gładką, jasną masę. Dodaj rum, skórkę cytrynową oraz jajko, wymieszaj, a następnie wsyp mąkę migdałową. Zmiksuj krótko, tylko do połączenia składników. W dłoniach formuj kulki wielkości orzecha włoskiego, leciutko spłaszczaj i układaj na blaszę. Masa powinna być dość gęsta, nielepiąca się zanadto do dłoni. Jeśli będzie za rzadka, ciastka nieco się rozpłyną podczas pieczenia. Jeżeli zabraknie ci mąki migdałowej, zagęść masę odrobiną mąki gryczanej (do 60 g).

W środek każdego ciastka wciśnij jeden migdał na sztorc, węższą częścią do góry. Piecz w piekarniku nagrzanym do 180°C przez 13–15 minut, do leciutkiego zrumienienia. Studź na kratce.

Smakują wybornie także w wersji z orzechów laskowych lub mieszanki orzechów laskowych i migdałów. Są intensywnie orzechowe, miękkie w środku, lekko kleiste i bardzo uzależniające!

CIASTECZKA „RYŻOWE TRIO"

Na 50 sztuk

*200 g naturalnego kleiku ryżowego**
200 g miękkiego masła

---

* Używaj wyłącznie kleiku naturalnego, bez dodatku cukru i niepotrzebnych E-składników, np. maltodekstryny. Unikaj kleików smakowych, np. bananowych, malinowych czy jabłkowych. Czyste kleiki naturalne, mające w składzie tylko ryż (czasem dodatek witaminy), produkuje m.in. BoboVita. Kleik firmy Melvit również ma dobry skład, ale jest drobniejszy i akurat te ciasteczka się na nim nie udadzą.

100–130 g ksylitolu
90 g miękkich suszonych śliwek bez pestek
80 g wiórków kokosowych
1 mały banan (ok. 80 g po obraniu)
3 średnie jajka
1 płaska łyżeczka bezglutenowego proszku do pieczenia

Wersja podstawowa. Suchy kleik, masło, ksylitol, wiórki, jajka i proszek do pieczenia wymieszaj w misce. Formuj kuleczki wielkości orzecha włoskiego, a następnie spłaszczaj je tak, by uzyskać małe okrągłe placuszki grubości 1/2–1 cm. Ułóż ciasteczka na blasze w pewnych odstępach (nieco urosną) i piecz w piekarniku nagrzanym do 180°C przez 20–25 minut, do lekkiego zrumienienia.

Wersja „trio". Ciasto podstawowe podziel na trzy równe części, po 260 g każda. Jedna będzie kokosowa, bez dodatków. Do drugiej wrzuć drobno posiekane, mięciutkie śliwki suszone bez pestek, a do trzeciej rozgniecionego banana. Piecz według wcześniejszej instrukcji. Ciastka z bananem są najbardziej wilgotne i brązowe i wymagają pieczenia kilka minut dłużej w piekarniku.

CIASTECZKA Z CZEKOLADĄ

Na 50 sztuk

80 g mąki gryczanej
60 g mąki ryżowej
45 g mąki ziemniaczanej
45 g mąki kukurydzianej
20 g zmielonego złocistego siemienia lnianego
70 g miodu (zamiennie syropu daktylowego)
25 g ksylitolu
30 g oleju kokosowego
1 jajko
1/2 łyżeczki gęstego ekstraktu waniliowego lub 1/3 łyżeczki mielonej wanilii
1/2 łyżeczki sody oczyszczonej
80 g czekolady 90%
1 łyżka kakao lub karobu (opcjonalnie)

W garnku z grubym dnem podgrzewaj miód z olejem kokosowym i ksylitolem na małym ogniu, aż całość się rozpuści i nabierze gładkiej konsystencji. Odstaw do przestudzenia. Do miski wsyp wszystkie suche składniki: mąki, siemię lniane, wanilię i sodę, ewentualnie także kakao lub karob. Dokładnie wymieszaj. Dodaj przestudzoną mieszankę miodową oraz roztrzepane jajko. Wyrób ciasto na gładką masę ręcznie lub za pomocą miksera. Wstaw do lodówki na 1–2 godziny.

Schłodzone ciasto rozwałkuj na grubość 3–4 mm (albo cieniej, jeśli wolisz) i wycinaj ulubione kształty. Ciasteczka posyp czekoladą pokrojoną w drobną kostkę, leciutko ją w nie wciskając (ale nie za mocno, by czekolada nie rozerwała ciasta). Piecz w piekarniku nagrzanym do 180°C przez 8 minut. Wyjmij i zostaw do przestudzenia na kratce.

Zamiast przed pieczeniem posypywać ciastka czekoladą, możesz roztopić pół tabliczki w kąpieli wodnej i polać ostudzone ciastka po upieczeniu.

CIASTECZKA Z MASŁA FISTASZKOWEGO

Na 15–20 sztuk

200 g naturalnego masła fistaszkowego (gęstego, niesłodzonego, z zawartością orzeszków min. 90%)
70 g ksylitolu
50 g mąki gryczanej
1 jajko
1 łyżeczka gęstego ekstraktu waniliowego

Wszystkie składniki wrzuć do miski i dokładnie wymieszaj ręką. Wyrabiaj ciasto przez chwilę, aż przestanie się kleić do rąk. Formuj kulki i spłaszczaj dłonią, by powstały okrągłe ciasteczka grubości 1–1 i 1/2 cm, albo wykrawaj kółka z grubo rozwałkowanego ciasta podsypanego mąką z orzeszków ziemnych lub gryczaną. Ułóż ciastka na blasze w małych odstępach i piecz w piekarniku nagrzanym do 180°C przez 15–20 minut. Zaraz po upieczeniu ciastka są mięciutkie, ale najlepsze są następnego dnia – podczas gryzienia wyczuwa się przyjemne grudki, jakby kawałki stwardniałych cukierków krówek. W obu wersjach są pyszne!

Jeśli masz drewnianą formę do ciastek *mamoul*[*], przygotuj w niej ciasteczka, za każdym razem posypując ścianki formy mąką (jeśli nie posypiesz, ciastka nie uda

[*] Drewniana foremka do tradycyjnych arabskich ciastek *mamoul* do kupienia w sklepie www.arabskie.pl.

się wyjąć bez szkody dla jego kształtu). Forma nie jest niezbędna, ale w przypadku tych ciastek sprawdza się znakomicie. Wyglądają dzięki niej bardzo efektownie.

CIASTECZKA Z SIEMIENIEM LNIANYM I MELASĄ Z KAROBU (W DWÓCH WERSJACH)

Na 40 sztuk

Wersja I
200 g mąki gryczanej
200 g mąki migdałowej
50 g złocistego siemienia lnianego, średnio zmielonego (+ niezmielone do posypania)
40 g mąki ziemniaczanej
120 g masła lub wegańskiej margaryny Alsan-Bio
40 g melasy z karobu (zamiennie miodu lub syropu daktylowego)
30 g ksylitolu, zmielonego na puder
2 łyżki soku z cytryny
2 łyżki mleka (dowolnego)
1 łyżeczka ekstraktu waniliowego

Wersja II
80 g mąki kukurydzianej
1 jajko

Masło utrzyj z ksylitolem na gładką, jasną masę. Dodaj wanilię, melasę, mleko i sok z cytryny (w wersji II także jajko), wymieszaj. Następnie wsypuj stopniowo wszystkie suche składniki (w wersji II także mąkę kukurydzianą). Na początku możesz mieszać ciasto mikserem, ale na końcu wyrób je ręką. Schłodź w lodówce przez 40 minut.

W dłoniach formuj z ciasta kulki wielkości orzecha włoskiego i spłaszczaj, by utworzyć okrągłe ciasteczka, mniej więcej grubości 1/2 cm. Ułóż ciastka na blasze (wierzch możesz dodatkowo posypać niezmielonym siemieniem lnianym) i piecz w piekarniku nagrzanym do 180°C przez 12–15 minut. Studź na kratce. Ciastka w wersji II są nieco jaśniejsze i bardziej zwarte.

CIASTKA PRZEZ MASZYNKĘ LUB KROJONE (W DWÓCH WERSJACH)

Na 40 ciasteczek

Wersja I
120 g miękkiego oleju kokosowego lub masła
100 g mąki gryczanej
*100 g mąki ryżowej**
50 g mąki kukurydzianej
30 g ksylitolu
20 kropel stewii fluid (opcjonalnie)
1 jajko
6 łyżek zimnej wody lub mleka (dowolnego)
1/2 łyżeczki bezglutenowego proszku do pieczenia

Wersja II
120 g masła
150 g mąki ryżowej
100 g mąki gryczanej
50 g mąki ziemniaczanej
50 g ksylitolu
20 kropel stewii fluid (opcjonalnie)
1 jajko
2 łyżki kwaśnej śmietany, jogurtu naturalnego lub jogurtu greckiego
2 łyżki kakao lub karobu (opcjonalnie)
1/2 łyżeczki bezglutenowego proszku do pieczenia
dodatkowo (do posypania): orzechy, pestki, posiekana czekolada, wiórki kokosowe, sezam, czerwony pieprz, skórka cytrynowa, mak, rodzynki itp.

W dużej misce utrzyj masło lub olej kokosowy z ksylitolem i stewią (ciastka na oleju będą delikatniejsze, piaskowe). Dodaj żółtko, wymieszaj, a następnie wsyp mąki z proszkiem do pieczenia (w II wersji także kakao) i ręką wyrób gładkie, lśniące ciasto. Jeśli będzie się kruszyć, dodaj trochę wody/mleka lub śmietany/jogurtu, ale nie za dużo. Cierpliwie wyrabiaj ciasto. Gdy będzie gotowe, wstaw je do lodówki na

* Zamiast 100 g mąki ryżowej możesz dać 50 g i dodać 50 g zmielonego złocistego siemienia lnianego. Możesz także całkiem pominąć mąkę ryżową i w zamian dodać do ciasta 40 g mąki ziemniaczanej i dodatkowe 60 g mąki gryczanej.

1–2 godziny. Jeśli będziesz kroić ciasto nożem, przed schłodzeniem uformuj z niego wałki o średnicy mniej więcej monety pięciozłotowej.

Zimne ciasto przepuść przez maszynkę do mięsa z nakładką do ciastek albo bardzo ostrym nożem pokrój wałki ciasta na plastry o grubości 1/2 cm. Ułóż ciastka na blasze w niewielkich odstępach (rosną minimalnie) i za pomocą miękkiego pędzelka posmaruj każde roztrzepanym białkiem. Wierzch posyp ulubionymi dodatkami (opcjonalnie). Piecz w piekarniku nagrzanym do 190°C przez 12–15 minut, do lekkiego zrumienienia. Przestudź 5–10 minut, zanim przełożysz ciastka na talerz (gorące mogą się rozpaść!).

Ciastka z olejem kokosowym zjedz w ciągu 2–3 dni, te z masłem, twardsze, postoją dłużej. Możesz przechowywać je w zamkniętym pojemniku do 2–3 tygodni.

CIASTO MAKOWO-JAGLANE Z WYTRAWNĄ POLEWĄ KAKAOWĄ

250 g suchego maku (do ugotowania i zmielenia)
100 g ugotowanej na sypko kaszy jaglanej
120 g mąki gryczanej
60 g mąki z orzeszków ziemnych
50 g mąki amarantusowej
5 jajek
100 g ksylitolu
10 kropel stewii fluid
100 g rodzynek
2 banany, obrane
100 ml wody lub rumu
2 łyżeczki bezglutenowego proszku do pieczenia
1 łyżeczka sody oczyszczonej
szczypta soli
dodatkowo: 100 g dowolnych orzechów, drobno posiekanych, oraz polewa kakaowa lekko wytrawna (s. 339)

Mak ugotuj i zmiel. Rodzynki zalej wrzątkiem i odstaw do namoczenia. Banany zmiksuj z wodą lub rumem. Oddziel białka od żółtek. Wymieszaj mąki, proszek do pieczenia i sodę. Białka ubij na sztywno ze szczyptą soli. Cały czas ubijając, stopniowo dodawaj ksylitol, żółtka, stewię, suche składniki, rodzynki oraz zmiksowane banany. Na końcu porcjami dodaj mak i kaszę jaglaną, mieszając całość delikatnie za pomocą dużej drewnianej łyżki.

Przełóż ciasto do formy o wymiarach 35×24 cm. Piecz w piekarniku nagrzanym do 180°C przez 45 minut (do suchego patyczka). Po upieczeniu pozostaw ciasto w piekarniku jeszcze przez 10 minut, a następnie wyjmij z formy i przełóż na kratkę. Jeśli pieczesz na papierze, zdejmij go po kilkunastu minutach od wystawienia ciasta na kratkę. Polej równomiernie polewą, postp posiekanymi orzechami i pozostaw do ostygnięcia.

CIASTO MIGDAŁOWE Z GRUSZKAMI I KOZIM SEREM PLEŚNIOWYM

Ciasto
100 g masła
po 80 g mąki migdałowej, gryczanej i ziemniaczanej
40 g ksylitolu

Nadzienie
180 g mąki migdałowej
120 g miękkiego masła
60 g ksylitolu
20–25 kropel stewii fluid
2 jajka
1/2 łyżeczki cynamonu
4 dojrzałe gruszki
80 g koziego sera pleśniowego

Masło utrzyj z ksylitolem, dodaj mąkę migdałową, wymieszaj, a następnie dodaj dwie pozostałe mąki. Jeśli ciasto będzie się mocno kleić, podsyp je mąką gryczaną. Uformuj kulę i włóż do lodówki na 30 minut, by ciasto nieco stężało. Wyłóż nim formę do tarty o średnicy 26 cm, tworząc wysokie brzegi. Wstaw do piekarnika nagrzanego do 180°C i podpiecz przez 10–15 minut. Wyjmij z piekarnika.

Przygotuj nadzienie. Masło utrzyj ze słodzidłami, dodaj jajka, mąkę migdałową i cynamon. Masa nie musi być idealnie jednolita. Gruszki umyj, obierz, pokrój na ćwiartki, usuń gniazda nasienne. Ćwiartki z dwóch gruszek pokrój w kostkę i dodaj do masy, wyłóż całość na podpieczony spód. Na wierzchu ułóż pozostałe ćwiartki gruszek, na przemian końcem węższym i szerszym, tworząc koło. Owoce lekko wciśnij w nadzienie. Kozi ser pokrój na plasterki i rozłóż dowolnie na cieście między gruszkami.

Wstaw ciasto do piekarnika nagrzanego do 180°C i piecz przez 30–35 minut. Jeśli ciasto zacznie nadmiernie się przypiekać, przykryj je folią aluminiową. Wyjmij z piekarnika i studź przynajmniej przez kwadrans. Na ciepło jest przepyszne, ale na zimno również smakuje wyśmienicie!

CIASTO Z GRUSZKAMI I ŚWIEŻĄ ŻURAWINĄ

150–200 g świeżej żurawiny
4 dojrzałe gruszki
100 g mąki gryczanej
80 g mąki ryżowej
60 g mąki migdałowej lub z orzechów włoskich
60 g mąki kukurydzianej
40 g skrobi z tapioki
40 g mąki ziemniaczanej
40 g zmielonego złocistego siemienia lnianego
300 ml herbatki żurawinowej (najlepiej eko, z całych owoców)*
100 ml oleju
80 g ksylitolu
20 kropel stewii fluid
3 jajka
1 łyżka soku z cytryny
1 łyżeczka bezglutenowego proszku do pieczenia
1 płaska łyżeczka sody oczyszczonej
1/2 łyżeczki mielonych goździków
duża szczypta kurkumy
szczypta soli

Żurawinę przebierz, umyj i zostaw na sitku do odsączenia. Gruszki obierz, przekrój na ćwiartki, usuń gniazda nasienne. Dwie gruszki pokrój w kostkę, a dwie w długie

---

[*] Większość dostępnych w sklepach owocowych herbatek zawiera śladowe ilości owoców, a wspaniały zapach zawdzięczają sztucznym aromatom. Procentową zawartość owoców sprawdzaj na opakowaniu. Najlepiej kup herbatkę eko z całych suszonych owoców. Unikaj herbat z rozdrobnionego suszu wątpliwej jakości, sztucznie aromatyzowanych i zamkniętych w wybielanych chemicznie papierowych torebkach.

plastry. W jednej misce wymieszaj wszystkie suche składniki. W drugiej ubij żółtka z ksylitolem i stewią na gładką, jasną masę, a następnie wlej olej, ostudzoną herbatę żurawinową oraz sok z cytryny i krótko zmiksuj. Do mokrych składników wsyp suchą mieszankę i szybko wymieszaj. Wrzuć żurawinę i pokrojone w kostkę gruszki. Na końcu dodaj ubite na pianę białka i delikatnie połącz je z masą za pomocą drewnianej łyżki lub silikonowej trzepaczki.

Przelej ciasto do tortownicy o średnicy 24–25 cm. Na wierzchu ułóż plastry gruszek w taki sposób, by jeden zachodził na drugi po okręgu. Piecz w piekarniku nagrzanym do 180°C przez 50–60 minut (do suchego patyczka). Ciasto jest pulchne i wilgotne. Świetnie sprawdza się jako baza do tortów. Możesz je przekroić na 2–3 blaty i przełożyć ulubionym kremem.

CZEKOLADOWA BABKA PIASKOWA

200 g czekolady 80–90%
150 g ksylitolu
10 kropel stewii fluid
100 g masła
120 g mąki ziemniaczanej
50 g mąki ryżowej
30 g mąki gryczanej
5 jajek
60 ml dowolnego mleka (4 łyżki)
2 łyżeczki bezglutenowego proszku do pieczenia
szczypta sody oczyszczonej
szczypta soli

Mąki wymieszaj z proszkiem do pieczenia i sodą. Masło utrzyj w makutrze, dodając mleko oraz stopniowo roztopioną i ostudzoną, ale jeszcze niestężałą czekoladę (możesz zmiksować masło z czekoladą, ale konsystencja babki w czasie wyrabiania będzie rzadsza, a po upieczeniu bardziej delikatna i puszysta, mniej piaskowa). Białka ubij z solą na sztywno, dodawaj porcjami ksylitol, żółtka, stewię, masę maślano-czekoladową i mąki. Ucieraj krótko, tylko do połączenia składników. Pod koniec ucierania ciasto będzie gęste. Przełóż je łyżką do formy z kominem o średnicy 24–25 cm.

Piecz w piekarniku nagrzanym do 175°C przez 50–60 minut (do suchego patyczka). Zostaw w lekko otwartym piekarniku na 10 minut, wyjmij i ostudź na kratce.

DROŻDŻÓWKA KUKURYDZIANO-RYŻOWA Z OWOCAMI

Ciasto
260 g mąki kukurydzianej
170 g mąki ryżowej
165 g mąki gryczanej
125 g ksylitolu
1 jajko
2 łyżki masła klarowanego
7 g drożdży instant Dr. Oetker
szczypta soli
250 ml ciepłej wody
dowolne owoce

Kruszonka
200 g wiórków kokosowych
100 g masła klarowanego
1 łyżka ksylitolu

Do miski wsyp mąki i drożdże, wymieszaj. Dodaj pozostałe składniki. Wyrabiaj ciasto początkowo łyżką, a następnie rękoma natłuszczonymi olejem. Jeśli ciasto jest zanadto zwarte, dodaj niewielką ilość ciepłej wody. Wyrób bardzo dokładnie, przełóż do formy o wymiarach 35×24 cm i odstaw, aby lekko podrosło. Do miski po cieście wsyp wiórki kokosowe i ksylitol, dodaj rozdrobnione masło. Połącz składniki, rozcierając je palcami.

Włącz piekarnik, ustaw temperaturę na 150°C. Na lekko wyrośniętym cieście ułóż dowolne owoce i posyp kruszonką. Wstaw do ciepłego piekarnika. Po 10 minutach zwiększ temperaturę do 180°C i piecz mniej więcej 45 minut (najlepiej z włączonym termoobiegiem). Jeśli w czasie pieczenia warstwa kokosowa nadmiernie się spiecze, przykryj ciasto folią aluminiową.

JABŁECZNIK

Ciasto
300 g masła
170 g mąki ryżowej

150 g mąki gryczanej
140 g mąki ziemniaczanej
100 g ksylitolu
4 żółtka
szczypta soli

Nadzienie
2 kg jabłek
50–100 g ksylitolu (w zależności od słodkości jabłek)
sok z 1/2 cytryny
1/2–1 płaska łyżeczka cynamonu

Wszystkie składniki spodu wyłóż na stolnicę lub blat i zagnieć ciasto. Uformuj kulę i wstaw do lodówki na pół godziny. Wyjmij ciasto z lodówki, podziel na pół i jedną część wyłóż na blaszkę o wymiarach 33×22 cm. Podpiecz w piekarniku nagrzanym do 180°C na złoty kolor.

Przygotuj nadzienie jabłkowe. Jabłka obierz, wytnij gniazda, zetrzyj na tarce o grubych oczkach. Włóż starte jabłka do garnka, najlepiej z grubym dnem, dodaj ksylitol oraz cynamon i duś na średnim ogniu. Gdy jabłka nieco się podduszą, ale nie rozpadną, wlej sok z cytryny. Zdejmij z ognia i nieco przestudź.

Wyłóż jabłka na podpieczony placek. Na wierzchu rozłóż pozostałą część ciasta (nie uda się go rozwałkować w całości, więc układaj rozwałkowane kawałki obok siebie lub przykryj jabłka poskubanymi kawałkami ciasta). Piecz całość w piekarniku nagrzanym do 180°C przez 25–30 minut, aż wierzch nabierze złotego koloru.

KISIEL Z SOKU OWOCOWEGO

Na 2–3 porcje

500 ml soku owocowego
30–40 g mąki ziemniaczanej (im więcej, tym gęstszy kisiel)
ksylitol, miód lub stewia fluid (do smaku)
1 jabłko, kilka czereśni, morele lub inne owoce (opcjonalnie)

Do przygotowania domowego kisielu świetnie nadaje się sok z dowolnych ulubionych owoców. Może to być sok świeżo wyciśnięty w wyciskarce (rzadki, klarowny lub gęsty, zawiesisty), kompot ze słoika albo dobrej jakości naturalny, niesłodzony sok ze sklepu.

Odlej mniej więcej jedną trzecią soku do garnuszka, dodaj mąkę ziemniaczaną oraz słodzidło. Dokładnie wymieszaj, by nie było grudek. Pozostały sok zagotuj, zdejmij z ognia, wlej mąkę rozmieszaną z sokiem i szybko wymieszaj całość trzepaczką (nie łyżką, ponieważ mogą się utworzyć grudki). Postaw kisiel na średnim ogniu i poczekaj, aż zacznie bulgotać. Pogotuj chwilę, mieszając. Spróbuj, czy jest wystarczająco słodki. Gotowy deser przelej do salaterek i podawaj na ciepło lub schłodzony.

Jeżeli chcesz uzyskać konsystencję idealną do picia, dodaj maksymalnie 20 g mąki. Jeśli kisiel wyda ci się za rzadki, wymieszaj trochę mąki ziemniaczanej z odrobiną płynu (wody lub soku) i w takiej postaci wlej do kisielu. Dokładnie, energicznie wymieszaj i gotuj jeszcze chwilę.

Dla wzbogacenia smaku możesz dodać do kisielu dowolne owoce: wydrylowane czereśnie, starte jabłko, pokrojone w kostkę morele, jagody lub porzeczki w całości. Zachęcamy także do wypróbowania kisielu *à la* Kubuś, przygotowanego z soku wyciśniętego z marchewki, banana oraz jabłka, moreli, brzoskwini lub innych owoców.

KOKOSANKI I

Na 15–20 sztuk

250 g wiórków kokosowych
100–150 g ksylitolu
5 białek
wanilia
czekolada (opcjonalnie, do polania)

Wiórki podpraż na suchej patelni na lekko złocisty kolor, zdejmij z ognia i ostudź. Ubij białka na sztywną pianę, dodaj wanilię i stopniowo wsypuj ksylitol. Na końcu dodaj ostudzone wiórki, wymieszaj.

Za pomocą łyżki lub ręką formuj kokosanki wielkości orzecha włoskiego (lub większe) i układaj na papierze umieszczonym na kratce do pieczenia. Piecz w piekarniku nagrzanym do 140°C przez 20–25 minut, do lekkiego zezłocenia. Gotowe kokosanki możesz polać czekoladą roztopioną w kąpieli wodnej.

KOKOSANKI II

Na 15–20 sztuk

250 g wiórków kokosowych
80–100 g ksylitolu
100 g masła
4 łyżki mleka
2 białka
wanilia
czekolada (opcjonalnie, do polania)

W garnku roztop masło, dodaj mleko, ksylitol, wanilię i wiórki. Gotuj chwilę na małym ogniu, ciągle mieszając, aż ksylitol się rozpuści. Zdejmij garnek z ognia i odstaw do przestudzenia. Do zimnej masy dodaj pianę ubitą z białek.

Za pomocą łyżki lub ręką formuj kokosanki wielkości orzecha włoskiego (lub większe) i układaj na papierze umieszczonym na kratce do pieczenia. Piecz w piekarniku nagrzanym do 180°C przez 15–20 minut, do lekkiego zezłocenia. Gotowe kokosanki możesz polać czekoladą roztopioną w kąpieli wodnej.

KOKOSOWA TAPIOKA Z ARONIĄ LUB CZARNĄ PORZECZKĄ

Na 2 porcje

60 g granulatu z tapioki (drobnych kuleczek)
400 ml mleczka kokosowego
4 łyżki aronii lub czarnej porzeczki (świeżej, z kompotu lub bezcukrowej konfitury)
stewia lub ksylitol do smaku

Granulat z tapioki zalej 200 ml mleczka kokosowego (rzadkiego, najlepiej domowego) i odstaw do napęcznienia (możesz wstawić na noc do lodówki). Dolej resztę mleczka i gotuj 10–15 minut, mieszając co chwilę, by uniknąć przypalenia. Kulki tapioki powinny być całkiem przezroczyste i mięciutkie. Dodaj słodzik do smaku. Jeśli konsystencja tapioki wyda ci się za gęsta, dodaj więcej mleczka lub odrobinę wody. Pamiętaj, że po schłodzeniu deser jeszcze stężeje. Przełóż tapiokę do pucharków, ostudź i wstaw do lodówki. Przed podaniem udekoruj owocami.

Do przygotowania deseru z tapioki możesz użyć innego mleka, np. migdałowego lub jaglanego, oraz dowolnych owoców – świeżych, w postaci konfitury lub musu.

KOKOSOWE BROWNIE Z KASZĄ JAGLANĄ

150 g mleczka kokosowego
120 g kaszy jaglanej
100 g ksylitolu
25 kropel stewii fluid (opcjonalnie)
60 g oleju kokosowego
50 g zmielonego złocistego siemienia lnianego
30 g mąki kokosowej
30 g kakao lub karobu
3 jajka
1 łyżka domowego ekstraktu waniliowego lub 1 łyżeczka gęstego
1 płaska łyżeczka bezglutenowego proszku do pieczenia

Wypłukaną kaszę jaglaną ugotuj w 300 ml wrzącej wody. Gdy będzie miękka, wyłącz palnik i odstaw kaszę do przestudzenia. Jajka ubij z ksylitolem i stewią, dodaj olej kokosowy, mleczko i wanilię. Następnie wsyp wymieszane razem suche składniki i szybko połącz z masą jajeczną. Na końcu dodaj ostudzoną kaszę jaglaną, krótko zmiksuj całość i przelej masę do formy o wymiarach 28×22 cm. Piecz w piekarniku nagrzanym do 180°C przez 35 minut. Ciasto jest bardzo aromatyczne, wilgotne i sycące dzięki kaszy.

KRUCHE CIASTO Z KREMEM JAGLANO-POMARAŃCZOWYM

Kruchy spód
120 g masła lub wegańskiej margaryny Alsan-Bio
po 70 g mąki gryczanej, kukurydzianej i ziemniaczanej
40 g ksylitolu
1 żółtko

Masa jaglano-pomarańczowa
1 l naturalnego soku z pomarańczy, najlepiej świeżo wyciśniętego
sok z 2 cytryn
250 g kaszy jaglanej, wypłukanej
40 g ksylitolu (lub do smaku)
stewia fluid (opcjonalnie, do smaku)
pomarańcze do kremu lub do dekoracji (opcjonalnie)

Masło pokrój na kawałki, dodaj mąki, ksylitol oraz żółtko i zagnieć ciasto. Wyłóż nim spód i brzegi formy do tarty o średnicy 26 cm (najlepiej z wyjmowanym dnem, łatwiej z niej wyjąć porcje ciasta) i wstaw do lodówki na 1–2 godziny. Następnie włóż do piekarnika nagrzanego do 180°C i piecz przez 20 minut. Wyjmij i zostaw do ostygnięcia.

Kaszę jaglaną ugotuj do miękkości w soku pomarańczowym z dodatkiem soku cytrynowego i słodzideł. Najlepiej użyj soku świeżo wyciśniętego z owoców. Jeśli nie masz wyciskarki, obierz pomarańcze, zdejmij białe błonki i zmiksuj miąższ w blenderze. Jeżeli płynu będzie za mało, dolej trochę wody. Kasza powinna być bardzo miękka, wręcz rozgotowana. Jeśli będzie zbyt twarda, dolej więcej soku lub trochę wody i pogotuj dłużej.

Odstaw kaszę, by nieco przestygła, a następnie jeszcze ciepłą zmiksuj w szklanym blenderze kielichowym lub za pomocą blendera ręcznego, aż do uzyskania w miarę gładkiego kremu. Jeśli chcesz, wrzuć do masy kawałki pomarańczy (obrane ze skórki i cienkiej błonki). Zmiksowany ciepły krem wyłóż na ostudzony spód, wyrównaj powierzchnię. Na wierzchu możesz ułożyć plastry obranej pomarańczy. Wystudzone ciasto wstaw do lodówki na minimum 2 godziny. Podawaj schłodzone.

Krem jaglany będzie dość gęsty, a po schłodzeniu stężeje jeszcze bardziej. Jeśli wolisz rzadsze kremy, dodaj więcej soku do gotowania kaszy albo zmiksuj krem z większą ilością obranych z błonek cząstek cytrusów.

KULECZKI DAKTYLOWO-ORZECHOWE

Na 20–25 sztuk

250 g daktyli bez pestek
200 g orzechów włoskich, nerkowców lub migdałów (zamiennie tartych orzechów BackMit)
1–2 łyżki soku z pomarańczy (opcjonalnie)

Orzechy namocz na kilka godzin w wodzie, zdejmij skórki. W tym samym czasie w osobnej misce namocz także daktyle. Odsącz z wody. Moczenie nie jest niezbędne, ale dzięki temu składniki zmiękną i będą się łatwiej miksować (to ważne, zwłaszcza gdy nie masz mocnego blendera), a orzechy będą lżej strawne.

Orzechy i daktyle (w całości lub pokrojone) wrzuć do blendera i zmiksuj do uzyskania pożądanej konsystencji – najlepiej zostaw wyczuwalne kawałki. W miarę potrzeby, jeżeli masa będzie zbyt gęsta lub jeśli składniki nie były namoczone, dodaj do miksowania sok pomarańczowy albo trochę wody. Jeśli używasz gotowych mielonych lub tartych orzechów, dodaj je na końcu do zmiksowanych daktyli.

Masa powinna być gęsta, zwarta. Jej konsystencja zależy od jakości użytych składników. Jeśli będzie za rzadka, dodaj więcej posiekanych orzechów, trochę mąki orzechowej lub kakao/karobu – do zagęszczenia. Uformuj kuleczki. Jeśli chcesz, obtocz je w posiekanych orzechach, mące orzechowej, kakao lub karobie, wiórkach kokosowych albo amarantusie ekspandowanym (poppingu). Przechowuj w lodówce. Są bardzo słodkie!

KULECZKI FISTASZKOWE Z AMARANTUSEM I PŁATKAMI

Na 20–25 sztuk

200 g naturalnego masła fistaszkowego, gęstego
80 g orzeszków ziemnych (wyłuskanych, niesolonych[*])
60 g niesłodzonych płatków kukurydzianych
20 g amarantusa ekspandowanego (poppingu)
30–40 g ksylitolu (lub do smaku, zamiennie stewii fluid, miodu, syropu daktylowego)
1/2 łyżeczki gęstego ekstraktu waniliowego

Wszystkie składniki wrzuć do miski i dokładnie wymieszaj mikserem lub ręką. Formuj z masy kuleczki dowolnej wielkości. Jeśli chcesz, obtocz każdą w amarantusowym poppingu lub zmielonych orzeszkach. Przechowuj w lodówce.

Z tej masy możesz także przygotować ciasteczka. Uformuj kulki, spłaszcz dłonią, tworząc placuszki o grubości mniej więcej 1/2 cm. Ułóż na blasze i piecz w piekar-

[*] Jeśli masz tylko orzeszki solone, wrzuć je na sitko i wypłucz sól pod bieżącą zimną wodą.

niku nagrzanym do 180°C przez 8–10 minut. Ciasteczka będą dość kruche (dodanie połowy małego jajka wyeliminuje kruchość), ale smakowite i chrupiące.

LODY JOGURTOWO-CYTRYNOWE

Na 2–3 porcje

100 g śmietanki 30%
100 g jogurtu
3 łyżki soku z cytryny
30 g ksylitolu lub płynnego miodu (albo więcej, wedle uznania)
stewia fluid (opcjonalnie)

Jogurt, sok z cytryny oraz słodzidło zmiksuj w blenderze na gładką masę (30 sekund powinno wystarczyć, by ksylitol się rozpuścił). Przelej do miseczki, w której będą przechowywane lody. Schłodzoną śmietankę ubij na sztywno. Dodaj do masy jogurtowo-cytrynowej i całość wymieszaj. Spróbuj, czy jest wystarczająco słodka, ewentualnie dodaj trochę stewii fluid lub więcej miodu. Na tym etapie nie dodawaj ksylitolu, ponieważ kryształki będą wyczuwalne w lodach.

Pojemnik szczelnie zamknij i wstaw do zamrażalnika. (Jeśli masz maszynę do lodów, wlej do niej masę i postępuj zgodnie ze wskazówkami w instrukcji). Po pierwszych 40–60 minutach mrożenia energicznie zamieszaj zawartość widelcem. Później mieszaj co 30 minut, a w ostatniej godzinie nawet co kwadrans. Mieszanie jest bardzo ważne – zapobiega powstawaniu dużych kryształków lodu.

Lody najlepiej zjeść od razu po zmrożeniu i uzyskaniu odpowiadającej ci konsystencji. Jeśli będą przechowywane dłużej, wyjmij je 20–30 minut przed podaniem. Nabieraj porcje za pomocą łyżki do lodów i przekładaj do pucharków.

LODY ŚMIETANKOWE Z RODZYNKAMI

Na 500 ml lodów

300 ml śmietanki 30%
100 g ksylitolu
2 jajka

1 łyżka mocnego alkoholu (+ do namoczenia rodzynek)
100 g rodzynek

Oddziel białka od żółtek. Rodzynki opłucz i zalej wrzątkiem. Po kwadransie odsącz dokładnie na sicie, przełóż do miseczki i zalej alkoholem, by były przykryte. Wlej białka do miski i ubij do białości, następnie dodaj połowę ksylitolu i ubij na sztywno. W drugiej misce ubij na sztywno śmietankę. Do trzeciej wlej żółtka i ubij do białości z resztą ksylitolu, dodaj alkohol i ubijaj do dokładnego połączenia się składników.

Za pomocą dużej łyżki delikatnie połącz zawartość trzech misek, dodając pod koniec rodzynki dokładnie odsączone z alkoholu. Przełóż do pojemnika na lody. Zamrażaj ok. 10 godzin.

LODY TRUSKAWKOWO-ŚMIETANKOWE

Na 3 porcje

200 g śmietanki 30%
150 g truskawek
20 g ksylitolu (lub więcej, wedle uznania)
stewia fluid, płynny miód lub syrop daktylowy (opcjonalnie)

Truskawki umyj, odsącz na sicie, usuń szypułki. Włóż do blendera, dodaj ksylitol i zmiksuj na gładką masę (30 sekund powinno wystarczyć, by ksylitol się rozpuścił). Przelej do miseczki, w której będą przechowywane lody. Schłodzoną śmietankę ubij na sztywno. Dodaj do zmiksowanych truskawek i całość wymieszaj. Spróbuj, czy masa jest wystarczająco słodka, ewentualnie dodaj trochę stewii fluid, płynnego miodu lub syropu daktylowego. Na tym etapie nie dodawaj ksylitolu, ponieważ kryształki będą wyczuwalne w lodach.

Pojemnik szczelnie zamknij i wstaw do zamrażalnika. (Jeśli masz maszynę do lodów, wlej do niej masę i postępuj zgodnie ze wskazówkami w instrukcji). Po pierwszych 40–60 minutach mrożenia energicznie zamieszaj zawartość widelcem. Później mieszaj co 30 minut, a w ostatniej godzinie nawet co kwadrans. Mieszanie jest bardzo ważne, zapobiega bowiem powstawaniu dużych kryształków lodu.

Lody najlepiej zjeść od razu po zmrożeniu i uzyskaniu odpowiadającej ci konsystencji. Jeśli będą przechowywane dłużej, wyjmij je 20–30 minut przed podaniem. Nabieraj porcje za pomocą łyżki do lodów i przekładaj do pucharków.

MIGDAŁOWY PLACEK Z MORELAMI

10 świeżych moreli
200 g mąki migdałowej, najlepiej grubo mielonej (lub migdały tarte)
150 g mąki kukurydzianej
150 ml oleju
100 ml gazowanej wody mineralnej
50 g ksylitolu
35 kropel stewii fluid (lub do smaku)
4 jajka
2 łyżki soku z cytryny
1 łyżeczka gęstego ekstraktu z wanilii
1 łyżeczka bezglutenowego proszku do pieczenia
1/2 łyżeczki cynamonu lub mielonych goździków
1/3 łyżeczki kurkumy
garść płatków migdałowych (do posypania)

Morele umyj, przepołów i usuń pestki. Nie obieraj. Zostaw na sitku, aby obeschły. W jednej misce wymieszaj mąki, cynamon i kurkumę oraz proszek do pieczenia. W drugiej ubij jajka z ksylitolem i stewią. Gdy masa stanie się gładka i jasna, dodaj olej, ekstrakt waniliowy, wodę mineralną oraz sok z cytryny. Do masy z jajkami dodawaj stopniowo mieszankę sypkich składników. Dokładnie wymieszaj.

Wylej ciasto do formy o wymiarach 28×22 cm. Na wierzchu ułóż połówki moreli, skórkami do dołu, delikatnie wciskając je w ciasto. Posyp płatkami migdałowymi. Piecz w piekarniku nagrzanym do 180°C przez 35 minut. Przestudź i pokrój na kwadraty w taki sposób, by na środku każdego znalazła się morela.

MINISERNICZKI Z RICOTTY Z MALINOWO-BORÓWKOWYM SOSEM

Na 16 sztuk o średnicy 6 cm

Ciasto
80 g mąki migdałowej lub innej orzechowej
20 g prażonej mąki amarantusowej (firmy EkoProdukt)
20 g roztopionego masła lub oleju kokosowego
1 łyżka płynnego miodu, syropu z daktyli lub melasy z karobu

Masa serowa
400 g ricotty (z mleka krowiego lub koziego, po odsączeniu ok. 360 g)
2 jajka
60 g ksylitolu
5 kropel stewii fluid
1/4 łyżeczki sproszkowanej wanilii lub 1/2 łyżeczki gęstego ekstraktu waniliowego

Sos owocowy
80 g malin i borówek (świeżych, mrożonych, z kompotu lub niesłodzonej konfitury)

Z podanych składników zagnieć ciasto i wyłóż nim spody foremek na muffinki. Podpiecz 8–10 minut w piekarniku nagrzanym do 180°C. Uważaj, żeby się nie przypaliły! Wyjmij z piekarnika i nieco przestudź. Przygotuj sos z malin i borówek. Możesz użyć owoców świeżych, mrożonych (po rozmrożeniu i odsączeniu) albo z kompotu (po odsączeniu). Ostatecznie dobra będzie również domowa bezcukrowa konfitura. Owoce przetrzyj przez gęste sitko lub zmiksuj blenderem. Sos powinien być gładki i zagęszczony (nie może być zupełnie płynny).

Na końcu przygotuj masę serową. Jajka ubij mikserem z ksylitolem i stewią. Dodaj odsączoną z nadmiaru płynu ricottę oraz wanilię i ubijaj, aż masa będzie gładka i pulchna. Na każdy podpieczony spód wyłóż porcję sera. Za pomocą małej łyżeczki lub specjalnego dozownika utwórz na wierzchu dowolny wzorek z sosu – paski, kółko, spiralę. Wstaw do piekarnika na kolejne 20–25 minut, aż wierzch leciutko zrumieni się na brzegach. Środek powinien zostać jasny, biały, z kontrastowym wzorkiem z sosu. Wyjmij z piekarnika i przestudź. Smakują najlepiej schłodzone w lodówce – są niewielkie, ale naprawdę pyszne!

Możesz zrobić podwójną porcję masy serowej, aby serniczki były wyższe, albo zamiast kilku małych upiec jeden duży sernik. Podane proporcje wystarczą na tortownicę o średnicy 20–24 cm. Im większa, tym sernik bardziej płaski, dlatego większy wypiek najlepiej przygotuj z półtorej porcji.

MINITARTY Z ARONIĄ I JABŁKAMI

Na 6–7 sztuk o średnicy 8 cm

Ciasto
100 g masła
100 g skrobi z tapioki

60 g mąki gryczanej
40 g mąki ryżowej
40 g mąki ziemniaczanej
1 żółtko
2 łyżki mleka lub wody
2 łyżeczki łupinek babki jajowatej (opcjonalnie, poprawią konsystencję)
1/3 łyżeczki soli
duża szczypta kurkumy

Nadzienie
2 duże jabłka
150–200 g aronii
2 łyżki ksylitolu (opcjonalnie)
1 jajko (opcjonalnie)
2 płaskie łyżeczki mąki gryczanej
1/2 łyżeczki cynamonu
1/4 łyżeczki goździków

Masło utrzyj na gładką masę, dodaj sól, żółtko oraz mleko lub wodę. Na końcu wsyp mąki połączone z tapioką, kurkumą oraz łupinkami babki i szybko wyrób ciasto. Uformuj kulę, owiń folią spożywczą i wstaw do lodówki na 30 minut, by ciasto nieco stężało. Wyjmij z lodówki, podziel na 6–7 części, a każdą z nich jeszcze na pół. Rozwałkuj każdą część na okrągły placek grubości mniej więcej 2 mm, połową placków wyłóż dna foremek, tworząc centymetrowe brzegi. Wstaw formy do piekarnika nagrzanego do 200°C i piecz przez 8 minut.

Przygotuj nadzienie. W małej miseczce wymieszaj przyprawy i mąkę. Ponad połową mieszanki posyp dna podpieczonych spodów, dzięki czemu wypływający z owoców sok nie rozmiękczy ciasta. Jabłka obierz i pokrój na małe kawałki. Aronię umyj, przebierz i dokładnie osusz. Zmieszaj pokrojone jabłka z aronią, ewentualnie dosłodź owoce odrobiną ksylitolu.

Nakładaj porcje owoców na podpieczone i posypane mąką spody. Trzeba nałożyć ich dość dużo, ponieważ podczas pieczenia jabłka znacznie zmniejszają objętość. Owoce posyp resztą mieszanki przypraw i mąki, przykryj pozostałymi krążkami ciasta i dokładnie zlep brzegi. Pośrodku każdej minitarty zrób ostrym nożem nacięcie w kształcie krzyżyka, aby para miała ujście. Wierzch ciasta możesz dodatkowo posmarować roztrzepanym jajkiem, dzięki czemu utworzy się apetyczna rumiana skórka (po 10 minutach pieczenia wyjmij tarty i posmaruj raz jeszcze). Wstaw foremki do piekarnika nagrzanego do 200°C i piecz przez 22–25 minut.

MOCNO CZEKOLADOWE CIASTO Z BORÓWKAMI

Ciasto
200 g czekolady 90%
200 g masła
150–200 g borówek (zamiennie jagód, porzeczek, aronii)
100 g ksylitolu
30–35 kropel stewii fluid
60 g mąki gryczanej
20 g mąki ziemniaczanej
20 g zmielonego złocistego siemienia lnianego
4 jajka
1 płaska łyżka kakao lub karobu
1 płaska łyżeczka bezglutenowego proszku do pieczenia

Polewa
80 g czekolady 90%
30–40 g masła (2 łyżki)
60 ml mleka lub słodkiej śmietanki (4 łyżki)

Owoce przebierz, umyj i zostaw na sicie do odsączenia. Ustaw rondelek na garnku z gotującą się wodą, wrzuć do niego połamaną na kawałki czekoladę oraz masło i rozpuść w kąpieli wodnej. Wymieszaj i odstaw do przestudzenia. W osobnym małym naczyniu połącz mąki, siemię lniane, kakao lub karob oraz proszek do pieczenia.

W dużej misce utrzyj żółtka z ksylitolem i stewią na gładką masę. Dodaj mieszankę suchych składników i wszystko razem krótko zmiksuj. Wlej przestudzoną czekoladę z masłem, wymieszaj, a następnie dodaj pianę ubitą z białek i delikatnie połącz ją z ciastem za pomocą silikonowej trzepaczki lub drewnianej łyżki. Na końcu dodaj owoce. Przełóż masę do tortownicy o średnicy 22 cm i piecz w piekarniku nagrzanym do 190°C przez 40–50 minut (środek powinien być ścięty).

Przygotuj polewę. Do rondelka wlej mleko lub śmietankę, wrzuć połamaną czekoladę i rozpuść w kąpieli wodnej. Następnie dodaj masło, poczekaj, aż się rozpuści, i wymieszaj całość na gładką masę. Polej wierzch ciasta. Ciasto jest wilgotne i bardzo czekoladowe, zwłaszcza w wersji z polewą (ale można ją pominąć i będzie równie pyszne!).

MUFFINKI BANANOWO-DAKTYLOWE

Na 8 sztuk o średnicy 6 cm

1 dojrzały banan (ok. 140 g po obraniu)
120 g suszonych daktyli bez pestek
100 g mąki gryczanej
80 g miękkiego masła lub wegańskiej margaryny Alsan-Bio
2 jajka
1 łyżeczka gęstego ekstraktu waniliowego
1 płaska łyżeczka bezglutenowego proszku do pieczenia
syrop daktylowy lub melasa z karobu (opcjonalnie, do polania)

Daktyle zalej wrzątkiem i odstaw na 15 minut. Odcedź na sicie i przestudź. Mąkę wymieszaj z proszkiem do pieczenia. Wszystkie składniki wrzuć do blendera i krótko zmiksuj, do uzyskania gładkiej masy.

Napełnij ciastem muffinkowe foremki niemal do brzegu. Wstaw do piekarnika nagrzanego do 180°C i piecz przez 20–22 minuty (do suchego patyczka). Wyjmij muffinki z piekarnika, odstaw na 5 minut, a następnie wyciągnij z foremek. Nieco przestudzone polej odrobiną syropu daktylowego lub melasy z karobu (jeśli chcesz). Tak przygotowane muffinki są niezwykle pulchne i bardzo słodkie.

MUFFINKI KOKOSOWE Z CZEKOLADĄ (BEZ JAJEK)

Na 16–18 sztuk o średnicy 6 cm

400 g mleka kokosowego
100–150 g czekolady 90%
70 g ksylitolu
30 kropel stewii fluid
60 g mąki gryczanej
po 50 g mąki ryżowej, kukurydzianej i migdałowej
50 g wiórków kokosowych (+ wiórki do posypania)
30 g zmielonego złocistego siemienia lnianego
10 g mąki ziemniaczanej
10 g skrobi z tapioki lub kukurydzianej
4 łyżki roztopionego oleju kokosowego (lub innego oleju)
2 łyżki ekologicznego octu jabłkowego

1/2 łyżeczki gęstego ekstraktu waniliowego
1 łyżeczka bezglutenowego proszku do pieczenia
1/2 łyżeczki sody oczyszczonej

W misce połącz wszystkie suche składniki, łącznie z ksylitolem i wiórkami. W osobnej dużej misce wymieszaj mleko kokosowe z olejem, octem, stewią i wanilią. Wsyp suche składniki do mokrych i szybko wymieszaj widelcem lub krótko zmiksuj, tylko do połączenia składników. Domieszaj posiekaną czekoladę.

Napełnij formy na muffinki ciastem do 3/4 wysokości. Wierzch posyp wiórkami kokosowymi. Piecz w piekarniku nagrzanym do 180°C przez 30 minut. Wyciągnij muffinki z piekarnika, zostaw na 5 minut w foremkach, następnie wyjmij i przełóż na kratkę, aby ostygły. Muffinki są bardzo pulchne i delikatne. Mają intensywny kokosowo-czekoladowy smak.

MUFFINKI SZALENIE LESZCZYNOWE

Polska wersja muffinek szalenie fistaszkowych (zmodyfikowany przepis Williama Davisa z *Kuchni bez pszenicy*). W ekstremalnie leszczynowej wersji możesz użyć orzechów nie tylko w postaci mąki, masła i siekanych, lecz także laskowego mleka i oleju!

Na 12 sztuk o średnicy 6 cm

170 g mąki z orzechów laskowych lub tartych orzechów laskowych (np. firmy BackMit)[*]
100 g naturalnego masła z orzechów laskowych (np. domowego, s. 327)
100 ml mleka (dowolnego)
80 g ksylitolu
10 kropel stewii fluid (opcjonalnie)
60 g siekanych orzechów laskowych (+ orzechy do posypania, opcjonalnie)
60 g czekolady 90%, pokrojonej (opcjonalnie)
40 g zmielonego złocistego siemienia lnianego
2 jajka
3 łyżki oleju
1 łyżka domowego ekstraktu waniliowego lub 1 łyżeczka gęstego

---

[*] Najlepsze muffinki, najbardziej pulchne, wychodzą na mące grubo mielonej, z kawałkami orzechów i na orzechach tartych firmy BackMit. Muffinki przygotowane na drobnej mączce migdałowej również się udadzą, ale będą mniej pulchne.

1 łyżeczka sody oczyszczonej
po 1/2 łyżeczki cynamonu i mielonych goździków

W misce wymieszaj mąkę orzechową, siemię lniane, ksylitol, przyprawy i sodę. W osobnej misce ubij jajka, dodaj olej, stewię, wanilię oraz masło z orzechów laskowych. Dokładnie wszystko wymieszaj. Wlej mleko, a następnie wsyp suchą mieszankę i całość szybko wymieszaj widelcem lub krótko zmiksuj, tylko do połączenia składników. Domieszaj posiekane orzechy oraz, jeśli chcesz, pokrojoną czekoladę.

Napełnij formy na muffinki ciastem do 3/4 wysokości. Wierzch możesz posypać siekanymi orzechami. Piecz w piekarniku nagrzanym do 180°C przez 20–23 minuty, do suchego patyczka (patyczek nie powinien być oblepiony ciastem, ale może się błyszczeć od tłuszczu z orzeszków). Wyjmij z piekarnika i studź na kratce przez 20 minut.

MUFFINKI Z CZERWONEJ FASOLI I BANANÓW

Na 22–24 sztuki o średnicy 6 cm

240 g czerwonej fasoli konserwowej z puszki lub ugotowanej
2 średnie banany
50 g rodzynek
30 g kakao lub karobu
30 ml oleju ryżowego
4 jajka
2 łyżki jogurtu naturalnego
1 łyżeczka bezglutenowego proszku do pieczenia

Rodzynki zalej wrzątkiem. Po kwadransie opłucz i odsącz na sicie. Fasolę dokładnie opłucz z zalewy i odsącz, banany obierz. Wszystkie składniki, poza rodzynkami, włóż do blendera i dokładnie zmiksuj. Napełnij masą foremki do 3/4 wysokości, dokładając do każdej po kilka rodzynek (powinny być przykryte ciastem).

Piecz w piekarniku nagrzanym do 150°C przez 30–35 minut. Nie otwieraj piekarnika w czasie pieczenia i nie zwiększaj temperatury! Po upieczeniu na kilka minut uchyl lekko drzwiczki piekarnika. Następnie wyjmij muffinki z piekarnika, a po kilkunastu minutach delikatnie wyciągnij z foremek, w razie potrzeby pomagając sobie patyczkiem do pieczenia.

MUFFINKI Z OWOCAMI

Na 12 sztuk o średnicy 6 cm

200 g owoców (np. borówek, porzeczek, małych malin, drobno pokrojonych moreli)
80 g mąki gryczanej
80 g mąki migdałowej lub tartych migdałów BackMit
60 g mąki kukurydzianej
10 g amarantusa ekspandowanego (poppingu)
80 g ksylitolu
25–30 kropel stewii fluid
2 jajka
200 ml mleka (dowolnego)
200 ml oleju
1 i 1/3 łyżeczki bezglutenowego proszku do pieczenia

Owoce przebierz, umyj, usuń szypułki i dokładnie osusz przed dodaniem do ciasta. W jednej misce połącz mąki z proszkiem do pieczenia i poppingiem. W drugiej ubij jajka z ksylitolem i stewią, dolej mleko i olej, wymieszaj. Dodaj stopniowo mieszankę suchych składników, krótko zmiksuj. Na końcu wrzuć owoce i połącz z ciastem.

Napełnij formy na muffinki do 3/4 wysokości, a nawet do samego brzegu. Piecz w piekarniku nagrzanym do 180°C przez 25–30 minut, aż wierzch lekko się zrumieni. Wyjmij z piekarnika i studź na kratce przez 20 minut.

MURZYNEK Z SEREM

Ciasto
200 g masła
125 ml mleka (dowolnego)
100 g mąki ziemniaczanej
80 g mąki ryżowej
80 g mąki gryczanej
50 g prażonej mąki amarantusowej (firmy EkoProdukt)
70 g ksylitolu
30 kropel stewii fluid
2 jajka

3 łyżki kakao lub karobu
2 płaskie łyżeczki bezglutenowego proszku do pieczenia

Masa serowa
ok. 500 g białego sera (zmielonego 2–3 razy lub gotowego mielonego sera do wypieków)
100 g masła
80 g ksylitolu
20 kropel stewii fluid
40 g prażonej mąki amarantusowej
2 jajka
1 łyżeczka gęstego ekstraktu waniliowego
1 łyżeczka bezglutenowego proszku do pieczenia (opcjonalnie)

Masło, mleko, słodzidła oraz kakao lub karob zagotuj w rondelku. Zostaw chwilę na ogniu, po czym zdejmij z palnika i odstaw do przestudzenia. Odłóż 5 łyżek masy do polania gotowego ciasta.

Przygotuj masę serową. Utrzyj masło ze słodzidłami i z wanilią na pulchny krem. Następnie dodawaj porcjami ser oraz jajka i ciągle miksuj. Na końcu wsyp mąkę i wymieszaj. Do masy serowej możesz dodać proszek do pieczenia, wtedy będzie bardziej pulchna, ale nie jest to konieczne.

Do ostudzonej mieszanki kakaowej dodaj jajka i ubij całość mikserem. Następnie dodaj wszystkie pozostałe składniki (proszek do pieczenia połącz wcześniej z mąkami) i krótko zmiksuj. Przełóż masę do formy o wymiarach 28×22 cm. Łyżką nakładaj na ciasto porcje sera, tworząc wysepki. Piecz w piekarniku nagrzanym do 180°C przez 40–50 minut, aż ser lekko się zrumieni. Patyczek wbity w ciasto (nie w ser) powinien być suchy. Gotowe ciasto wyjmij z piekarnika, a gdy nieco przestygnie, polej odłożoną polewą.

OWSIANE KOSTKI Z SUSZONYMI OWOCAMI

500 g płatków owsianych bezglutenowych (certyfikowanych)
200 g masła
160 g miękkich suszonych owoców (śliwek, moreli, rodzynek)
100–150 g ksylitolu
120 ml (8 łyżek) płynnego miodu, syropu z daktyli lub melasy z karobu
szczypta soli

Suszone owoce drobno posiekaj. Jeśli są twarde i bardzo suche, zalej je gorącą wodą i odstaw na 10 minut. Później dokładnie odcedź i posiekaj.

W rondelku rozpuść masło, dodaj słodzidła i sól. Gdy masa zacznie się gotować, zdejmij rondelek z palnika i wsyp płatki owsiane. Mieszaj, aż masa nieco zgęstnieje (płatki wchłoną część płynu). Dodaj owoce i dokładnie wymieszaj. Przełóż całość do formy o wymiarach 24×24 cm wyłożonej papierem do pieczenia i bardzo mocno ugnieć. Piecz w piekarniku nagrzanym do 160–170°C przez 20–25 minut, aż powierzchnia ciasta lekko się zezłoci (pod koniec kontroluj czas pieczenia, żeby masa się nie przypaliła).

Po wyjęciu z piekarnika odstaw ciasto na kwadrans, a następnie wyjmij z formy razem z papierem i pokrój na kwadraty mniej więcej 4×4 cm. Jeśli chcesz, polej kostki polewą czekoladową. Najlepsze są następnego dnia!

PIEGUSEK Z CZEREŚNIAMI

150 g mąki ryżowej
100 g mąki gryczanej
100 ml oleju
100 ml mleka ryżowego (lub innego mleka)
60 g ksylitolu
20 kropel stewii fluid (lub do smaku)
40 g suchego maku
3 jajka
1 łyżka ekstraktu z wanilii
1 łyżka soku z cytryny
1 lekko czubata łyżeczka bezglutenowego proszku do pieczenia
szczypta soli
czereśnie lub wiśnie do obłożenia (ok. 50 sztuk)

Czereśnie lub wiśnie umyj, wydryluj i zostaw na sitku do odsączenia. Najlepsze są świeże, ale możesz również użyć owoców mrożonych (po rozmrożeniu) lub z kompotu.

Jajka ubij w misce z ksylitolem i stewią na gładką, jasną masę. Dodaj olej, mleko, wanilię, sól i sok z cytryny, krótko zmiksuj. Wsyp mak, a na końcu mąki połączone z proszkiem do pieczenia. Dokładnie wymieszaj ciasto – będzie dość gęste.

Przelej masę do tortownicy o średnicy 22 cm. Na wierzchu bardzo gęsto ułóż czereśnie, delikatnie wciskając je w ciasto. Piecz w piekarniku nagrzanym do 180°C przez 30–35 minut. Wyjmij ciasto z piekarnika i przestudź. Smakuje najlepiej, gdy czereśnie są jeszcze ciepłe!

PLEŚNIAK NA KRUCHYM CIEŚCIE

Ciasto
230 g mąki gryczanej (+ mąka do podsypania)
20 g mąki ziemniaczanej
125 g masła
90 g ksylitolu
90 g płatków jaglanych (grubo mielone, np. Piotr i Paweł)
60 g gęstego jogurtu naturalnego
4 żółtka (białka zachowaj do bezy)
2 łyżeczki bezglutenowego proszku do pieczenia
szczypta soli

Nadzienie
500 g jabłek nadających się na marmoladę, np. antonówek lub renet
400 g czarnych porzeczek
40 g mąki ziemniaczanej lub budyniu bez cukru
200 ml wody
2 łyżeczki świeżego imbiru, startego (opcjonalnie)
1 łyżeczka cynamonu
1/2 łyżeczki mielonych goździków
10 kropel stewii fluid (opcjonalnie)

Beza
4 białka
70 g ksylitolu
20 g mąki ziemniaczanej
szczypta soli

Przygotuj ciasto. Wymieszaj mąki z płatkami jaglanymi i proszkiem do pieczenia. Dodaj cienkie płaty zimnego masła, żółtka, ksylitol, jogurt oraz szczyptę soli. Posiekaj składniki nożem, a następnie szybko zagnieć ciasto rękoma, tylko do połączenia składników. Podziel ciasto na 3/4 i 1/4. Włóż do lodówki do schłodzenia.

Przygotuj nadzienie. Do garnka wlej 100 ml wody, dodaj obrane i pokrojone jabłka, cynamon, goździki, imbir oraz stewię i ciągle mieszając, duś pod przykryciem, aż jabłka się rozpadną. Mąkę ziemniaczaną lub budyń rozprowadź w 100 ml wody i dodaj do masy jabłkowej, energicznie mieszając. Do osobnego garnuszka włóż porzeczki, zgnieć je lekko praską, postaw na ogniu i nie przerywając mieszania, duś, aby woda nieco odparowała. Na końcu przygotuj bezę. Białka ubij z solą i ksylitolem. Pod koniec ubijania dodaj mąkę ziemniaczaną.

Ustaw piekarnik na 150°C. Trzy czwarte ciasta pokrój w plastry i wyłóż nimi formę o wymiarach 35×24 cm, bez szczelnego dociskania plastrów do siebie. Na ciasto wyłóż mus z czarnych porzeczek, następnie masę z jabłek i bezową pianę z białek. Pozostałe ciasto zetrzyj na tarce o grubych oczkach bezpośrednio na bezę, równomiernie. Wstaw ciasto do piekarnika i zwiększ temperaturę do 200°C. Piecz przez 45 minut. Jeśli po 20 minutach beza zacznie nadmiernie ciemnieć, przykryj ciasto folią aluminiową i piecz jeszcze przez 25 minut. Zostaw do przestudzenia.

PUSZYSTY PLACEK MIGDAŁOWY ZE ŚLIWKAMI

kilkanaście dojrzałych śliwek węgierek
250 g mąki migdałowej
100 g migdałów posiekanych lub w płatkach
100 g mąki gryczanej
150 ml oleju
100 ml wody
70 g ksylitolu (+ 1 łyżka zmielonego na puder, do posypania)
30 kropel stewii fluid
3 jajka
1 łyżka soku z cytryny
po 1 łyżeczce cynamonu i mielonych goździków
1 łyżeczka bezglutenowego proszku do pieczenia
szczypta soli

Śliwki umyj, wypestkuj, przetnij na ćwiartki i zostaw na sitku do odsączenia. W misce dokładnie wymieszaj suche składniki, poza ksylitolem. W osobnej misce ubij żółtka z ksylitolem i stewią, wlej olej i jeszcze chwilę ubijaj. Dolej wodę i sok z cytryny, wymieszaj. Masa powinna być dość rzadka. Wsypuj stopniowo mieszankę suchych składników i szybko mieszaj. Dodaj posiekane migdały (odłóż trochę do posypania na wierzchu), a na końcu delikatnie, za pomocą drewnianej łyżki lub silikonowej trzepaczki, wmieszaj pianę z białek.

Przelej ciasto do formy o wymiarach 28×22 cm. Na wierzchu dość ciasno ułóż ćwiartki śliwek, skórką do dołu. Posyp odłożonymi migdałami. Piecz w piekarniku nagrzanym do 180°C przez 35–40 minut. Po przestudzeniu oprósz odrobiną ksylitolu zmielonego na puder w młynku do kawy lub blenderze.

SERNIK KRÓLEWSKI

Spód ciasteczkowy lub orzechowy
150 g kruchych ciastek bezglutenowych lub 250 g mielonych orzechów włoskich
60 g masła

Masa serowa
1 kg zmielonego półtłustego twarogu
150–200 g ksylitolu
160 ml śmietanki kremówki (36%)
5 dużych jajek
2 i 1/2 łyżki mąki ziemniaczanej (ok. 50 g)
2 łyżki domowego ekstraktu waniliowego lub 1 niepełna łyżka gęstego

Ciasteczka pokrusz lub zmiksuj w blenderze na piasek. Dodaj roztopione masło, wymieszaj i wyłóż na spód tortownicy. Mocno dociśnij. Zamiast ciasteczek możesz użyć zmielonych orzechów – jeśli zmielisz je w maszynce do mięsa, masło nie będzie potrzebne, ponieważ orzechy dobrze się skleją; jeśli użyjesz suchej mąki migdałowej, wymieszaj ją z roztopionym masłem i wyłóż na spód tortownicy o średnicy 24 cm. Mocno dociśnij.

Przygotuj masę serową. Utrzyj ser z ksylitolem, dodawaj po jednym jajku, za każdym razem krótko miksując. Następnie dodaj pozostałe składniki i zmiksuj krótko, tylko do połączenia składników. Wylej masę na przygotowany spód. Piecz w piekarniku nagrzanym do 170°C przez 60 minut. Na najniższej półce piekarnika umieść żaroodporne naczynie z wodą – dzięki temu sernik będzie wilgotny.

Po upieczeniu zostaw sernik w uchylonym piekarniku, aż nieco przestygnie. Wyjmij, ostudź całkowicie i wstaw na 12 godzin do lodówki. Sernik jest bardzo lekki, puszysty i… wysoki. Jeśli chcesz, polej go po wierzchu ulubioną polewą lub rozpuszczoną w kąpieli wodnej czekoladą.

SERNIK TRADYCYJNY NA KRUCHYM SPODZIE

Kruchy spód
230 g mąki gryczanej
90 g płatków jaglanych
20 g mąki ziemniaczanej
125 g masła
90 g ksylitolu
60 g gęstego jogurtu naturalnego
4 żółtka
2 łyżeczki bezglutenowego proszku do pieczenia
szczypta soli

Masa serowa
900 g twarogu pełnotłustego (np. ekotwarogu Łukta), dwukrotnie zmielonego
125 g ksylitolu
40 g mąki ziemniaczanej
30 g inuliny
5 dużych jajek (dodatkowo 4 białka pozostałe z kruchego ciasta)
1 łyżeczka sproszkowanej skórki pomarańczowej
1/2 łyżeczki bezglutenowego proszku do pieczenia

Przygotuj kruche ciasto. Wymieszaj mąki z płatkami jaglanymi i proszkiem do pieczenia. Dodaj cienkie płaty zimnego masła, żółtka, ksylitol, jogurt i szczyptę soli. Posiekaj wszystko nożem, a następnie szybko zagnieć ciasto rękoma (tylko do momentu, gdy składniki dobrze się połączą). Podziel ciasto na 3/4 i 1/4, zawiń w folię i włóż do lodówki do schłodzenia.

Przygotuj masę serową. Połącz mąkę ziemniaczaną z proszkiem do pieczenia i sproszkowaną skórką pomarańczową. Ubij na sztywno białka, dodając pod koniec ubijania inulinę. Żółtka z ksylitolem utrzyj na puszysto. Cały czas ucierając, dodawaj porcjami ser i suche składniki. Delikatnie wmieszaj ubite białka.

Trzy czwarte schłodzonego ciasta zetrzyj na grubych oczkach równomiernie na dno formy o wymiarach 35×24 cm. Na ciasto wyłóż masę serową, a na wierzch zetrzyj pozostałe ciasto, najwięcej posypując przy brzegach foremki. Piecz w piekarniku nagrzanym do 175°C przez 50 minut. Upieczony sernik pozostaw w uchylonym piekarniku, aby nieco ostygł, następnie wyjmij i odstaw do całkowitego wystudzenia. Przechowuj w lodówce; przykryj, aby nie tracił wilgotności.

SORBET TRUSKAWKOWO-ARBUZOWY

Na 6–8 porcji

500 g truskawek
500 g czerwonego miąższu z arbuza
1–2 łyżki soku z cytryny
stewia, płynny miód lub syrop daktylowy (do smaku, opcjonalnie)
listki świeżej mięty, truskawki i kawałki arbuza (do dekoracji)

Truskawki umyj, odsącz na sicie, usuń szypułki. Wykrój miąższ z samego środka arbuza – najbardziej czerwony i najsłodszy. Usuń pestki, podziel miąższ na mniejsze kawałki. Owoce włóż do blendera i zmiksuj na gładką masę. Dodaj sok z cytryny i słodzidło do smaku. Jeśli owoce są dojrzałe i słodkie, możesz ich nie dosładzać.

Przelej koktajl do dużego pojemnika i zostaw w zamrażalniku przynajmniej na trzy godziny. Po pierwszych 40–60 minutach mrożenia energicznie zamieszaj zawartość widelcem. Później mieszaj co 30 minut, a w ostatniej godzinie co kwadrans. Mieszanie jest bardzo ważne – zapobiega powstawaniu dużych kryształków lodu.

Wyjmij sorbet z zamrażalnika 15–20 minut przed podaniem. Nabieraj porcje za pomocą łyżki do lodów i przekładaj do pucharków. Udekoruj kawałkami arbuza i truskawkami oraz listkami świeżej mięty.

W identyczny sposób możesz przygotować sorbety z innych owoców.

TORT ANANASOWO-KOKOSOWY

biszkopt kukurydziano-ziemniaczany (s. 307)
sok z 1/2 cytryny, sok ananasowy lub mleczko kokosowe (do nasączenia, opcjonalnie)

Blat kokosowy
150 g wiórków kokosowych (+ 50–100 g do dekoracji)
70 g ksylitolu
3 białka

Krem ananasowy
500 ml soku z ananasa (najlepiej świeżo wyciśniętego)
300–400 g miąższu świeżego ananasa, pokrojonego w kostkę

180 g masła
2 bezglutenowe budynie waniliowe, bez dodatku cukru (np. biobudynie Byodo)
40 g ksylitolu (3 łyżki)

Upiecz biszkopt, zimny przekrój na dwa równe krążki.

Przygotuj blat kokosowy. Ubij białka na sztywną pianę, dodaj ksylitol oraz wiórki, wymieszaj. Przelej masę do tortownicy o średnicy 22–23 cm i piecz w piekarniku nagrzanym do 180°C przez 20 minut, aż wierzch lekko się zrumieni. Wyjmij i przestudź.

Przygotuj krem. Budynie ugotuj na soku ananasowym z dodatkiem ksylitolu. Ostudź. W misce utrzyj masło na gładką, jasną masę, dodawaj porcjami budyń ananasowy i nadal ucieraj. Odłóż kilka łyżek masy do posmarowania boków, a do reszty dodaj pokrojony w kostkę miąższ ananasa.

Złóż tort. Skrop biszkopty sokiem z cytryny rozmieszanym z odrobiną wody, sokiem ananasowym lub płynnym mleczkiem kokosowym. Na jednym biszkopcie rozsmaruj połowę masy budyniowo-ananasowej, przykryj drugim biszkoptem, wyłóż resztę masy, a na samej górze połóż blat kokosowy. Brzegi tortu udekoruj odłożoną masą i obsyp wiórkami kokosowymi (albo startą czekoladą). Kokosowy wierzch prezentuje się bardzo ładnie, ale jeśli chcesz, polej go ulubioną polewą lub rozpuszczoną w kąpieli wodnej czekoladą (80 g czekolady 90% + 2 łyżki masła). Wstaw tort na kilka godzin do lodówki. Podawaj schłodzony.

TORT CZEKOLADOWO-ŚMIETANOWY

biszkopt ziemniaczano-ryżowy (s. 308)
50 ml jasnego alkoholu (np. nalewki z pigwy, koniaku) + 150 ml przegotowanej wody (do nasączenia)

Masa czekoladowa
500 ml mleka ryżowego lub kokosowego
120 g mąki ziemniaczanej
120 g masła
100 g ksylitolu
80 g melasy z karobu
30 g kakao lub karobu
1 łyżeczka gęstego ekstraktu waniliowego

Bita śmietana
600 ml śmietanki 30%
1 łyżka ksylitolu
1 łyżka inuliny (opcjonalnie)

Upiecz biszkopt w tortownicy o średnicy 22–23 cm, zimny przekrój na cztery równe krążki.

Przygotuj masę czekoladową. Wlej do garnuszka 200 ml mleka, dodaj mąkę ziemniaczaną, ksylitol, melasę, kakao lub karob i dokładnie rozmieszaj. Pozostałe mleko postaw na średnim ogniu, dodaj masło i podgrzewaj, aż masło się rozpuści, a mleko będzie gorące (nie dopuść do zagotowania!). Odstaw z ognia i wlewaj powoli zimne mleko z mąką, bardzo energicznie mieszając. Jeśli utworzą się grudki mąki, rozmieszaj je mikserem. Na końcu dodaj wanilię. Odstaw masę do całkowitego ostudzenia.

Przygotuj bitą śmietanę. Wlej śmietankę do wysokiego naczynia i ubijaj. Kiedy zacznie nabierać sztywności, dosyp porcjami ksylitol, a następnie inulinę. Ubijaj, aż śmietana będzie całkiem sztywna.

Złóż tort. Wymieszaj alkohol z wodą. Powstałą esencją nasącz pierwszy krążek, odczekaj, aż płyn dobrze wsiąknie, i nałóż warstwę masy czekoladowej oraz bitej śmietany. Powtórz z kolejnymi krążkami, nakładając je kolejno na siebie. Boki tortu posmaruj bitą śmietaną. Odstaw na kilka godzin do schłodzenia. Tort jest najsmaczniejszy następnego dnia.

TORT JAGLANO-KOKOSOWY Z MALINAMI

dowolny biszkopt dający się przekroić na 3 blaty (zob. „Przepisy podstawowe i dodatki", poza biszkoptem białkowym)
300 g malin (świeżych lub rozmrożonych i odsączonych + maliny do dekoracji)
800 ml mleka kokosowego
250 g kaszy jaglanej, wypłukanej
60 g ksylitolu
stewia fluid (opcjonalnie, do smaku)
1 łyżeczka gęstego ekstraktu waniliowego
40 g wiórków kokosowych lub mąki kokosowej (do dekoracji)

Upiecz biszkopt w tortownicy o średnicy 22–23 cm, przestudź.

W garnku z grubym dnem zagotuj mleko kokosowe z ksylitolem, stewią i wanilią. Wrzuć kaszę jaglaną dokładnie wypłukaną w gorącej wodzie. Gotuj kilka minut na mocnym ogniu, aż kasza wchłonie część płynu. Gdy masa zacznie gęstnieć, zmniejsz ogień i gotuj jeszcze kilka minut, a gdy niemal cały płyn zostanie wchłonięty i na powierzchni kaszy utworzą się kratery, przykryj garnek pokrywką i po chwili wyłącz ogień. Zostaw kaszę na 15 minut, by całkowicie zmiękła – powinna być mocno napęczniała, wręcz rozgotowana. Jeśli będzie nadal twarda, dolej więcej mleka kokosowego i gotuj jeszcze chwilę. Gotową odkryj i nieco przestudź.

Do jeszcze ciepłej kaszy dodaj maliny i zmiksuj całość blenderem na gładki krem w kolorze pastelowego różofioletu. Podziel krem na trzy części, w tym dwie po 450 g. Przetnij biszkopt na trzy blaty. Pierwszy posmaruj 450 g kremu, połóż drugi, posmaruj 450 g kremu i przykryj ostatnim blatem.

Boki i wierzch tortu posmaruj resztą kremu. Jeśli będzie się trudno rozsmarowywał, dolej odrobinę mleka kokosowego i dokładnie wymieszaj. Obsyp boki i wierzch wiórkami kokosowymi (najlepiej krótko zmielonymi w młynku) lub mąką kokosową. Jeśli wiórki nie będą chciały się trzymać, lekko je przyklep. Wierzch tortu udekoruj świeżymi malinami, najlepiej w dużej ilości. Wstaw do lodówki na kilka godzin, a najlepiej na noc. Podawaj schłodzony.

TORT ORZECHOWO-MARCHEWKOWY Z KREMEM CYTRYNOWYM

Ciasto
250 g marchewki, drobno startej
130 g miodu
150 g mąki z orzeszków ziemnych
100 g zmielonych orzechów włoskich
50 g mąki ziemniaczanej
4 jajka
3 łyżki alkoholu (np. wiśniówki lub innego aromatycznego)
1 łyżka świeżego imbiru, drobno startego
skórka otarta z 1 małej ekocytryny
1 łyżeczka bezglutenowego proszku do pieczenia
1/2 łyżeczki sody oczyszczonej

po 1/4 łyżeczki cynamonu, goździków, kardamonu i gałki muszkatołowej
szczypta soli

Masa cytrynowa
200 g śmietanki kokosowej w kostce (zob. „Polecamy", s. 47)
200 g masła
125 g ksylitolu
1 mała ekocytryna, bez skórki (pozostała z przygotowania ciasta)

dodatkowo: 1 łyżka melasy z karobu lub 50 g czekolady 80–90%

Przygotuj ciasto. Wymieszaj mąkę z orzeszków ziemnych i ziemniaczaną z proszkiem do pieczenia i sodą. Żółtka z miodem ubij do białości. Cały czas ubijając, dodaj alkohol, przyprawy korzenne, imbir oraz skórkę z cytryny. Do ubitej masy wsypuj stopniowo, delikatnie mieszając, zmielone orzechy włoskie, startą marchewkę oraz mieszankę mąki ze spulchniaczami. Białka ubij na sztywno z solą i na końcu delikatnie wmieszaj do masy.

Przełóż ciasto do tortownicy o średnicy 22–23 cm i wstaw do piekarnika nagrzanego do 100°C. Zwiększ temperaturę do 180°C i piecz przez 50 minut (sprawdź ciasto patyczkiem – powinien być wilgotny, ale bez śladów surowego ciasta). Wyłącz i otwórz piekarnik na 5 minut. Następnie wyjmij ciasto i odepnij boki tortownicy albo razem z papierem postaw ciasto na kratce. Po 10 minutach odwróć ciasto, zdejmij dno formy lub oddziel papier. Zostaw do całkowitego ostygnięcia. Zimne ciasto przekrój na cztery krążki.

Przygotuj masę cytrynową. Cytrynę w całości zmiksuj na gładki krem. Śmietankę kokosową zetrzyj na drobnej tarce. Utrzyj masło (najlepiej w makutrze) na puszystą masę, dodając porcjami ksylitol, a następnie startą śmietankę kokosową i zmiksowaną cytrynę. Ucieraj, aż składniki dobrze się połączą. Podziel masę na cztery równe części.

Złóż tort. Nałóż warstwę masy na pierwszy krążek. Powtórz czynność z kolejnymi krążkami, nakładając je kolejno na siebie. Resztą masy cytrynowej posmaruj wierzch i boki tortu. Udekoruj nitkami melasy z karobu lub czekoladą rozpuszczoną w kąpieli wodnej. Wstaw co najmniej na 3–4 godziny do lodówki. Wyjmij pół godziny przed podaniem. Warto przyrządzić go dzień wcześniej, nabiera wówczas pełni smaku. Po 2 dniach jest jeszcze pyszniejszy!

Tort jest zwarty, aromatyczny, wilgotny. Jest doskonałą konkurencją dla tortów biszkoptowych. Nuta korzenna w połączeniu ze świeżością i z kwaskowatością cytryny daje doskonały efekt smakowy, daleki od nadmiaru słodkości charakteryzującej wiele tortowych wypieków.

TORT Z KREMEM IRYSOWYM

biszkopt ziemniaczano-ryżowy (s. 308)

400 g czarnych porzeczek
100 g czekolady 80–90%
100 g płatków migdałowych

Esencja do nasączenia biszkoptu
200 ml naparu herbaty
40 ml jasnego alkoholu
sok z 1/2 cytryny
ksylitol lub stewia fluid do smaku

Krem irysowy
400 ml śmietanki kremowej 30–36%
100 g miodu

Upiecz biszkopt w tortownicy o średnicy 22–23 cm, zimny przekrój na cztery równe krążki. Wymieszaj składniki esencji do nasączenia. Do osobnego garnuszka włóż porzeczki, zgnieć je lekko praską, postaw na ogniu i duś, ciągle mieszając, aby woda nieco odparowała. Odstaw do wystudzenia.

Przygotuj krem irysowy. Wlej do garnuszka 160 ml kremówki, dodaj miód. Gotuj na małym ogniu mniej więcej 5 minut, cały czas mieszając, aż sos zacznie gęstnieć do konsystencji melasy (nie podgrzewaj go zbyt długo, bo masa zanadto stwardnieje!). Odstaw do całkowitego wystudzenia. Pozostałą kremówkę ubij na sztywno, nabierz 1 czubatą łyżkę i dodaj do zimnego sosu. Wymieszaj składniki łyżką na gładko i połącz delikatnie z całą porcją bitej śmietany. Wstaw krem do lodówki na 1 godzinę, aby masa dobrze stężała. Podziel krem na cztery równe części.

Złóż tort. Nasącz krążek biszkoptu esencją, nałóż cienką warstwę podduszonych czarnych porzeczek i warstwę kremu irysowego. Powtórz z kolejnymi krążkami, nakładając je kolejno na siebie. Wierzch i boki tortu posmaruj kremem irysowym. Środek posyp płatkami migdałowymi. Brzegi udekoruj czekoladą roztopioną w kąpieli wodnej i przestudzoną – nakładaj ją łyżeczką na krawędź tortu tak, aby spływała na boki małymi strużkami. Odstaw na kilka godzin do schłodzenia. Tort jest najsmaczniejszy następnego dnia.

TORT Z SERKIEM MASCARPONE I WIŚNIAMI

2 biszkopty kukurydziano-ziemniaczane (s. 307)
sok z 1 cytryny + 1 łyżka rumu (do nasączenia)
200 g wiśni (najlepiej bardzo dojrzałych, ciemnych)
20 g liofilizowanych wiśni (opcjonalnie)
100 g czekolady 90% (opcjonalnie, do dekoracji)

Krem
750 g serka mascarpone
300 ml śmietanki 30%
40 g ksylitolu, zmielonego na puder

Upiecz dwa biszkopty w tortownicy o średnicy 22–23 cm, przestudź, przetnij każdy na dwa blaty. Wiśnie umyj, wydryluj, przekrój na połówki, zostaw na sicie do odsączenia z nadmiaru soku.

Przygotuj krem. Ubij śmietankę. Partiami dodawaj serek mascarpone oraz ksylitolowy puder, dokładnie wymieszaj. Odłóż trochę kremu (mniej niż 1/4) do posmarowania boków oraz wierzchu tortu, a resztę podziel na trzy równe porcje. Do jednej porcji dodaj zmielone na proszek liofilizowane wiśnie (nie jest to konieczne, ale dzięki temu krem zyska nie tylko ciekawy smak, lecz także kolor).

Złóż tort. Sok z cytryny zmieszaj z rumem lub wodą, nasącz biszkoptowe krążki. Na pierwszym rozsmaruj porcję jasnej masy, połóż drugi biszkopt, posmaruj różową masą, połóż trzeci biszkopt, posmaruj porcją jasnej masy i połóż ostatni biszkopt. W dowolnym momencie możesz ułożyć na kremie pokrojone wiśnie: na dwóch jasnych warstwach, tylko na różowej albo na wszystkich. Ilość wiśni możesz zwiększyć wedle uznania lub użyć zamiennie innych drobnych owoców, np. malin lub jagód. Tort bez owoców będzie równie smaczny, ale bardzo słodki.

Resztą jasnego kremu posmaruj wierzch i boki tortu, wygładź szpatułką. Możesz zabarwić kilka łyżek odłożonego kremu zmielonymi na puder liofilizowanymi wiśniami i za pomocą rękawa cukierniczego utworzyć pasteloworóżowy napis lub ozdobny wzór. Boki obsyp drobno startą czekoladą. Wstaw tort do lodówki na kilka godzin lub na całą noc. Podawaj schłodzony.

TRÓJKOLOROWY „SERNIK" Z NERKOWCÓW

350 g nerkowców (moczonych w wodzie 7–8 godzin lub przez noc)
160 g mąki migdałowej lub tartych migdałów
130 g suszonych daktyli bez pestek
120 g miękkiego oleju kokosowego
80–100 g jagód (lub innych owoców, np. z kompotu, albo bezcukrowej konfitury)
4 łyżki płynnego miodu, syropu daktylowego lub melasy z karobu
20–25 kropel stewii fluid

Daktyle pokrój na mniejsze kawałki i zmiksuj w blenderze. Na początku może się wydawać, że blender w ogóle ich nie rozdrabnia, ale po chwili zmiksowane daktyle zbiją się w gęstą kulkę i będą gotowe. Połącz daktyle z mąką migdałową i tak przygotowaną masą wyłóż spód tortownicy o średnicy 16–18 cm, mocno dociskając.

Namoczone nerkowce odsącz na sicie i zmiksuj w blenderze razem ze słodzidłami na gładką masę. Podziel masę na dwie części. Mniej więcej 1/4 masy (ok. 120 g) połącz z 30 g oleju kokosowego oraz jagodami i zmiksuj na jednolity fioletowy krem. Do reszty nerkowcowej masy (ok. 350 g) dodaj pozostałe 90 g oleju kokosowego i zmiksuj. Sprawdź, czy masy nie wymagają dosłodzenia.

Na daktylowo-migdałowy spód wyłóż jasną masę, dociśnij. Na wierzch wyłóż masę z jagodami i wyrównaj. Wstaw „sernik" do lodówki na kilka godzin, a najlepiej na całą noc, by dobrze stężał. Ciasto możesz posypać świeżymi owocami i polać odrobiną syropu daktylowego. Smakuje naprawdę wybornie!

WANILIOWA TARTA Z JABŁKAMI

Nasza bezglutenowa wersja pysznego apple pie autorstwa Pierre'a Hermé

Ciasto
180 g masła
80 g mąki ryżowej
80 g mąki gryczanej

40 g skrobi z tapioki
30 g mąki ziemniaczanej
20 g mąki kukurydzianej
1 żółtko
50 ml mleka (dowolnego) lub wody
1/3 łyżeczki soli
duża szczypta kurkumy (opcjonalnie)

Nadzienie
1 i 1/3–1 i 1/2 kg jabłek
20 g mąki gryczanej
20 g mąki kukurydzianej
1 jajko
sok z 1/2 cytryny
1 łyżeczka cynamonu
1 łyżeczka sproszkowanej mielonej wanilii lub ziarnka z połowy świeżej laski wanilii

Masło utrzyj w misce na gładką masę, dodaj żółtko oraz mleko i ucieraj jeszcze przez chwilę, aż składniki zaczną się łączyć. W osobnej misce wymieszaj mąki, tapiokę, sól i kurkumę. Stopniowo dodawaj suchą mieszankę do utartego masła i wyrabiaj ręką gładkie ciasto. Uformuj kulę i wstaw do lodówki na godzinę.

Przygotuj nadzienie. Jabłka umyj, obierz, przekrój na ćwiartki, usuń gniazda nasienne, a następnie pokrój na plasterki. Skrop sokiem z cytryny. W małej miseczce wymieszaj mąki z cynamonem i wanilią (jeśli używasz świeżych ziarenek, dokładnie rozetrzyj je palcami z mąką, by pozbyć się grudek).

Wyjmij ciasto z lodówki. Podziel na dwie części, rozwałkuj na kształt okręgu o 2–3 cm większego niż średnica formy do tarty (26 cm). Najwygodniej wałkować ciasto między dwoma kawałkami pergaminu lub folii spożywczej – wtedy na pewno się nie przyklei do wałka, nie trzeba go podsypywać mąką i łatwo je przenieść do formy. Jedną częścią ciasta wyłóż dno i brzegi formy. Spód posyp równomiernie nieco więcej niż połową mieszanki mączno-przyprawowej, która podczas pieczenia wchłonie nadmiar soku z jabłek.

Rozłóż na cieście plastry jabek, układając je dokoła formy jeden obok drugiego w taki sposób, by pośrodku było więcej jabłek niż przy brzegach (powstanie kopuła z jabłek). Podczas pieczenia objętość jabłek znacznie się zmniejszy, więc nie obawiaj się, że jest ich za dużo. Owoce posyp resztą mieszanki mąki oraz przypraw i przykryj drugim rozwałkowanym plackiem. Dokładnie zlep brzegi górnej i dolnej warstwy ciasta. Jeśli zrobi się dziura, po prostu ją zalep. Pośrodku ciasta wytnij mały okrągły otwór, aby para miała ujście. Możesz też naciąć ciasto w kilku miejscach ostrym nożem, tworząc symetryczny wzór.

Wierzch i brzegi ciasta posmaruj roztrzepanym jajkiem za pomocą pędzelka (delikatnie, by nie rozerwać ciasta). Piecz w piekarniku nagrzanym do 200°C przez 15 minut, wysuń kratkę z formą i ponownie posmaruj ciasto roztrzepanym jajkiem. Dzięki temu na wierzchu utworzy się smakowita, rumiana skorupka. Piecz jeszcze 35 minut. Smakuje wspaniale zarówno na ciepło, jak i na zimno!

WANILIOWO-KOKOSOWY GOTOWANY SERNIK Z TOFU (TOFURNIK)

Spód
80 g mąki migdałowej lub zmielonych bądź bardzo drobno posiekanych migdałów
40 g mąki kokosowej
40 g masła lub miękkiego oleju kokosowego

Masa tofurnikowa
800 g naturalnego tofu
100 g ksylitolu
20 kropel stewii fluid (lub do smaku)
100 g oleju kokosowego
100 ml mleka (krowiego lub słodkiego roślinnego, najlepiej ryżowego)
80 g rodzynek
50 g mąki kokosowej
30 g mąki ziemniaczanej
2 jajka
1/2 łyżki gęstego ekstraktu waniliowego
sok z cytryny (opcjonalnie)
wiórki czekoladowe lub drobne sezonowe owoce (do dekoracji)

Wszystkie składniki spodu wrzuć do miski i wyrób na gładką masę. Jeżeli nie będzie się kleić, dodaj trochę więcej masła lub oleju. Przełóż całość do tortownicy o średnicy 22 cm i mocno ugnieć, tworząc spód. Włóż formę do lodówki, aby masa zastygła. Schłodzony spód jest gotowy do spożycia i możesz wyłożyć na niego nieco przestudzoną masę tofurnikową. Jeśli chcesz, podpiecz spód przez 5–7 minut w piekarniku nagrzanym do 180°C. Obserwuj ciasto, ponieważ szybko się przypala!

Przygotuj masę z tofu. Rodzynki sparz wrzątkiem, odcedź. Tofu zmiel w maszynce przez najdrobniejsze sitko lub zmiksuj w blenderze. Masa powinna być gładka. Wszystkie składniki masy, poza rodzynkami, włóż do garnka z grubym dnem, dokładnie wymieszaj i gotuj 5 minut na małym ogniu (masa powinna lekko bulgotać). Spróbuj i ewentualnie dodaj trochę soku z cytryny lub więcej słodzideł. Zdejmij garnek z ognia i dorzuć odcedzone rodzynki.

Przestudzoną masę wyłóż na przygotowany wcześniej spód. Wstaw ciasto do lodówki, najlepiej na całą noc. Przed podaniem udekoruj wiórkami czekoladowymi lub świeżymi drobnymi owocami (malinami, jagodami, poziomkami, porzeczkami). Podawaj schłodzone.

8

Przepisy podstawowe i dodatki

W tym rozdziale znajdziesz kilka różnych receptur na ciasta naleśnikowe, pierogowe, makaronowe i biszkoptowe, a także przepisy na mleka roślinne, masła, sosy, twarożki, musztardy, słodziki, przyprawy itp. We wcześniejszych rozdziałach podajemy propozycje ich wykorzystania w rozmaitych potrawach i deserach, ale na pewno masz też mnóstwo własnych pomysłów!

Różne rodzaje naleśników mogą posłużyć do przygotowania śniadań na słodko, krokietów i tortów naleśnikowych, a nawet zamienić się w makaron do zupy. Wybierz dowolne ciasto pierogowe i nadziej je ulubionym farszem. Upiecz któryś z biszkoptów i przełóż pysznym kremem, który zawsze ci się udaje.

Zachęcamy także do przygotowania domowych wersji kilku składników, które być może kupujesz w sklepie, takich jak mleko roślinne, jogurt, syrop daktylowy, tofu, ekstrakt waniliowy czy masło orzechowe. Mamy nadzieję, że poniższe receptury ułatwią ci gotowanie i urozmaicą twoją kuchnię!

BISZKOPT BIAŁKOWY

5–6 białek
100 g mąki gryczanej
100 g ksylitolu
1 łyżka maku
1 łyżka wiórków kokosowych
1 i 1/2 łyżeczki bezglutenowego proszku do pieczenia
szczypta soli

Zmieszaj przesianą mąkę z proszkiem do pieczenia, makiem i wiórkami kokosowymi. Białka ze szczyptą soli ubij na sztywną pianę, pod koniec ubijania dodawaj partiami ksylitol, a następnie składniki sypkie. Masę (będzie bardzo sztywna) przełóż do silikonowej formy lub zwykłej tortownicy o średnicy 22–23 cm wyłożonej papierem i delikatnie wyrównaj łyżką. Piecz w piekarniku nagrzanym do 175°C przez 35 minut (do suchego patyczka).

Przestudź biszkopt przez 10 minut przy uchylonych drzwiczkach piekarnika. Wyjmij, zdejmij bok tortownicy lub wyciągnij ciasto razem z papierem i zostaw na kratce do całkowitego ostudzenia (papier zdejmij z boków dopiero wtedy, gdy ciasto będzie całkowicie zimne, a później odwróć biszkopt wierzchem na dół i zdejmij delikatnie cały papier, najlepiej oddzierając kawałkami).

Biszkopt po upieczeniu jest bardzo delikatny, ale po kilku godzinach leżakowania można go już z łatwością przekroić nawet na 3–4 blaty. Dobrze komponuje się z lekkimi kremami, np. irysowym, kokosowym, oraz z bitą śmietaną z dodatkami.

BISZKOPT KUKURYDZIANO-ZIEMNIACZANY (BEZ PROSZKU)

70 g mąki kukurydzianej
30 g mąki ziemniaczanej
80 g ksylitolu
4 jajka
1/4 łyżeczki sproszkowanej wanilii (opcjonalnie)

Białka ubij na sztywną pianę, pod koniec ubijania dodawaj partiami ksylitol, a następnie żółtka. Na końcu stopniowo wsypuj zmieszane i przesiane mąki. Połącz je z ciastem delikatnie za pomocą drewnianej łyżki lub silikonowej trzepaczki.

Przelej ciasto do silikonowej formy lub zwykłej tortownicy o średnicy 22–23 cm wyłożonej papierem i piecz w piekarniku nagrzanym do 170°C przez 35 minut (do suchego patyczka). Przestudź przez 10 minut przy uchylonych drzwiczkach piekarnika. Wyjmij, zdejmij bok tortownicy lub wyciągnij biszkopt razem z papierem i zostaw na kratce do całkowitego ostudzenia. Zimny możesz przekroić na 2 blaty.

BISZKOPT MIGDAŁOWY (BEZ PROSZKU)

80 g mąki migdałowej (bardzo drobnej)
35 g mąki ziemniaczanej
80 g ksylitolu
5 jajek

Białka ubij na sztywną pianę, pod koniec ubijania dodawaj partiami ksylitol, a następnie żółtka. Na końcu stopniowo wsypuj zmieszane i przesiane mąki. Połącz je z ciastem delikatnie za pomocą drewnianej łyżki lub silikonowej trzepaczki.

Przelej ciasto do silikonowej formy lub zwykłej tortownicy o średnicy 22–23 cm wyłożonej papierem i piecz w piekarniku nagrzanym do 170°C przez 35 minut (do suchego patyczka). Przestudź przez 10 minut przy uchylonych drzwiczkach piekarnika. Wyjmij, zdejmij bok tortownicy lub wyciągnij biszkopt razem z papierem i zostaw na kratce do całkowitego ostudzenia. Zimny możesz przekroić na 2 blaty. Biszkopt jest pulchny i delikatny. Przekładaj go lżejszymi kremami.

BISZKOPT ZIEMNIACZANO-RYŻOWY

120 g mąki ziemniaczanej
50 g mąki ryżowej
100 g ksylitolu
5 jajek
10 ml octu (niepełna łyżka)
5 g bezglutenowego proszku do pieczenia
szczypta soli

Połącz mąki z proszkiem do pieczenia i przesiej przez sito. Białka ubij na sztywno z solą. Pod koniec wsypuj partiami ksylitol i ubijaj, aż masa będzie bardzo sztywna. Cały czas ubijając, dodawaj żółtka i stopniowo wsypuj mąki z proszkiem. Na końcu wlej ocet i krótko zmiksuj.

Przelej ciasto do silikonowej formy lub zwykłej tortownicy o średnicy 22–23 cm wyłożonej papierem do pieczenia i piecz w piekarniku nagrzanym do 150°C, z termoobiegiem. Po 5 minutach zwiększ temperaturę do 180°C i piecz jeszcze 25–30 minut (do suchego patyczka). Biszkopt powinien nabrać ciemnozłotego koloru i ładnie wyrosnąć ponad brzeg tortownicy.

Wyłącz piekarnik, uchyl drzwiczki i zostaw ciasto na 10 minut. Wyjmij z piekarnika, zdejmij bok tortownicy lub wyciągnij ciasto razem z papierem i postaw na kratce (nie zdejmuj papieru). Po 10 minutach odwróć wierzchem na dół i delikatnie oddziel papier. Jeśli papier nadal trzyma się zbyt mocno, poczekaj jeszcze kilka minut. Po zdjęciu papieru zostaw biszkopt do całkowitego ostygnięcia co najmniej na godzinę. Nie krój ciepłego! Zimny możesz przekroić na 3–4 blaty.

BULION MIĘSNY W KOSTKACH

Na 7–8 porcji po 500 ml

około 1 kg antrykotu
2 nóżki wieprzowe
1 średnia golonka
130 g marchwi (2 sztuki)
130 g pietruszki (2 sztuki)
80 g selera (1/4 bulwy)
ok. 10 cm białej części pora
1 główka czosnku
2 cm świeżego imbiru lub 1/3 łyżeczki mielonego
gałązka świeżego lub mrożonego lubczyku
10 kulek czarnego pieprzu
2 listki laurowe
1 łyżeczka kozieradki
1/2 łyżeczki kuminu
sól

Podziel nóżki na mniejsze kawałki. Wszystkie składniki mięsne dokładnie wypłucz i włóż do garnka. Zalej 5 l zimnej wody i podgrzewaj na małym ogniu, aż do wypłynięcia szumów (usuń je łyżką). Czosnek obierz, pozostawiając 3 ząbki z łuską – rozgnieć je w całości szerokim nożem. Dodaj do bulionu obrane i opłukane warzywa oraz przyprawy, gotuj 3–4 godziny na wolnym ogniu, aż mięso całkowicie zmięknie. Zdejmij z ognia, wyjmij części stałe (usuń liście laurowe i łupiny czosnku), a wywar pozostaw do odstania.

Zlej delikatnie czysty płyn. Oddziel mięso od kości i pokrój na drobne kawałki (lub według uznania), dodaj warzywa, połącz z wywarem, wystudź. Rozlej porcje po 500 ml do pojemników i zamroź. Jeśli przygotowujesz posiłki dla 1–2 osób, podziel bulion na jeszcze mniejsze porcje. Domowy bulion mięsny to doskonała baza do przyrządzania zup, sosów, gulaszów, makaronów czy innych dań.

BULION WARZYWNY

Na 1 i 1/2 l bulionu

2 duże marchewki (po obraniu ok. 250 g)
1 duża pietruszka (po obraniu ok. 100 g)
kawałek bulwy selera (po obraniu ok. 150 g)
kawałek kapusty włoskiej (mała ćwiartka lub ósemka)
por (biała część)
1 duża cebula
3 listki laurowe
6 kulek ziela angielskiego
10 kulek czarnego pieprzu
1–2 łyżeczki suszonego lubczyku lub kilka gałązek świeżego
1/2 łyżeczki nasion kozieradki
kilka gałązek natki pietruszki
bezglutenowy sos sojowy (tamari, najlepiej eko)
pieprz i sól

Cebulę pokrój na grube plastry, opiecz każdy z dwóch stron na suchej patelni, aż będzie czarny i pachnący. Warzywa umyj, obierz, pokrój na ćwiartki lub mniejsze kawałki. Wszystkie składniki wrzuć do garnka, zalej 2 l wody i gotuj na małym ogniu, aż warzywa będą miękkie. Odcedź. Dopraw do smaku mielonym pieprzem, solą i, jeśli chcesz, odrobiną sosu sojowego tamari.

Ostudzony bulion możesz podzielić na mniejsze porcje i zamrozić.

CIASTO PIEROGOWE GRYCZANE

Na 40 sztuk

250 g mąki gryczanej
100 g mąki ziemniaczanej
250 ml wrzątku

Na blat lub stolnicę wysyp mąki, wymieszaj, zrób w nich dołek i stopniowo wlewaj wrzątek. Woda do zagniecenia ciasta musi być przez cały czas bardzo, bardzo gorąca. Mieszaj mąkę z wodą za pomocą widelca i dopiero kiedy cały wrzątek zostanie wchłonięty, zacznij zagniatać ciasto rękoma. Będzie nadal bardzo ciepłe, ale już nie parzące. Na początku ciasto będzie się lepić, ale nie podsypuj go mąką – w miarę wyrabiania nabierze sprężystości, miękkości i gładkości. Podsypywanie, zwłaszcza częste, może nadmiernie je wysuszyć i później trudno ci będzie zlepić pierogi. Jeśli ciasto będzie za suche i uciążliwe w wyrabianiu/lepieniu, dodaj odrobinę gorącej wody i wyrabiaj, aż zostanie wchłonięta, a ciasto stanie się bardziej miękkie i plastyczne.

Gotową kulę ciasta podziel na trzy części. Jedną zostaw, a dwie zawiń w folię spożywczą. Nie jesteśmy jej zwolenniczkami, zwłaszcza gdy styka się bezpośrednio z jedzeniem, ale jest najlepsza do utrzymania wilgotności i ciepła, tak ważnych w przypadku tego ciasta (wybierz folię z bezpiecznego tworzywa!). Ciasto cienko rozwałkuj, np. między dwoma arkuszami pergaminu lub folii spożywczej, wtedy na pewno nie przyklei się ani do blatu, ani do wałka i unikniesz podsypywania mąką.

Wykrawaj szklanką kółka, na środek nakładaj łyżeczką porcje nadzienia i zlepiaj brzegi, dociskając je dwa lub nawet trzy razy. Jeśli podczas lepienia ciasto przykleja się do palców, zanurzaj opuszki w mące gryczanej. Jeżeli głęboko pęka i rozrywa się, oznacza to, że nadzienia jest za dużo. Drobne ryski na cieście są niegroźne – znikną podczas gotowania.

Pierogi ugotuj jak najszybciej w garnku z dużą ilością osolonej wrzącej wody. Im dłużej będą czekały na stolnicy, tym bardziej wyschną i mogą mocniej popękać. Po kilku minutach gotowania wyjmij jeden i sprawdź, czy ciasto w środku nie jest surowe (ma jaśniejszy kolor). Jeśli jest, niech reszta jeszcze się pogotuje.

Jeżeli pierogi nie lądują od razu na talerzach, tylko gorące w misce, obficie polej je oliwą albo roztopionym masłem i mieszaj co jakiś czas, w miarę jak będą stygły, lekko potrząsając miską, by tłuszcz dobrze wszystkie pokrył. Ugotowane ciasto gryczane mocno się klei i przy próbie oddzielenia dwóch nienatłuszczonych pierogów po prostu się porozrywa. A warto odstawić je na następny dzień, ponieważ świetnie smakują odsmażane na patelni!

CIASTO PIEROGOWE GRYCZANE (ZAPARZANE)

Na 50 sztuk

300 g mąki gryczanej (+ mąka do podsypania)
40 g mąki ziemniaczanej
2 jajka
2 łyżki oliwy

Ciasto przygotuj identycznie jak w przepisie na ciasto pierogowe kukurydziane (s. 314–315). Na wrzątek wsyp 140 g mąki gryczanej, a do zaparzonej mąki i jajek dodaj na stolnicy resztę mąki gryczanej i mąkę ziemniaczaną. Rozwałkuj ciasto na grubość 2 mm, wycinaj kółka i lep pierogi. Jeśli ciasto będzie się przyklejać do szklanki podczas wycinana kółek lub do palców podczas zlepiania, zanurzaj brzeg szklanki/palce w mące gryczanej. Nie posypuj mąką ciasta!

Gotowe pierogi wrzuć do garnka z dużą ilością osolonej wrzącej wody i gotuj przez 2–3 minuty od momentu wypłynięcia. Ugotowane pierogi są miękkie i delikatne. Jeśli mają zostać na drugi dzień, zalej je oliwą i dokładnie wymieszaj, lekko potrząsając miską, by tłuszcz dobrze wszystkie pokrył (inaczej mocno się skleją).

Surowe ciasto możesz zawinąć w folię spożywczą i włożyć do lodówki. Na drugi dzień będzie nadal miękkie i plastyczne, idealne do wałkowania, wykrawania i zlepiania.

CIASTO PIEROGOWE GRYCZANO-JAGLANE (ZAPARZANE)

Na 40 sztuk

120 g mąki gryczanej (+ mąka do podsypania)
100 g mąki jaglanej
80 g mąki ziemniaczanej
2 jajka
2 łyżki oliwy

Ciasto przygotuj identycznie jak w przepisie na ciasto pierogowe kukurydziane (s. 314–315). Na wrzątek wsyp mąkę gryczaną, a do zaparzonej mąki i jajek dodaj na stolnicy mąkę jaglaną i ziemniaczaną. Rozwałkuj ciasto na grubość 2 mm, wycinaj kółka i lep pierogi.

Gotowe pierogi wrzuć do garnka z dużą ilością osolonej wrzącej wody i gotuj przez 3–4 minuty od momentu wypłynięcia. Ugotowane pierogi, jeśli mają zostać na drugi dzień, zalej oliwą i dokładnie wymieszaj, lekko potrząsając miską, by tłuszcz dobrze wszystkie pokrył (inaczej mocno się skleją).

Surowe ciasto możesz zawinąć w folię spożywczą i włożyć do lodówki. Na drugi dzień będzie nadal miękkie i plastyczne, idealne do wałkowania, wykrawania i zlepiania.

CIASTO PIEROGOWE GRYCZANO-KUKURYDZIANE (ZAPARZANE)

Na 50 sztuk

160 g mąki gryczanej (+ mąka do podsypania)
140 g mąki kukurydzianej
40 g mąki ziemniaczanej
2 jajka
2 łyżki oliwy

Zaparz mąkę kukurydzianą identycznie jak w przepisie na ciasto pierogowe kukurydziane (s. 314–315). Dalej postępuj w taki sam sposób, ale do zaparzonej mąki i jajek dodaj na stolnicy mąkę gryczaną zamiast kukurydzianej oraz mąkę ziemniaczaną. Ciasto z dodatkiem mąki gryczanej będzie nieco mniej żółte, ale nadal miękkie, plastyczne i dobre do lepienia. Rozwałkuj ciasto na grubość 2 mm, wycinaj kółka i lep pierogi. Jeśli ciasto będzie się przyklejać do szklanki podczas wycinana kółek lub do palców podczas zlepiania, zanurzaj brzeg szklanki/place w mące gryczanej. Nie posypuj mąką ciasta!

Gotowe pierogi wrzuć do garnka z dużą ilością osolonej wrzącej wody i gotuj przez 2–3 minuty od momentu wypłynięcia. Ugotowane pierogi są miękkie i delikatne. Jeśli mają zostać na drugi dzień, zalej je oliwą i dokładnie wymieszaj, lekko potrząsając miską, by tłuszcz dobrze wszystkie pokrył (inaczej mocno się skleją).

Surowe ciasto możesz zawinąć w folię spożywczą i włożyć do lodówki. Na drugi dzień będzie nadal miękkie i plastyczne, idealne do wałkowania, wykrawania i zlepiania.

CIASTO PIEROGOWE JAGLANE (ZAPARZANE)

Na 40 sztuk

240 g mąki jaglanej
120 g mąki ziemniaczanej
2 jajka
2 łyżki oliwy
duża szczypta soli

Ciasto przygotuj identycznie jak w przepisie na ciasto pierogowe kukurydziane (zob. poniżej). Na wrzątek wsyp 200 g mąki jaglanej, a do zaparzonej mąki i jajek dodaj na stolnicy pozostałe 40 g mąki jaglanej i mąkę ziemniaczaną. Ciasto będzie żółciutkie i miękkie. Od razu je rozwałkuj, na grubość 2–3 mm, najlepiej przez folię spożywczą lub papier, ponieważ trochę się klei, a nie należy podsypywać go mąką. Wycinaj kółka i lep pierogi. Nie odstawiaj ciasta na później, ponieważ zrobi się bardzo miękkie i lepiące. Ciasto nie nadaje się również do włożenia do lodówki i wałkowania na drugi dzień – należy je zużyć od razu po wyrobieniu.

Gotowe pierogi wrzuć do garnka z dużą ilością osolonej wrzącej wody i gotuj przez 3–4 minuty od momentu wypłynięcia. Ciasto z mąki jaglanej może być gorzkawe (mąki nie da się wypłukać ani wyprażyć, tak jak kaszy jaglanej), dlatego ważny jest dodatek dużej szczypty soli, która tę gorzkość łagodzi. Z tego samego powodu nadzienie do tych pierogów powinno być wyraziste, słodkie lub wytrawne, dobrze doprawione. Ugotowane pierogi, jeśli mają zostać na drugi dzień, zalej oliwą i dokładnie wymieszaj, lekko potrząsając miską, by tłuszcz dobrze wszystkie pokrył (inaczej mocno się skleją).

CIASTO PIEROGOWE KUKURYDZIANE (ZAPARZANE)

Na 40 sztuk

300 g mąki kukurydzianej (+ mąka do podsypania)
40 g mąki ziemniaczanej
2 jajka
2 łyżki oliwy

W rondelku zagotuj 300 ml wody z oliwą. Na gotującą się wodę wsypuj partiami 140 g mąki kukurydzianej. Mieszaj cały czas energicznie, najlepiej trzepaczką, by nie utworzyły się grudki. Masa szybko zgęstnieje. Odstaw garnek z ognia i przestudź przez 10 minut. Jeśli przygotowujesz ciasto na pierogi ze słonym nadzieniem, dodaj do gotującej się wody 1–2 szczypty soli, ewentualnie także ulubione zioła lub przyprawy. Jeśli pierogi będą przyrządzane na słodko, dodaj odrobinę ksylitolu, stewii albo słodkie przyprawy, takie jak wanilia, cynamon czy goździki.

Stolnicę lub blat posyp odrobiną mąki kukurydzianej, wyłóż na nią zaparzoną i nieco przestudzoną mąkę, wbij dwa jajka i posyp całość resztą mąki kukurydzianej oraz mąką ziemniaczaną. Rozmieszaj mąkę i jajka palcami lub widelcem, a gdy jajka połączą się z resztą, zagnieć wszystkie składniki rękoma do uzyskania gładkiego, plastycznego ciasta o pięknym żółtym kolorze. Podziel ciasto na kilka części i każdą po kolei rozwałkuj na grubość mniej więcej 2 mm. Aby ciasto się nie przyklejało i nie rozrywało, najlepiej rozwałkować je na arkuszu papieru do pieczenia lub folii spożywczej i przykryć drugim arkuszem.

Wykrawaj kółka i na środek każdego nakładaj łyżeczką porcję nadzienia (możesz użyć dowolnego, ale pierogi kukurydziane szczególnie dobrze komponują się ze słodkim wypełnieniem, np. z serkiem lub owocami, polane śmietanką i posypane odrobiną ksylitolu). Dokładnie zlepiaj brzegi. Ciasto jest miękkie i bardzo dobre do lepienia. Skleja się szybko i łatwo, nie wysycha i się nie kruszy. Nawet jeśli podczas zlepiania na cieście pojawi się mała szczelina czy rysa, w trakcie gotowania zniknie. Jeśli nałożysz zbyt dużo nadzienia i w pierogu zrobi się pęknięcie, po prostu zalep je palcami, nieco naciągając ciasto.

Wrzuć pierogi do garnka z dużą ilością osolonej wrzącej wody i gotuj przez 3 minuty od momentu wypłynięcia. Ostrożnie wyjmij łyżką cedzakową. Świeżo ugotowane pierogi kukurydziane, podane od razu, są bardzo delikatne. Kiedy postoją kilka minut i trochę przestygną, ciasto nieco stężeje.

Jeśli chcesz schować część ugotowanych pierogów do lodówki, na drugi dzień, wlej do miski trochę oliwy, włóż kilka pierogów, delikatnie potrząśnij miską, by pierogi pokryły się tłuszczem, włóż kolejną warstwę pierogów, polej odrobiną oliwy itd. Kiedy pierogi będą stygły w misce, co jakiś czas delikatnie nimi potrząśnij, by uniknąć sklejenia. To bardzo ważne, ponieważ sklejonych pierogów kukurydzianych nie da się oddzielić bez rozerwania ciasta. Następnego dnia odsmaż pierogi na patelni, wykorzystując oliwę, która została w misce.

Surowe ciasto możesz zawinąć w folię spożywczą i włożyć do lodówki. Na drugi dzień będzie nadal miękkie i plastyczne, idealne do wałkowania, wykrawania i zlepiania.

CIASTO PIEROGOWE KUKURYDZIANO-RYŻOWE (ZAPARZANE)

Na 40 sztuk

140 g mąki kukurydzianej (+ mąka do podsypania)
100 g mąki ryżowej
100 g mąki ziemniaczanej
2 jajka
2 łyżki oliwy

Zaparz mąkę kukurydzianą identycznie jak w przepisie na ciasto pierogowe kukurydziane (s. 314–315). Dalej postępuj w taki sam sposób, ale do zaparzonej mąki i jajek dodaj na stolnicy mąkę ryżową zamiast kukurydzianej. Ciasto z dodatkiem mąki ryżowej będzie nieco mniej żółte, ale nadal miękkie i plastyczne. Dobrze się je zlepia, choć jest bardziej delikatne niż kukurydziane i kukurydziano-gryczane. Łatwiej je uszkodzić podczas lepienia, dlatego nie wkładaj do pierogów zbyt dużo nadzienia. Do ciasta kukurydziano-ryżowego doskonale pasują słodkie farsze.

Gotowe pierogi wrzuć do garnka z dużą ilością osolonej wrzącej wody i gotuj przez 3–4 minuty od momentu wypłynięcia. Ugotowane są nieco bardziej zwarte niż czyste kukurydziane. Pamiętaj, by zalać je oliwą, jeśli mają zostać na drugi dzień, inaczej mocno się posklejają.

W przeciwieństwie do ciasta kukurydzianego i kukurydziano-gryczanego to z dodatkiem mąki ryżowej nie nadaje się do włożenia na surowo do lodówki. Na drugi dzień będzie twarde i kruche, nienadające się do wałkowania i lepienia.

CZOSNEK SUSZONY

Na 60 g

3 całe główki polskiego czosnku (lub więcej)

Wybierz ładne, twarde główki krajowego czosnku, charakteryzującego się nieregularnym kształtem (ząbkami różnej wielkości) i szaroróżowym kolorem łupiny. Obierz wszystkie ząbki z łupin i błonek, pokrój na cienkie, w miarę równe plasterki

– im cieńsze, tym szybciej czosnek się wysuszy, a podobna grubość pozwoli na niemal jednoczesne wysuszenie całej partii.

Ułóż plasterki czosnku na papierze do pieczenia położonym na kratce (ruszcie) i wstaw do piekarnika nagrzanego do 60°C. Włącz termoobieg, minimalnie uchyl drzwiczki i pozostaw czosnek w piekarniku tak długo, aż będzie zupełnie suchy. Sprawdź dokładnie każdy kawałek. Nawet odrobina wilgoci potrafi wszystko zepsuć! Cały proces może potrwać kilka godzin, w zależności od jakości czosnku i grubości plastrów. Jeśli dysponujesz dwiema kratkami, wysusz od razu dwie lub trzy porcje. Do suszenia możesz użyć również suszarki do grzybów, a w okresie zimowym położyć papier z czosnkiem na grzejniku. Niewielkie ilości (jedna lub pół główki) możesz suszyć na papierze ułożonym na otworze wentylacyjnym piekarnika, zwłaszcza jeśli często pieczesz.

Zupełnie suchy czosnek, o złocistym kolorze, wrzuć do młynka lub blendera, zmiksuj na proszek i wsyp do szczelnie zamykanego szklanego słoiczka. Używaj do posypywania frytek, pieczywa, krakersów, mięs i wszędzie tam, gdzie użycie świeżego czosnku jest kłopotliwe.

W identyczny sposób możesz przygotować suszoną cebulę. Obierz ją, pokrój na cienkie plastry i rozdziel na paski.

EKSTRAKT Z WANILII

4–5 (lub więcej) lasek wanilii, świeżych, grubych i mięsistych
*250 ml wódki lub rumu**

Laski wanilii ponacinaj wzdłuż i w całości włóż do słoiczka lub szklanej butelki. Jeśli się nie zmieszczą, przetnij je na pół. Zalej wanilię wódką lub rumem, by cała była przykryta. Naczynie szczelnie zamknij, odstaw w chłodne, ciemne miejsce (np. do szafki w pokoju, nie do lodówki) i co jakiś czas wstrząśnij. Ekstrakt będzie gotowy po sześciu tygodniach, ale im dłużej postoi, tym będzie ciemniejszy i mocniejszy w smaku.

Strąki wanilii wyjmij lub zostaw w butelce. Możesz też dodawać do ekstraktu kolejne wydrążone laski wanilii, gdy wykorzystujesz nasionka do innych celów. Zuży-

* Zdania na temat bezpieczeństwa spożywania przez celiaków mocnych alkoholi wytwarzanych na bazie zbóż glutenowych są podzielone. Jeśli nie chcesz ryzykować, użyj wódki Luksusowej (robionej z ziemniaków) albo rumu (z trzciny cukrowej).

wając ekstrakt i dodając strąki, pamiętaj o dolewaniu wódki, aby wanilia wciąż była przykryta. Jeśli dolejesz za dużo wódki naraz, odstaw ekstrakt na dłuższy czas do ponownego naciągnięcia.

ESENCJA STEWIOWA

Na 300 ml

5 czubatych łyżek suszonych liści stewii
500 ml wody

Wsyp do garnka stewię, wlej wodę, wymieszaj i podgrzewaj, aż woda zacznie wrzeć. Gotuj na wolnym ogniu 15 minut, bez pokrywki, aby woda częściowo odparowała. Co jakiś czas zamieszaj. Zestaw płyn z ognia, przecedź przez gęste sitko, wlej do butelki i szczelnie zakręć. Po schłodzeniu nadaje się do przechowywania w lodówce do 7 dni. Doskonała do słodzenia kompotów, ziół i herbat owocowych. Dozuj według własnego uznania.

Pozostałe po odcedzeniu liście możesz raz jeszcze zalać ok. 200 ml wody, krótko zagotować i po przecedzeniu zużyć w ciągu 1–2 dni jako mniej esencjonalne słodzidło.

Esencja ze stewii nie tylko dosładza napoje lub desery, lecz jest także doskonałym naturalnym konserwantem, powstrzymującym procesy pleśnienia i fermentowania przetworów. Możesz dodawać ją do marmolad, kompotów, soków, keczupów, musztard i innych domowych wyrobów. Ilość dodanej esencji zależy od preferencji smakowych, jednak w przeliczeniu na litr przetworu powinno być jej nie mniej niż 100 ml. Przy takich proporcjach smak stewii jest nieznacznie wyczuwalny lub w ogóle niewyczuwalny. Jej dodatek umożliwia także ograniczenie w przetworach ilości innych słodzideł, np. miodu czy ksylitolu.

GOMASIO (SÓL SEZAMOWA)

7 łyżek czarnego sezamu (ok. 50 g)
1 i 1/2 łyżki grubej soli

Na rozgrzanej suchej patelni upraż sezam z solą, mieszając, aż sezam zacznie wydzielać przyjemny, intensywny aromat. Trwa to bardzo krótko. Zdejmij składniki z patelni i zostaw do całkowitego ostudzenia. Wsyp do młynka i zmiel drobno lub grubiej, jak wolisz. Sól sezamową możesz przygotować także z białego sezamu. Podpraż go, aż zacznie wydzielać intensywny zapach i lekko się zezłoci.

Gotową mieszankę przełóż do szczelnie zamykanego słoiczka i zużyj w ciągu miesiąca. Przechowuj w lodówce. Jest to tradycyjna słono-gorzka japońska przyprawa, często używana do posypywania ryżu. Ale na tym jej zastosowanie się nie kończy! Używaj gomasio do posypywania sałatek, zup, ziemniaków, kanapek czy domowych bułeczek – wszędzie, gdzie masz ochotę.

GRZANKI ZIOŁOWE I CZOSNKOWE

kromki chleba (najlepiej podsuszonego, drożdżowego lub na zakwasie)
kilka łyżek oliwy lub roztopionego masła
ulubione przyprawy i suszone zioła
1 ząbek czosnku lub czosnek suszony (s. 316)

Kromki bezglutenowego chleba pokrój w kostkę. Skrop oliwą lub masłem, posyp przyprawami i ziołami, dokładnie wymieszaj. Najlepiej włóż kostki chleba, oliwę i przyprawy do słoika lub woreczka, zamknij i energicznie potrząsaj, aż wszystkie składniki dobrze się wymieszają. Przełóż na blachę i piecz w piekarniku nagrzanym do 180°C przez 12–15 minut, aż apetycznie się zezłocą. Wyjmij z piekarnika, przestudź i podawaj jako dodatek do zup lub sałatek. Całkiem ostudzone i dobrze wysuszone grzanki możesz wsypać do słoika i zachować na zapas.

Jeśli chcesz maczać grzanki w jajku na miękko lub zapiekanym w kokilce (s. 117), pokrój chleb w grubsze paski dowolnej długości.

Aby przygotować grzanki czosnkowe, podsuszony chleb natrzyj na całej powierzchni obranym, przekrojonym ząbkiem czosnku. Następnie pokrój chleb w paski lub kostkę i przygotuj według powyższych wskazówek. Jeśli nie masz podsuszonego chleba, włóż całe kromki do piekarnika i piecz, aż powierzchnia nieco stwardnieje i dopiero wtedy natrzyj czosnkiem. Ewentualnie posyp grzanki czosnkiem suszonym.

JOGURT NATURALNY I OWOCOWY

Na litr jogurtu

1 litr tłustego mleka
*mały kubeczek jogurtu naturalnego (150–180 g) lub bakterie jogurtowe**
dowolne owoce i słodzidła (opcjonalnie)

Ważna uwaga na początek: im tłustszego mleka użyjesz, tym lepszy i gęstszy będzie jogurt. Najlepsze jest pełnotłuste mleko od zaufanego gospodarza lub z mlekomatu, ale możesz użyć również mleka kupionego w sklepie, w szklanej butelce, o zawartości tłuszczu 3,2%. Mleko UHT się nie nadaje!

Wlej mleko do garnka i podgrzej do 45°C (sprawdź temperaturę termometrem kuchennym albo włóż do mleka palec – powinno być gorące, lecz nie parzyć; jeśli wytrzymasz 10 sekund, temperatura jest odpowiednia, jeśli dłużej, mleko trzeba jeszcze trochę podgrzać). Do ciepłego mleka dodaj jogurt (w temperaturze pokojowej) albo bakterie jogurtowe i wymieszaj trzepaczką.

Ciepłą miksturę od razu przelej do suchego szklanego słoja i zakręć wieczko. Słoik owiń ściereczką, ręcznikiem, kocem, nakryj śpiworem lub kołdrą – wszystko po to, by przez 5–8 godzin utrzymać odpowiednią temperaturę. Możesz dodatkowo owinąć słoik folią, położyć pod kołdrą termofor w sweterku albo napełniony wrzątkiem słoiczek owinięty ściereczką. Dobrze sprawdza się także ogrzewanie jogurtu w pobliżu kaloryfera lub w piekarniku nagrzanym do 35–40°C. Jeśli nastawisz jogurt wieczorem, rano będzie gotowy! Im dłużej będzie ogrzewany, tym stanie się kwaśniejszy, ale powinien zgęstnieć już po 4–5 godzinach.

Gotowy jogurt przestudź i wstaw do lodówki. Spożyj w ciągu 7 dni. Odłóż trochę do zrobienia następnej partii domowego jogurtu.

Do tak przygotowanego naturalnego jogurtu możesz dodać dowolne owoce, w całości lub zmiksowane, uzyskując w ten sposób pyszny jogurt owocowy. Jeśli chcesz, osłódź go dodatkowo odrobiną stewii, ksylitolu lub miodu.

---

* Wybierz jogurt dobrej jakości, świeży, pełnotłusty, który w składzie ma tylko mleko i żywe kultury bakterii wymienione z nazwy. Zamiast jogurtu możesz użyć samych kultur bakterii, dostępnych w sklepach internetowych i niektórych sklepach ze zdrową żywnością. Efekt będzie jeszcze lepszy!

KASZA GRYCZANA NA SYPKO (NA DWA SPOSOBY)

500 g kaszy gryczanej nieprażonej
1 łyżeczka soli
1 łyżka oleju ryżowego

Składniki możesz odmierzyć objętościowo, w proporcji: 2 części wody na 1 część kaszy (100 g kaszy ma objętość ok. 100 ml).

Sposób I

Wsyp suchą kaszę do garnka i cały czas mieszając drewnianą łyżką, praż kilka minut na dość silnym ogniu. Uprażona kasza wydzieli lekki zapach. Zalej kaszę wrzątkiem, przemieszaj łyżką i odsącz na sicie.

W garnku zagotuj 1 l wody (850 ml wody da większą sypkość). Na wrzącą wodę wsyp wypłukaną kaszę, dodaj olej i sól, krótko zamieszaj. Gotuj mniej więcej przez 5 minut na dość dużym ogniu, bez przykrycia, aż woda zacznie się stopniowo wchłaniać. Nie mieszaj! Zmniejsz ogień do minimum, przykryj garnek pokrywką i gotuj kaszę przez 5 minut. Ziarna szybciej wchłoną wodę, jeśli nakryjesz pokrywkę grubą ściereczką, by uniemożliwić wydostawanie się pary (jeżeli masz garnek ze szczelnie przylegającą pokrywką, ściereczka nie jest potrzebna).

Ugotowaną kaszę zestaw z ognia, cały garnek przykryj dokładnie grubą ściereczką (jeśli pokrywka nie jest szczelna i zassana). Odstaw na minimum 15 minut. Możesz trzymać kaszę pod przykryciem nawet kilka godzin. Dobrze zachowa ciepło i nabierze doskonałego smaku oraz delikatności.

Sposób II

W garnku zagotuj 1 l wody (850 ml wody da większą sypkość), dodaj olej i sól. Kaszę przepłucz wrzątkiem, odsącz na sicie i wsyp do gotującej się wody. Dalej postępuj jak przy pierwszym sposobie. Tak ugotowana kasza jest nieco mniej sypka niż kasza lekko podprażona.

KASZA JAGLANA NA SYPKO

200 g kaszy jaglanej
1/2 łyżeczki soli
1 łyżeczka oleju ryżowego

Składniki możesz odmierzyć objętościowo, w proporcji: 2 części wody na 1 część kaszy jaglanej (100 g kaszy ma objętość ok. 100 ml).

Wsyp suchą kaszę do garnka z grubym dnem i cały czas mieszając drewnianą łyżką, praż kilka minut na dość mocnym ogniu. Uprażona kasza zacznie wydzielać przyjemny zapach. Zalej ją wrzątkiem, przemieszaj łyżką i odsącz na sicie.

W garnku zagotuj 400 ml wody. Na wrzącą wodę wsyp wypłukaną kaszę, dodaj olej i sól. Przez 3–4 minuty trzymaj na dość dużym ogniu, a następnie zmniejsz ogień do minimum i szczelnie przykryj garnek ściereczką, aby nie wydostawała się z niego para (jeśli masz garnek ze szczelnie przylegającą pokrywką, ściereczka nie jest potrzebna). Gotuj mniej więcej przez 5 minut. Nie mieszaj!

Ugotowaną kaszę zestaw z ognia, cały garnek przykryj dokładnie grubą ściereczką (jeśli pokrywka nie jest szczelna i zassana). Odstaw na minimum 15 minut. Szczelnie przykryty garnek możesz odstawić nawet na kilka godzin. Kasza będzie nadal ciepła i nabierze doskonałego smaku oraz delikatności.

KECZUP

3 kg dojrzałych, mięsistych pomidorów
700 g jabłek o winnym smaku
700 g cebuli
500 g marchewki, najlepiej karotki
150 g pietruszki
150 g selera
2 listki laurowe
cynamon
pieprz i sól

Pomidory sparz wrzątkiem, obierz ze skórki, wytnij twarde części. Jabłka obierz ze skórki, usuń gniazda nasienne, pokrój na plastry. Warzywa obierz i pokrój na cienkie plastry.

Włóż składniki do garnka, dodaj przyprawy i podgrzewaj na średnim ogniu, często mieszając, aż do uzyskania masy o pożądanej gęstości. Odstaw z ognia, przestudź i przetrzyj przez sito lub zmiksuj. Jeśli po zmiksowaniu masa okaże się jeszcze zbyt rzadka, podgrzewaj ją, aż nadmiar płynu odparuje. Gorący keczup włóż do słoiczków i natychmiast zakręć. Jeśli chcesz przechować keczup dłużej niż do tygodnia, zapasteryzuj go w słoiczkach.

KSYLITOL WANILIOWY

200 g ksylitolu
4 (lub więcej) świeże, mięsiste laski wanilii

Laski wanilii – grube, długie i lśniące – rozetnij na pół i tępą stroną noża wyskrob ziarenka. Łupiny przetnij na dwie lub trzy części. Ksylitol – w kryształkach lub zmielony na puder (w młynku do kawy lub blenderze) – wsyp do szklanego słoika. Do ksylitolu wrzuć ziarenka wanilii oraz łupiny. Zamknij słoik i energicznie nim potrząsaj, by wanilia dokładnie wymieszała się z ksylitolem. Jeśli utworzą się grudki z wanilii, rozetrzyj je palcami.

Tak przygotowany waniliowy ksylitol możesz wykorzystać od razu, ale najlepiej odstaw szczelnie zamknięty słoik na 1–2 tygodnie. Po tym czasie wyciągnij waniliowe łupiny albo, jeśli wolisz, zostaw je w słoiku. Używaj do słodzenia i aromatyzowania ciast, deserów albo np. do słodzenia kawy.

MAKARON GRYCZANY

130 g mąki gryczanej
50 g mąki ryżowej
50 g mąki ziemniaczanej
20 g zmielonego złocistego siemienia lnianego
1 jajko
1 łyżeczka soli
olej ryżowy

W misce wymieszaj suche składniki. Wbij jajko, wymieszaj łyżką i dolewając stopniowo 100 ml gorącej wody, wyrabiaj ciasto rękoma, aż do uzyskania gładkiej kuli. W miarę potrzeby podsypuj ciasto mąką gryczaną, aby nie kleiło się do rąk.

W garnku zagotuj 4 litry wody, posól, dodaj olej. Ciasto podziel na trzy części i rozwałkuj na placki o grubości 2–3 mm, podsypując w miarę potrzeby mąką gryczaną. Każdy placek oprósz mąką z obu stron, zwiń w luźny rulon i delikatnie, ale szybkimi ruchami, aby nie przygniatać nadmiernie ciasta, pokrój na wstążki o szerokości 3–6 mm. Pokrojony makaron lekko podrzucaj do góry, rozdzielając wstążki rękoma, i luźno rozłóż na blacie.

Po pokrojeniu wszystkich placków kładź wstążki partiami na wrzącą wodę. Gotuj 1–2 minuty od momentu wypłynięcia na powierzchnię. Wyjmij łyżką cedzakową na durszlak, odsącz, przełóż do salaterki, dodaj niewielką ilość oleju i lekko przemieszaj, by zapobiec sklejaniu się makaronu.

Ten rodzaj makaronu jest w smaku i konsystencji zbliżony do gryczanego makaronu soba. Wstążki szersze doskonale nadają się do zapiekanek, są smaczne w wersji na słodko lub zapiekane z masłem klarowanym na chrupiąco. Cieńsze krojenie pozwala uzyskać makaron odpowiedni np. do rosołu.

MAKARON NALEŚNIKOWY

Na 1–2 porcje

1 naleśnik o średnicy 24 cm (gryczany, ryżowy lub inny)

Naleśnik zwiń luźno w rulon, ostrym nożem pokrój na wąskie lub szerokie paski, wedle gustu. Rozwiń i… makaron gotowy! Przełóż porcje do talerzy i zalej zupą. Nie gotuj ani nie odgrzewaj naleśnikowego makaronu w garnku razem z zupą, ponieważ ciasto może się rozpaść i zupę zanieczyszczą mało estetyczne farfocle.

Makaron z naleśników wytrawnych (słonych, ziołowych) podawaj z zupami obiadowymi. Do zup słodkich, śniadaniowych lub deserowych (mlecznych, owocowych), przygotuj naleśniki neutralne w smaku lub lekko osłodzone stewią bądź ksylitolem.

Każdy przepis na naleśniki zawarty w tej książce, poza naleśnikami pomidorowymi, szpinakowymi i orzechowymi, możesz wykorzystać do przyrządzenia makaronu zarówno w wersji wytrawnej, jak i słodkiej.

MAKARON RYŻOWO-GRYCZANY (JASNY)

120 g mąki ryżowej
50 g mąki gryczanej
50 g mąki ziemniaczanej
20 g skrobi z tapioki
20 g zmielonego złocistego siemienia lnianego
1 jajko + 1 żółtko
1 łyżeczka soli

Zmielone siemię lniane zalej 100 ml gorącej wody, dokładnie wymieszaj. W misce połącz suche składniki, dodaj jajko, żółtko i zaparzone siemię. Całość wymieszaj łyżką. Dalej wyrabiaj rękoma, aż do uzyskania gładkiej kuli. W miarę potrzeby posypuj ciasto mąką gryczaną, aby nie kleiło się do rąk. Dalsze czynności są identyczne, jak w przypadku makaronu gryczanego (s. 323).

Ten rodzaj makaronu jest w smaku i konsystencji delikatniejszy od gryczanego. Szersze wstążki doskonale nadają się do wszelkiego rodzaju zapiekanek i obiadowych wersji z sosami oraz warzywno-mięsnymi dodatkami. Można podać go także na słodko, z musem owocowym i całymi owocami (szczególnie polecamy jagodowe). Cieńsze krojenie pozwala uzyskać makaron odpowiedni np. do rosołu.

MASŁO KLAROWANE (GHEE, GHI)

Na 150–160 g ghee

200 g masła o zawartości tłuszczu mlecznego min. 82%, niesolonego

Do klarowania używaj tylko masła najlepszej jakości. Masło roślinne ani miksy mleczno-roślinne się nie nadają. Ponieważ klarowanie jest procesem dla niektórych dość uciążliwym, warto zrobić od razu większą porcję, np. z kilograma masła.

Masło pokrój na mniejsze kawałki i włóż do suchego rondelka, najlepiej z grubym dnem. Podgrzewaj je powoli na bardzo małym ogniu, aż całkiem się roztopi. Nie mieszaj i nie przykrywaj garnka pokrywką. Kiedy masło zacznie lekko bulgotać, na wierzchu zacznie się wytrącać piana. Zbieraj ją za pomocą łyżki, delikatnie, by nie wzburzyć osadu na dnie garnka. Zbieraj pianę tak długo, jak długo będzie się pojawiać.

Wyłącz palnik i zostaw garnek na kwadrans lub dłużej. Następny krok to oddzielenie przezroczystego, złocistego masła od osadu na dnie. Zbierz złocisty płyn z wierzchu chochelką, uważając, by nie wzburzyć dolnej warstwy zanieczyszczeń. Możesz również bardzo powoli przechylić garnek i zlać masło do innego naczynia – będzie szybciej, ale osad łatwiej wtedy wzburzyć i więcej złocistego ghee może pójść na straty.

Gotowe odcedzone ghee jest klarowne, złociste i ma lekko orzechowy zapach. Przelej je do szklanego słoika i zostaw do całkowitego ostygnięcia (po ostudzeniu stężeje). Później zakryj i przechowuj w chłodnym miejscu (np. w lodówce). Ponieważ jest to czysty tłuszcz, pozbawiony białka, wody i zanieczyszczeń, nie jełczeje i może być długo przechowywany. Ma wysoką temperaturę dymienia, dzięki czemu świetnie nadaje się do smażenia (nie przypala się).

MASŁO ORZECHOWE

ok. 300 g wyłuskanych orzeszków ziemnych, bez skórki (lub innych orzechów/pestek)
1–2 łyżeczki oleju arachidowego lub ryżowego
odrobina miodu lub stewii fluid albo szczypta soli (do smaku, opcjonalnie)

Orzeszki podpraż na suchej patelni (mieszając i pilnując, by się nie przypaliły) lub w piekarniku nagrzanym do 180°C. Wyjmij, kiedy lekko się zrumienią i zaczną wydzielać przyjemny aromat. Ostudzone orzeszki zmiksuj w blenderze na jednolitą, gładką masę. Co chwilę zatrzymuj blender, zbieraj orzechową masę ze ścianek naczynia i miksuj dalej. Wymaga to trochę cierpliwości, zwłaszcza jeśli twój blender nie należy do najmocniejszych…

Jeżeli miksowanie długo nie będzie przynosiło efektów, dodaj odrobinę przegotowanej wody albo oleju. Do masła z orzeszków ziemnych najlepszy będzie arachidowy albo inny olej neutralny w smaku, np. ryżowy lub winogronowy. Masa powinna być gładka i gęsta. Jeśli potrzebujesz rzadszego masła, dodaj trochę więcej oleju i/lub przegotowanej wody.

Przechowuj masło w lodówce do miesiąca, w szczelnie zamkniętym szklanym słoiczku. Im świeższe orzechy (przechowywane w odpowiednich warunkach, niezjełczałe, świeżo wyłuskane), tym dłużej będziesz się cieszyć smakowitym masłem. Masło orzechowe idealnie nadaje się do smarowania kanapek (na słodko i słono), gofrów, naleśników, jako baza do ciasteczek i deserów. Dla urozmaicenia dodaj do masła odrobinę miodu lub stewii fluid albo – w wersji niesłodkiej – nieco miałkiej soli.

W identyczny sposób możesz przygotować masło z orzechów włoskich, laskowych i migdałów (pamiętaj o podprażeniu orzechów na suchej patelni lub w piekarniku i pozbyciu się skórki!) albo z wyłuskanych pestek słonecznika lub dyni.

MASŁO ORZECHOWO-CZEKOLADOWE (*À LA* NUTELLA)

180 g orzechów laskowych
150 g czekolady 90%
*420 ml niesłodzonego mleka skondensowanego** *(płynnego, nieugotowanego)*
stewia fluid, miód lub inne słodzidło (do smaku)
szczypta soli

Wyłuskane orzechy laskowe obierz z brązowych skórek (najpierw podpraż je na suchej patelni lub w piekarniku, a następnie zawiń w ściereczkę i pocieraj energicznie – brązowa skórka łatwiej odejdzie). Wrzuć orzechy do blendera i miksuj kilka minut, co chwilę robiąc krótkie przerwy, aż do uzyskania jednolitej, tłustej masy (czyli masła orzechowego). Czas potrzebny do osiągnięcia odpowiedniej konsystencji zależy w dużej mierze od jakości i mocy blendera.

Mleko skondensowane wlej do miski umieszczonej nad garnkiem z gotującą się wodą, dodaj szczyptę soli, ulubione słodzidło oraz połamaną na kawałki czekoladę – mieszaj, aż się rozpuści. Ciepłą (nie gorącą) masę mleczno-czekoladową wlej do orzechowego masła i jeszcze przez chwilę miksuj całość. Gotowe! Przechowuj w lodówce w szczelnie zamkniętym szklanym słoiczku.

Z podanych składników uzyskasz dość gęsty krem, idealny do kanapek, naleśników, gofrów, nadziewania ciast czy smarowania tortów. Aby konsystencja była rzadsza, np. do polewy, wystarczy dolać trochę mleka albo zmniejszyć ilość czekolady.

---

* Mleko skondensowane nie jest najzdrowszym produktem… Ale w drodze wyjątku przedstawiamy jeden przepis z jego wykorzystaniem. W domowym maśle czekoladowo-orzechowym znajdziesz wyłącznie mleko, orzechy i prawdziwą gorzką czekoladę. W tym ze sklepu jest głównie cukier i olej, plus kilkanaście procent orzechów, kakao, aromat… Jeśli nie możesz się rozstać z ulubionym słodkim smarowidłem, koniecznie spróbuj tego!

MASŁO SEZAMOWE (TAHINI)

140 g sezamu
2 łyżki oleju ryżowego (lub więcej)
1/2–1 łyżeczka oleju sezamowego

Na rozgrzanej suchej patelni podpraż ziarna sezamu, mieszając. Kiedy lekko się zezłocą (nie mogą się przypalić ani zbrązowieć!) i zaczną wydzielać przyjemny, intensywny aromat, zdejmij je z patelni i ostudź. Spróbuj, czy nie są gorzkie.

Sezam zmiksuj w blenderze na jednolitą, gładką masę. Co chwilę zatrzymuj blender, zbieraj sezamową masę ze ścianek naczynia i miksuj dalej. Wymaga to trochę cierpliwości, zwłaszcza jeśli twój blender nie należy do najmocniejszych... Kiedy zacznie się tworzyć gęsta sezamowa masa, dodaj olej oraz odrobinę oleju sezamowego do smaku i nadal miksuj. Jeżeli miksowanie długo nie będzie przynosiło pożądanych efektów, dodaj więcej oleju. Masa powinna być gładka i średnio gęsta. Jeśli potrzebujesz rzadszego tahini, dodaj jeszcze więcej oleju.

Przechowuj masło w lodówce do miesiąca, w szczelnie zamkniętym szklanym słoiczku. Wydzielanie się warstwy tłuszczu na powierzchni jest normalnym procesem. Przed użyciem wymieszaj całość, by masło połączyło się z olejem.

Masło sezamowe jest ważnym składnikiem pasty hummus (s. 115). Wspaniale nadaje się do smarowania kanapek (na słodko i słono), gofrów, naleśników, jako baza do ciasteczek i deserów, a także – w wersji rzadszej – jako sos do polewania frytek, pieczonych warzyw i mięs. Dla urozmaicenia dodaj do masła odrobinę miodu lub stewii fluid albo – w wersji niesłodkiej – nieco miałkiej soli.

MIESZANKA ZIÓŁ PROWANSALSKICH

2 łyżeczki tymianku
2 łyżeczki cząbru
2 łyżeczki majeranku
2 łyżeczki trybuli
1 łyżeczka estragonu
1 łyżeczka oregano
1 łyżeczka rozmarynu
1/2–1 łyżeczka kwiatów lawendy
dodatkowo (opcjonalnie): bazylia, szałwia, pokruszony liść laurowy, mięta, hyzop

Istnieje wiele wariacji tej mieszanki, z ziołami dodawanymi w różnych kombinacjach i proporcjach. Wypróbuj naszą lub dostosuj ją do swojego smaku, zmieniając ilość ziół i tworząc własną kompozycję. Jeśli chcesz, użyj także składników dodatkowych. Mieszankę możesz przygotować ze świeżych ziół, ale najczęściej wykorzystuje się ją w formie suszonej.

Odmierz potrzebną ilość składników, włóż do młynka lub moździerza i rozdrobnij. Miel każdą przyprawę osobno, do uzyskania pożądanego rozdrobnienia, a następnie dodawaj do mieszanki wedle uznania lub od razu zmiel wszystko razem. Gotową przyprawę wsyp do szczelnie zamykanego szklanego słoiczka. Dodawaj do mięs, ryb, zup, sałatek, pieczywa, sosów i twarożków – wszędzie, gdzie tylko masz ochotę!

MLEKO MIGDAŁOWE

250 ml migdałów (blanszowanych lub ze skórką)
1/2 łyżeczki ekstraktu waniliowego (opcjonalnie)
szczypta soli
0,8–1 l wrzątku (do miksowania migdałów w blenderze)

Zalej migdały wrzątkiem, po lekkim ostygnięciu odsącz i zdejmij brązową skórkę. Zalej świeżą wodą i odstaw na sześć godzin do namoczenia. Odsącz na sicie.

Włóż migdały do blendera, wlej 2/3 wrzątku, dodaj sól i dokładnie zmiksuj. Odstaw na 15–30 minut, po tym czasie raz jeszcze krótko zmiksuj. Przecedź płyn przez gęste sito lub gazę. Do odciśniętej pulpy dolej resztę gorącej wody (podgrzej ją ponownie) i zmiksuj. Przecedź i połącz z wcześniej odcedzoną porcją mleka. Raz jeszcze przecedź całość przez płótno lub gazę. Dodaj ekstrakt waniliowy.

Przechowuj mleko w lodówce, szczelnie zamknięte, do dwóch dni. Odciśnięte wiórki migdałowe wykorzystaj jako składnik ciast i deserów.

MLEKO RYŻOWE

250 ml ugotowanego ryżu (brązowego, parboiled lub białego)
1/2 łyżeczki ekstraktu waniliowego (opcjonalnie)
szczypta soli
0,8–1 l wrzątku

Wlej do blendera wodę, dodaj ryż, sól i zmiksuj. Odstaw na 15–30 minut i raz jeszcze krótko zmiksuj. Przecedź całość przez drobne sito lub gazę. Dodaj wanilię. Przechowuj mleko w lodówce, szczelnie zamknięte, do dwóch dni.

Możesz poprzestać na zmiksowaniu ryżu na gładko. Otrzymasz nieodcedzone, nieco gęściejsze mleko ryżowe, doskonałe do przyrządzania budyniów lub mas budyniowych.

MLEKO RYŻOWE WITARIAŃSKIE (SUROWE)

250 ml brązowego ryżu, najlepiej bio
1 łyżka surowego miodu (opcjonalnie)
szczypta soli
0,8–1 l dobrej jakości wody źródlanej

Ryż zalej wodą i odstaw na 3–4 godziny do namoczenia. Dokładnie odsącz na sicie. Zmiksuj w blenderze z wodą źródlaną i solą. Odstaw na 15–30 minut i raz jeszcze krótko zmiksuj. Odcedź mleko przez gazę, dodaj miód rozprowadzony w niewielkiej ilości mleka. Przechowuj w lodówce, szczelnie zamknięte, do dwóch dni.

Możesz poprzestać na zmiksowaniu ryżu na gładko. Otrzymasz nieodcedzone, nieco gęściejsze mleko ryżowe, doskonałe do przyrządzania surowych deserów.

Mleka surowe są bogate nie tylko w minerały i witaminy, lecz także w enzymy i nienasycone kwasy tłuszczowe ginące w temperaturze powyżej 44°C. Jeżeli chcesz w jak największym stopniu wykorzystać te wartości odżywcze, nie podgrzewaj mleka powyżej tej temperatury i spożywaj je najlepiej tuż po przyrządzeniu.

MLEKO SOJOWE

200 g suchych ziaren ekologicznej soi
1 łyżeczka soli
ksylitol, miód, syrop daktylowy lub stewia (do smaku)
wanilia (opcjonalnie)
2 i 1/2 l wody (do miksowania soi w blenderze)

Soję namocz na noc (8–10 godzin) w dużej ilości wody. Jeśli temperatura powietrza jest wysoka lub soja będzie się moczyć dłużej niż 10 godzin, wstaw garnek do lodówki. Rano odcedź soję i zmiksuj w blenderze z 2 i 1/2 l wody (blender ma przeważnie mniejszą pojemność, więc miksuj partiami). Może to trochę potrwać, w zależności od mocy blendera. Być może będą konieczne krótkie przerwy, by urządzenie się nie przegrzało. Soja musi być maksymalnie rozdrobniona. Odcedź płyn na sitku wyłożonym warstwą gazy. Pozostałe wióry sojowe, zwane okarą, po ugotowaniu wykorzystaj np. do przyrządzenia pasztetu albo kotlecików (nie jedz surowej okary!).

Jeśli masz w domu dobrą wyciskarkę do owoców i warzyw, wlewaj do niej partiami wodę i wrzucaj namoczoną soję – wyciskarka bardzo szybko wykona najmniej przyjemne i najdłużej trwające czynności, czyli miksowanie soi i odcedzanie płynu od okary. Zajmie to nie więcej niż minutę! Gorąco polecamy tę metodę.

Odcedzony płyn to mleko sojowe. W takiej postaci jest jeszcze surowe, niesmaczne i nie nadaje się do spożycia (jest niestrawne!). Wlej mleko do garnka z grubym dnem, dodaj sól i gotuj na wolnym ogniu bez pokrywki przez 30–40 minut (lub dłużej), uważając, by nie wykipiało. Jeśli chcesz, pod koniec gotowania dodaj słodzidła i wanilię. W takiej doprawionej wersji mleko jest o wiele smaczniejsze. Jeśli zamierzasz przygotować z mleka sojowy serek tofu (s. 348), nie doprawiaj mleka niczym poza solą.

Ugotowane mleko jest gotowe do spożycia. Ma ładny kremowy kolor. Ostudzone przelej do szklanej butelki, zakręć i przechowuj w lodówce do 2–3 dni. Z podanych proporcji, po odcedzeniu mleka w wyciskarce, otrzymasz ok. 200 g okary i – w zależności od tego, jak długo i intensywnie mleko będzie gotowane – 1,5–2,4 l mleka.

Litr domowego mleka kosztuje dużo, dużo mniej niż mleko sojowe w kartonie ze sklepu. Domowe jest również o wiele zdrowsze, bez cukru i zbędnych E-dodatków! Możesz go używać zamiast mleka zwierzęcego. Jednak ze względu na specyficzny smak, mający i zwolenników, i przeciwników, mleko sojowe nie zawsze jest odpowiednim zamiennikiem. Przykładowo świetnie nadaje się do wytrawnych naleśników lub gofrów, ale może niekorzystnie zmienić smak budyniu czy delikatnego kremu.

Jeśli jego smak nie będzie ci odpowiadał nawet po dosłodzeniu i doprawieniu, spróbuj go złagodzić przez mrożenie soi. Namoczoną soję przesyp do woreczka i włóż do zamrażalnika na dobę. Innym sposobem jest moczenie soi przez dobę w lodowatej wodzie, zmienianej kilka razy. Dodatkowo namaczaną soję warto włożyć do lodówki. Smak może złagodzić także jeszcze dłuższe gotowanie mleka.

MUSZTARDA KOZIERADKOWA

50 g nasion białej gorczycy
20 g nasion kozieradki
5 g mielonego białego pieprzu
100 ml octu jabłkowego lub białego winnego
40 ml oleju winogronowego lub ryżowego (lub więcej, według uznania)
sól

Gorczycę i kozieradkę zmiel w blenderze lub młynku do kawy. Im drobniej nasiona będą zmielone, tym gładsza będzie musztarda. Przełóż do słoika, dodaj pieprz i wymieszaj. Całość zalej octem, przykryj dekielkiem i zostaw w temperaturze pokojowej na 4–5 dni.

Po tym czasie dodaj olej, dopraw do smaku solą, ewentualnie dodaj nieco więcej pieprzu, octu lub oleju – dla poprawienia smaku/konsystencji. Możesz też dolać trochę wody, jeśli musztarda ma być rzadsza lub jeśli nie chcesz dodawać więcej oleju. Musztardę przechowuj w lodówce w szczelnie zamkniętym szklanym słoiku.

MUSZTARDA Z DYNI

Masa musztardowa
1 kg miąższu dyni
10 suszonych śliwek
40 g nasion białej gorczycy (2 czubate łyżki)
40 g nasion czarnej gorczycy (2 czubate łyżki)
2 łyżki domowej esencji stewiowej (s. 318, opcjonalnie ksylitolu)
sól

Wywar
160 ml octu winnego
1 łyżka octu balsamicznego
2 liście laurowe
10 kulek czarnego pieprzu
5 kulek ziela angielskiego
5 goździków
szczypta cynamonu

Przygotuj wywar. Do garnuszka wlej ocet, dodaj pozostałe składniki i gotuj 1–2 minuty. Odstaw z ognia i wsyp nasiona gorczycy. Zostaw pod przykryciem na 4–5 godzin. Po tym czasie wyjmij gorczycę i odłóż na później.

Miąższ dyni pokrój na kawałki, podlej niewielką ilością wody i duś na gęsto (możesz użyć parowaru). Włóż do blendera dynię, 3/4 namoczonych nasion gorczycy, opłukane śliwki, esencję stewiową, sól i zmiksuj, dodając nieco wywaru, do uzyskania pożądanej konsystencji. Dodaj pozostałe nasiona gorczycy i wymieszaj łyżką. Nałóż musztardę do wyparzonych słoiczków i zapasteryzuj. Właściwy smak uzyska po kilku dniach.

NALEŚNIKI AMARANTUSOWE

Na 14–16 sztuk o średnicy 15 cm

100 g mąki amarantusowej
20 g mąki gryczanej
240 ml wody lub mleka (najlepiej roślinnego)
3 jajka
40 ml oleju ryżowego
1/2 łyżeczki soli

Jajka ubij mikserem do białości. Cały czas miksując, dodawaj sól i połączone mąki, stopniowo wlewaj wodę, a na końcu olej ryżowy. Ciasto będzie dość rzadkie. Odstaw je na kwadrans do zgęstnienia. Przed smażeniem raz jeszcze bardzo krótko zmiksuj.

Patelnię do naleśników posmaruj odrobiną oleju (za pomocą pędzelka lub papierowego ręczniczka), rozgrzej i wlej dość cienką warstwę ciasta. Smaż do momentu, aż na powierzchni naleśnika pokażą się małe dziurki (trwa to nieco dłużej niż przy smażeniu naleśników z mąk glutenowych). Przewróć i smaż na drugiej stronie. Jeśli się rwie, oznacza to, że przekładasz go za szybko. Pozwól naleśnikowi się dosmażyć, a wtedy bez problemu odejdzie od patelni. Powinien mieć złotobrązowy kolor. Układaj na dużym talerzu i trzymaj w ciepłym miejscu, pod pokrywką, aż usmażysz wszystkie.

Gorące naleśniki amarantusowe, jeszcze nieprzykryte pokrywką, są lekko chrupiące i delikatne w smaku. Po ostudzeniu stają się miękkie i delikatne. Możesz je przyrządzić także na słodko (wsyp tylko szczyptę soli, ewentualnie dodaj odrobinę ksylitolu lub stewię fluid). To najdelikatniejsze naleśniki, jakie można uzyskać z dostępnych na rynku mąk bezglutenowych… i z każdej innej.

NALEŚNIKI GRYCZANE

Na 7 sztuk o średnicy 24 cm

150 g mąki gryczanej
50 g mąki ziemniaczanej
350 ml wody (część wody możesz zastąpić mlekiem, także roślinnym)
1 jajko
1 łyżka oliwy

Jajko rozmieszaj w misce trzepaczką lub mikserem, dodaj wodę (lub mleko i wodę), oliwę oraz połączone mąki. Wszystko dokładnie wymieszaj, by nie było grudek. Odstaw ciasto na kwadrans, po tym czasie powinno mieć konsystencję gęstej śmietany. Jeśli będzie za rzadkie, dodaj więcej mąki gryczanej, jeśli za gęste, dolej trochę wody.

Patelnię do naleśników posmaruj odrobiną oliwy (za pomocą pędzelka lub papierowego ręczniczka), rozgrzej i smaż naleśniki z obu stron. Przed nabraniem każdej kolejnej porcji dokładnie wymieszaj ciasto. Jeśli chcesz, by naleśniki były miękkie i elastyczne, nie rumień ich zbyt mocno, powinny zostać blade. Zdejmij z patelni, zanim brzegi zaczną się zawijać. Układaj na dużym talerzu i trzymaj w ciepłym miejscu, pod pokrywką, aż usmażysz wszystkie.

Naleśniki gryczane możesz przyrządzić na słodko i na słono. Do ciasta na słodko dodaj łyżeczkę ksylitolu lub 5 kropel stewii fluid, a w wersji wytrawnej – ulubione przyprawy lub zioła i szczyptę soli.

NALEŚNIKI GRYCZANO-SEZAMOWE

Na 14–16 sztuk o średnicy 15 cm

150 g mąki gryczanej
50 g mąki sezamowej
500–550 ml wody (część wody możesz zastąpić mlekiem, także roślinnym)
1 jajko
1 łyżka oliwy

Jajko rozmieszaj w misce trzepaczką lub mikserem, dodaj 500 ml wody (lub mieszanki mleka i wody), oliwę oraz połączone mąki. Wszystko dokładnie wymieszaj, by nie było grudek. Odstaw ciasto na kwadrans, by zgęstniało. Jeśli będzie zbyt gęste (trudno je będzie rozprowadzić po patelni), dodaj nieco więcej wody.

Patelnię do naleśników posmaruj odrobiną oliwy (za pomocą pędzelka lub papierowego ręczniczka), rozgrzej i smaż naleśniki z obu stron. Przed nabraniem każdej kolejnej porcji dokładnie wymieszaj ciasto. Przewróć naleśnik, gdy brzeg zacznie się wywijać i z jednej strony będzie rumiany, ładnie przysmażony. Układaj na dużym talerzu i trzymaj w ciepłym miejscu, pod pokrywką, aż usmażysz wszystkie.

Naleśniki gryczano-sezamowe są delikatniejsze niż gryczane, ale można je nadziać farszem i bez większych problemów (pęknięć) zwinąć. Możesz przyrządzić je na słodko i na słono. Do wersji na słodko dodaj łyżeczkę ksylitolu lub 5 kropel stewii fluid, a w wersji wytrawnej – ulubione przyprawy lub zioła i dużą szczyptę soli.

NALEŚNIKI JAGLANO-GRYCZANE

Na 14–16 sztuk o średnicy 15 cm

300 g ugotowanej kaszy jaglanej
100 g mąki gryczanej
400 ml wody lub mleka (najlepiej roślinnego)
3 jajka
80 ml oleju ryżowego
2/3 łyżeczki soli

Jajka ubij mikserem, dodaj sól, wodę lub mleko, olej i mąkę. Cały czas miksując, dodawaj porcjami kaszę jaglaną, ale tylko do momentu połączenia się kaszy z pozostałymi składnikami. Odstaw na kwadrans. Ciasto ma dość gęstą konsystencję, ale dobrze rozprowadza się na patelni. Przed nabraniem każdej kolejnej porcji dokładnie wymieszaj ciasto.

Patelnię do naleśników posmaruj odrobiną oleju (za pomocą pędzelka lub papierowego ręczniczka), rozgrzej i wlej dość cienką warstwę ciasta. Smaż do momentu, aż na powierzchni naleśnika pokażą się małe dziurki (trwa to nieco dłużej niż przy smażeniu naleśników z mąk glutenowych). Przewróć i smaż na drugiej stronie. Jeśli się rwie, oznacza to, że przekładasz go za szybko. Pozwól naleśnikowi się dosmażyć, a wtedy bez problemu odejdzie od patelni. Powinien mieć złotobrązowy kolor. Układaj na dużym talerzu i trzymaj w ciepłym miejscu, pod pokrywką, aż usmażysz wszystkie.

Naleśniki jaglano-gryczane bezpośrednio po usmażeniu są lekko chrupiące. Ostudzone stają się miękkie i delikatne. Możesz je przyrządzić także na słodko (pomiń sól, ewentualnie dodaj odrobinę ksylitolu lub stewię fluid).

NALEŚNIKI KUKURYDZIANO-TAPIOKOWE

Na 5 sztuk o średnicy 24 cm

80 g skrobi z tapioki
80 g mąki kukurydzianej
200 ml mleka (dowolnego)
2 jajka
1 łyżka oliwy
szczypta soli

Jajka roztrzep trzepaczką lub zmiksuj, dodaj oliwę, mleko i sól. Na końcu wsyp mąkę i skrobię z tapioki, dokładnie wymieszaj, by nie było grudek. Odstaw masę na 10–15 minut. Będzie dość rzadka, ale nie dosypuj więcej mąki.

Patelnię do naleśników posmaruj odrobiną oleju (za pomocą pędzelka lub papierowego ręczniczka), rozgrzej, wlewaj cienką warstwę ciasta i smaż naleśniki z obu stron. Przewracaj, gdy brzeg zacznie się delikatnie wywijać, a na spodzie naleśnika zaczną się tworzyć brązowe kropki. Układaj na dużym talerzu i trzymaj w ciepłym miejscu, pod pokrywką, aż usmażysz wszystkie.

Naleśniki z dodatkiem tapioki są bardzo elastyczne i wytrzymałe. Świetnie nadają się na krokiety albo jako baza do torcika naleśnikowego (s. 216).

NALEŚNIKI ORZECHOWE

Na 14–16 sztuk o średnicy 15 cm

100 g mąki z orzeszków ziemnych
60 g mąki gryczanej

240 ml wody lub mleka (najlepiej kokosowego)
2 jajka
2 łyżki oleju ryżowego
duża szczypta soli

Jajka ubij mikserem do białości. Cały czas miksując, dodawaj sól i wymieszane mąki, stopniowo wlewaj wodę, a na końcu olej ryżowy. Masa będzie rzadka, ale nie wsypuj dodatkowej porcji mąki! Odstaw ciasto co najmniej na kwadrans, aby zgęstniało. Przed smażeniem raz jeszcze bardzo krótko je zmiksuj.

Patelnię do naleśników posmaruj odrobiną oleju (za pomocą pędzelka lub papierowego ręczniczka), rozgrzej i wlej dość cienką warstwę ciasta. Smaż do momentu, aż na powierzchni naleśnika pokażą się małe dziurki (trwa to nieco dłużej niż przy smażeniu naleśników z mąk glutenowych). Przewróć i smaż na drugiej stronie. Jeśli się rwie, oznacza to, że przekładasz go za szybko. Pozwól naleśnikowi się dosmażyć, a wtedy bez problemu odejdzie od patelni. Powinien mieć złotobrązowy kolor. Układaj naleśniki na dużym talerzu i trzymaj w ciepłym miejscu, pod pokrywką, aż usmażysz wszystkie.

Naleśniki orzechowe mają bardzo wyraźny orzechowy smak. Najlepiej komponują się ze słodkimi dodatkami. Pośród mącznych, wysokowęglowodanowych naleśników są wyjątkiem – potrawą wysokobiałkową składającą się głównie z mielonych arachidów, jajek i mleka. Nawet mąka gryczana, ilościowo w składzie naleśników ograniczona, zawiera dużo białka roślinnego.

OCET JABŁKOWY

3 kg jabłek ze skórką, najlepiej ze sprawdzonego źródła lub z uprawy ekologicznej
3 l chłodnej, przegotowanej wody
12 łyżeczek surowego miodu (1 na 250 ml wody)

Rozpuść w wodzie miód. Umyte jabłka przekrój na połówki, usuń ogonki i pestki (resztę gniazda nasiennego pozostaw), bardzo cienko pokrój i przełóż do miski. Mocno ugnieć płasko zakończoną drewnianą pałką, by powstała miazga (nie miel na metalowych przyrządach). Włóż masę jabłkową do szklanego słoja z szerokim otworem, zalej wodą, przykryj gęsto tkaną lnianą ściereczką i obwiąż tasiemką lub zabezpiecz gumką recepturką. Nie zakręcaj szczelnie pokrywką, gdyż płyn musi mieć dostęp powietrza, aby fermentacja zachodziła prawidłowo.

Zostaw słój w ciepłym, ciemnym miejscu na 4 tygodnie. Co jakiś czas (1–2 razy w tygodniu) zamieszaj zawartość słoja drewnianą łyżką. Na skutek postępującej fermentacji płyn będzie się pienił. Po upływie 4 tygodni fermentacja powinna powoli ustać, jeśli jednak proces nadal trwa, zostaw płyn w słoju jeszcze kilka dni, aż piana przestanie się tworzyć.

Dojrzały ocet, naturalnie mętny, przelej przez gęstą gazę do butelek ze szczelnymi zakrętkami i przechowuj w chłodnym miejscu.

Pojawienie się pleśni w czasie fermentacji świadczy o nieodpowiedniej jakości jabłek, najprawdopodobniej poddawanych opryskom i innym chemicznym zabiegom. Taki ocet nie nadaje się do użytku. Odmiany najbardziej nadające się do wyrobu octu domowego to antonówki, papierówki, kronselki, zimowe renety i bojkeny.

PIEPRZ CYTRYNOWY LUB POMARAŃCZOWY

2 łyżki skórki otartej z ekocytryny lub pomarańczy
3 łyżki kulek pieprzu czarnego lub kolorowego
1 łyżka soli (opcjonalnie)

Ekologiczną cytrynę lub pomarańczę dokładnie umyj, drobno zetrzyj skórkę. Przyprawę możesz przygotować na dwa sposoby. Pierwszy: wysusz startą skórkę identycznie jak czosnek (s. 316), a następnie połącz wszystkie składniki i zmiel w młynku, do uzyskania pożądanej grubości. Drugi: świeżo startą skórkę wymieszaj z pozostałymi składnikami i wszystko razem wysusz, a następnie zmiel. Obie metody są równie dobre, jednak pierwsza ma jedną przewagę – możesz wysuszyć od razu więcej skórki, zemleć osobno na proszek i używać jako przyprawy do napojów, deserów oraz dań wytrawnych (np. mięs i ryb).

Gotowy cytrusowy pieprz przesyp do szczelnie zamykanego szklanego słoiczka. Świetnie sprawdza się jako posypka do kanapek, sałatek, ziemniaków oraz innych dań. Jeśli użyjesz kolorowego pieprzu (np. mieszanki czarnego, białego, zielonego i czerwonego), twoja przyprawa nabierze zupełnie innego smaku!

POLEWA KAKAOWA LEKKO WYTRAWNA

50 g masła
30 g ksylitolu
30 g kakao lub karobu
50 ml wody lub mleka (dowolnego)

Włóż wszystkie składniki do rondelka z grubym dnem, podgrzewaj i mieszaj do całkowitego rozpuszczenia, nie doprowadzając do zagotowania. Energicznie zamieszaj i ciepłą polewą udekoruj ciasto. Po wstawieniu do lodówki polewa przyjmuje konsystencję gęstego kremu czekoladowego. Możesz nią smarować pieczywo lub stosować jako dodatek smakowy do twarożków naturalnych.

POLEWA MAŚLANO-KAKAOWA

60 g masła
35 g ksylitolu
20 g kakao
3 łyżki wody lub mleka (dowolnego)

Włóż wszystkie składniki do rondelka z grubym dnem i zagotuj na małym ogniu. Energicznie zamieszaj i ciepłą polewą udekoruj ciasto. Jeśli chcesz uzyskać rzadszą polewę, dodaj trochę więcej wody.

POLEWA Z MLEKA KOKOSOWEGO I KAKAO/KAROBU

260 g mleka kokosowego
40 g oleju kokosowego
20 g kakao lub karobu
30 g ksylitolu
kilka kropel stewii fluid (opcjonalnie)

Włóż wszystkie składniki do rondelka z grubym dnem i podgrzewaj na małym ogniu, aż tłuszcz się rozpuści. Zdejmij z ognia i odstaw do przestudzenia. Możesz włożyć rondelek na kilka minut do zimnej wody, a zimą wystawić na balkon. Co chwilę energicznie zamieszaj polewę, inaczej na powierzchni lub brzegach garnka utworzy się biały nalot z tężejącego oleju kokosowego, a grudki oleju w polewie będą wyczuwalne, nieprzyjemnie tłuste i mało estetyczne.

Jeśli na twojej polewie zrobi się taki olejowy nalot, nic straconego! Aby masa była znowu gładka, trzeba ją ponownie lekko podgrzać i schłodzić, co chwilę energicznie mieszając. Wydaje się to skomplikowane i pracochłonne, ale gdy już raz zrobisz tę polewę, następna powstanie o wiele szybciej! Polewaj ciasta i desery, zanim polewa zgęstnieje.

QUINOA NA SYPKO

250 ml nasion quinoa
500 ml wody (albo bulionu warzywnego lub mięsnego)
1/2 łyżeczki soli

Opłucz quinoa na sicie, wsyp do wrzącej osolonej wody lub bulionu, gotuj mniej więcej 5 minut na średnim ogniu, bez pokrywki. Zmniejsz ogień na najmniejszy, przykryj garnek pokrywką i gotuj jeszcze 5–8 minut. Ziarna szybciej wchłoną wodę, jeśli nakryjesz pokrywkę grubą ściereczką, by para nie wydostawała się szczelinami (jeśli masz garnek ze szczelnie przylegającą pokrywką, ściereczka nie jest potrzebna).

Odstaw garnek z ognia i pozostaw quinoa do napęcznienia, szczelnie przykrywając cały garnek grubą ściereczką (jeżeli pokrywka nie jest szczelna i zassana). Ugotowana quinoa jest lekko przezroczysta, z widocznymi ogonkami kiełków wewnątrz. Mniejsza ilość wody, ok. 480 ml, da jeszcze bardziej sypką konsystencję ziaren.

RYŻ NA SYPKO

*200 g dowolnego ryżu**
10 ml oleju ryżowego
1/2 łyżeczki soli

* Ryż czarny pełnoziarnisty bardzo wolno wchłania wodę. Przyrządzając go, zachowaj takie same proporcje jak dla pozostałych rodzajów (2:1) i taki sam sposób przygotowania, ale zostaw ryż do napęcznienia na 15 minut dłużej.

Składniki możesz odmierzyć objętościowo, w proporcji: 1 szklanka ryżu na 2 i 1/2 szklanki wody.

Wsyp suchy ryż do garnka i cały czas mieszając, praż go kilka minut na mocnym ogniu. Przepłucz wrzątkiem na sicie i odsącz. W garnku zagotuj 500 ml wody, do wrzącej wrzuć ryż, dodaj tłuszcz i sól, krótko zamieszaj. Gotuj mniej więcej 5 minut na dużym ogniu, bez pokrywki, aż woda zacznie się stopniowo wchłaniać, a na powierzchni ryżu pojawią się kratery. Nie mieszaj! Zmniejsz ogień do minimum, przykryj garnek pokrywką i gotuj kolejne 5 minut. Ziarna szybciej wchłoną wodę, jeśli nakryjesz pokrywkę grubą ściereczką tak, aby para nie wydostawała się szczelinami (jeśli masz garnek ze szczelnie przylegającą pokrywką, ściereczka nie jest potrzebna).

Ugotowany ryż zestaw z ognia, cały garnek przykryj dokładnie grubą ściereczką (jeżeli pokrywka nie jest szczelna i zassana). Zostaw na minimum 10 minut. Możesz trzymać ryż pod przykryciem nawet kilka godzin. Dobrze zachowa ciepło i nabierze doskonałego smaku oraz delikatności.

SKWARKI Z TOFU

tofu (dowolna ilość)
sól
oliwa
ulubione przyprawy, np. pieprz, cząber, suszony czosnek (opcjonalnie)

Kostkę tofu wyjmij z opakowania i zostaw na sitku, aby pozbyć się nadmiaru płynu. Pokrój w drobną kosteczkę. Na patelni rozgrzej oliwę, wrzucić pokrojone tofu i podsmażaj, aż lekko się zrumieni, co jakiś czas mieszając. Aby uzyskać chrupiące skwarki, trzeba podsmażać tofu ponad kwadrans, najlepiej w małych partiach

Pod koniec smażenia możesz dodać sól i dowolne przyprawy, by tofu nabrało ciekawszego smaku (samo w sobie jest bezsmakowe). Najlepsze są skwarki świeżo zdjęte z patelni, ale możesz je również odgrzać następnego dnia. Idealne do posypywania pierogów, kopytek czy jako dodatek do wegańskiego smalcu (s. 138).

SOS BESZAMELOWY

600 ml mleka (dowolnego)
3 łyżki masła (zamiennie oleju kokosowego, oliwy lub wegańskiej margaryny Alsan-Bio)
3 łyżki mąki kukurydzianej
świeżo starta gałka muszkatołowa
mielony biały pieprz i sól

W rondelku roztop masło, dodaj mąkę i dokładnie wymieszaj. Przez 1–2 minuty podsmażaj masło z mąką na małym ogniu, uważając, by masa się nie zrumieniła. Stopniowo wlewaj do rondelka mleko, cały czas mieszając, by nie utworzyły się grudki. Podgrzewaj sos, aż nieco zgęstnieje (powinien być gładki, kremowy). Jeśli utworzą się grudki – co jednak nie powinno się zdarzyć – zmiksuj sos blenderem. Dopraw do smaku białym pieprzem, solą i świeżo startą gałką muszkatołową. Używaj np. do lasagne lub innych zapiekanek.

SOS CZOSNKOWY

200 ml jogurtu naturalnego (krowiego lub koziego), gęstej kwaśnej śmietany albo jogurtu greckiego
1–2 ząbki czosnku
pieprz i sól
sok z cytryny i olej lniany (opcjonalnie)

Czosnek obierz, przeciśnij przez praskę i dodaj do jogurtu. Przypraw sos do smaku pieprzem i solą, ewentualnie także sokiem z cytryny i odrobiną oleju lnianego. Wszystko dokładnie wymieszaj. Wstaw do lodówki (w szklanej lub ceramicznej miseczce) i schładzaj przynajmniej 2 godziny. Podawaj jako sos do frytek, nuggetsów, kotlecików, pizzy albo wrapów lub jako dip do maczania warzyw.

SOS PIECZARKOWY

500 g pieczarek
500 ml bulionu mięsnego lub warzywnego
1 cebula

1 żółtko
3 łyżki masła klarowanego
2 łyżki mąki kukurydzianej
pieprz i sól

Pieczarki obierz, opłucz na sicie i pokrój w cienkie plastry. Cebulę obierz i pokrój w kostkę. Rozgrzej patelnię, rozpuść łyżkę masła, wrzuć pieczarki i podsmażaj, aż wydobywający się z nich płyn odparuje. Odłóż do miseczki 2 czubate łyżki usmażonych pieczarek. Do pozostałych dodaj cebulę i duś do miękkości. Odstaw z ognia i po przestudzeniu zmiksuj na gładko.

Garnek postaw na średnim ogniu, wlej bulion, dodaj zmiksowane pieczarki z cebulą, pieprz oraz sól i podgrzewaj do lekkiego zagotowania. W garnuszku rozpuść pozostałe masło, dodaj mąkę i cały czas mieszaj, aż zasmażka zgęstnieje i nieco się przyrumieni. Wlej zasmażkę do wolno gotującego się sosu i dokładnie rozprowadź. Po zgęstnieniu zestaw sos z ognia, dodaj żółtko, energicznie mieszając, a następnie wrzuć odłożone pieczarki. Podawaj do makaronów, kopytek, ziemniaków i kasz.

SOS POMIDOROWO-ORZECHOWY

500 g przecieru pomidorowego lub domowego sosu pomidorowego
50 g orzechów laskowych, bez skórki (zamiennie innych orzechów lub pestek słonecznika)
kilka łyżek gęstego mleka kokosowego lub innego mleka roślinnego (opcjonalnie)
1 łyżeczka mielonej słodkiej papryki
pieprz i sól
sok z cytryny

Orzechy podpraż na suchej patelni i obierz ze skórki, zmiel w blenderze lub młynku do kawy na mączkę (albo użyj gotowej prażonej mąki orzechowej). Wszystkie składniki sosu włóż do garnka i dokładnie wymieszaj. Podgrzej, dopraw do smaku.

Jeśli sos będzie za rzadki, dodaj więcej mączki orzechowej. Dla urozmaicenia dolej kilka łyżek mleczka kokosowego lub innego mleczka roślinnego, najlepiej domowego, gęstego (np. ryżowego, jaglanego niefiltrowanego).

SOS POMIDOROWY (PRZECIER)

6 kg mięsistych, dojrzałych pomidorów
1 łyżeczka kozieradki
po 1 łyżeczce bazylii i lubczyku
kilka kropel stewii fluid
2 łyżeczki soli
sok z 1 cytryny

Pomidory sparz, obierz ze skórek, wytnij stwardniałe części, pokrój na mniejsze kawałki. Wrzuć do garnka z grubym dnem, przykryj pokrywką i podgrzewaj na średnim ogniu, do zagotowania. Zmniejsz ogień, zdejmij pokrywkę i gotuj, aż pomidory zaczną się rozpadać. Im dłużej będziesz gotować sos, tym gęstszą konsystencję uzyskasz. Jeśli przeszkadzają ci pestki, przetrzyj sos przez gęste sito. Dopraw do smaku kozieradką, ziołami, stewią, solą i sokiem z cytryny.

Z podanych proporcji uzyskasz ilość sosu wystarczającą do napełnienia ośmiu średniej wielkości słoików. Możesz zużyć sos w ciągu 2–3 dni lub zapasteryzować w słoikach na zimę. Jest idealny do polewania potraw albo jako baza do zupy pomidorowej.

SOS POMIDOROWY ZE ŚWIEŻYCH POMIDORÓW

1–1 i 1/2 kg mięsistych, dojrzałych pomidorów
3 łyżki masła klarowanego
2 łyżki mąki kukurydzianej
1 łyżka inuliny (opcjonalnie)
1 żółtko
pieprz i sól

Przygotuj przecier pomidorowy. Pomidory sparz wrzątkiem, obierz ze skórki, pokrój na połówki, usuń stwardniałe części, miąższ pokrój na plastry. Włóż do garnka i cały czas mieszając, gotuj na średnim ogniu mniej więcej przez kwadrans, aż masa będzie rozgotowana, a część wody odparuje. Jeśli nadal są widoczne kawałki pomidorów, rozgnieć je praską lub krótko zmiksuj. Zdejmij garnek z ognia i odlej 500 ml do garnka, w którym będzie gotował się sos. Całkowita ilość otrzymanego przecieru jest zależna od gatunku pomidorów. Nadmiaru możesz użyć do przyrządzenia koktajlu warzywnego.

Przygotuj sos. Postaw garnek z przecierem na małym ogniu, aby się powoli gotował. W garnuszku rozpuść masło, dodaj mąkę i mieszaj intensywnie, aż zasmażka lekko zgęstnieje, a następnie nieco się przyrumieni. Dodaj ją do przecieru, cały czas energicznie mieszając, aż uzyskasz gładką konsystencję (pomijając pestki pomidorowe). Dodaj pieprz i sól oraz inulinę. Zestaw z ognia, dodaj żółtko i dokładnie rozmieszaj. Jeżeli chcesz uzyskać gęstszy sos, dodaj do zasmażki jedną łyżkę mąki kukurydzianej więcej.

SOS ROZMARYNOWY

300 ml sosu supreme
100 ml białego wina
50 ml bulionu warzywnego lub mięsnego
1 łyżka soku z cytryny
2 łyżki suszonego rozmarynu lub gałązka świeżego
pieprz i sól

Wino zagotuj z bulionem, następnie dodaj sos supreme (zob. poniżej), energicznie mieszając. Gotuj jeszcze chwilę, przypraw rozmarynem (jeśli dodajesz gałązkę, podziel ją na kilka kawałków), sokiem z cytryny, solą i pieprzem. Podawaj przede wszystkim do potraw przyrządzonych z udziałem czosnku, np. kotletów czy pieczeni. Rozmaryn tworzy z nim bardzo udaną kompozycję smakową.

SOS SUPREME

200 ml śmietanki 18%
100 ml bulionu warzywnego lub mięsnego
1 łyżka masła klarowanego
2 łyżki mąki kukurydzianej
2 żółtka
pieprz i sól

Zagotuj śmietankę, dolej bulion i gotuj do 10 minut na wolnym ogniu, cały czas mieszając. Oddzielnie zasmaż masło z mąką i wlej do gotującego się płynu, nie przestając mieszać. Gotuj jeszcze przez chwilę, dopraw do smaku, odstaw z ognia i intensywnie mieszając, dodaj żółtka rozprowadzone z 2 łyżkami sosu. Podawaj do białych mięs.

SÓL CZOSNKOWA, CEBULOWA LUB ZIOŁOWA

3 łyżki soli
1/2–1 łyżka suszonego czosnku lub cebuli (s. 316) albo 1 łyżka ulubionych suszonych ziół (np. majeranku, oregano, bazylii, cząbru, tymianku, szałwii, mieszanki prowansalskiej)

Składniki wymieszaj i przesyp do szczelnie zamykanego szklanego słoiczka. Przechowuj w ciemnym, chłodnym miejscu. Używaj do przyprawiania mięs, ryb, zup, ziemniaków, sałatek i domowego pieczywa.

SYROP DAKTYLOWY GOTOWANY

180 g daktyli bez pestek, niesiarkowanych (najlepiej ekodaktyli odmiany Medjool)
250 ml dobrej jakości wody, bardzo gorącej
1 łyżeczka soku z cytryny, wanilia, cynamon lub goździki (opcjonalnie)

Włóż daktyle w całości do szklanej lub ceramicznej miski, zalej gorącą wodą i odstaw do namoczenia na 2 godziny lub dłużej. Jeśli chcesz przyrządzić syrop szybciej, gotuj daktyle w wodzie na małym ogniu, aż nieco zmiękną.

Namoczone lub podgotowane i ostudzone daktyle zmiksuj blenderem lub rozgnieć widelcem, przełóż na złożoną gazę albo ściereczkę i dokładnie odciśnij płyn – najlepiej od razu do małego garnka z grubym dnem. Wyciśnij dokładnie, każda kropla jest cenna! Odciśnięte daktyle włóż z powrotem do miski, wlej trochę wody, wymieszaj i raz jeszcze odciśnij płyn do garnka z poprzednią porcją.

Postaw garnek z płynem na średnim ogniu. Kiedy zawartość zacznie się gotować, nieco zmniejsz ogień. Gotuj do uzyskania pożądanej gęstości syropu (może to potrwać 20–30 minut lub dłużej). Mieszaj od czasu do czasu i pilnuj, by płyn się nie przypalił. Ostateczna ilość syropu uzyskanego z tego przepisu zależy od jakości daktyli, ilości wyciśniętego płynu oraz czasu redukowania (zagęszczania) syropu.

Gorący syrop przelej do szklanego słoiczka i zostaw do całkowitego ostygnięcia. Po schłodzeniu powinien być klarowny. Zamknij słoiczek i przechowuj w lodówce do 2–3 tygodni. Im częściej wyjmujesz i otwierasz syrop, tym krótsza jest jego trwałość. Używany tylko od czasu do czasu postoi nawet ponad miesiąc. Jeśli będziesz trzymać go w lodówce długo, przed użyciem zawsze obejrzyj i powąchaj zawartość, by upewnić się, że syrop nie jest zepsuty!

Gęstego syropu daktylowego używaj zamiast miodu lub melasy z karobu do ciast i ciastek, do dosładzania lub polewania deserów, naleśników, gofrów itp. Jest także zdrowszym zastępnikiem syropu z agawy i syropu klonowego. Jeśli chcesz, możesz doprawić go do smaku sokiem z cytryny, wanilią, odrobiną mielonego cynamonu lub goździków.

SYROP DAKTYLOWY SUROWY

Na 250 ml syropu

120 g daktyli bez pestek, niesiarkowanych, suszonych na słońcu (najlepiej ekodaktyli odmiany Medjool)
150 ml dobrej jakości wody źródlanej, niegotowanej
1 łyżeczka soku z cytryny lub ziarenka wyskrobane z kawałka świeżej wanilii (opcjonalnie)

Włóż daktyle (w całości lub pokrojone) do szklanej lub ceramicznej miski, zalej chłodną wodą i odstaw do namoczenia na 4 godziny lub na całą noc (w lodówce). Im słabszy jest twój blender, tym dłużej potrzymaj daktyle w wodzie, będą bardziej miękkie i łatwiej się zmiksują.

Daktyle razem z wodą z namaczania wrzuć do blendera i miksuj na wysokich obrotach do uzyskania gładkiej konsystencji. Aby uzyskać rzadszy syrop, dolej więcej wody. Syrop w takiej formie nadaje się już do użycia. Jeżeli masz mocny blender, daktyle powinny całkowicie się zmiksować, syrop będzie gęsty i treściwy. Jeżeli twój blender jest słabszy i zostawił kawałki daktyli, przecedź syrop na złożonej gazie lub przez ściereczkę (może to trochę potrwać).

Jeśli chcesz, dopraw syrop do smaku sokiem z cytryny lub wanilią. Przechowuj w zamkniętym szklanym słoiczku w lodówce przez 1–2 tygodnie. Im częściej wyjmujesz i otwierasz syrop, tym krótsza jest jego trwałość. Używany tylko od czasu do czasu postoi nawet 3–4 miesiące. Jeśli będziesz trzymać go w lodówce długo, przed użyciem zawsze obejrzyj i powąchaj zawartość, by upewnić się, że syrop nie jest zepsuty!

Syrop w wersji surowej nie jest tak klarowny jak gotowany, ale równie pyszny i słodki! Używaj go do słodzenia lub polewania deserów, naleśników, gofrów, lodów itp., a także napojów, np. owocowych koktajli.

ŚMIETANKA MIGDAŁOWA

250 ml migdałów
250 ml gorącej wody

Migdały zalej wrzątkiem, po kilku minutach odcedź i obierz ze skórki. Jeśli skórka nie chce się łatwo oddzielać, zalej migdały raz jeszcze wrzątkiem na 2–3 minuty, odcedź i obierz. Włóż je do szklanego blendera, wlej wodę i miksuj (w razie potrzeby rób przerwy) aż do uzyskania bardzo gładkiej masy. Jeśli masz blender o słabej mocy, możesz namoczyć obrane migdały na 1–2 godziny, aby zmiękły (wody z moczenia migdałów, po uzupełnieniu do 250 ml, użyj do zagotowania wrzątku).

Śmietanki używaj do przygotowywania kremów do ciast i tortów, a także do lodów i potraw orientalnych. Przechowuj w lodówce do 2 dni.

TOFU (TWAROŻEK SOJOWY)

Na tofu o wadze 160 g

2 i 1/2 l mleka sojowego niesłodzonego, najlepiej domowego (s. 330)
1–2 łyżki soku z cytryny
1 łyżeczka soli (jeśli mleko nie było wcześniej solone)

Mleko sojowe zagotuj w garnku z grubym dnem. Wyłącz gaz i wlej do mleka sok cytrynowy, dodaj sól i zamieszaj. Niemal od razu w mleku powinny zacząć się pojawiać białe grudki sera, oddzielające się od coraz bardziej klarownego płynu (serwatki). Jeśli płyn nadal będzie biały, a serek nie będzie się wytrącał, dolej odrobinę więcej soku z cytryny i zamieszaj. Zostaw całość na 5 minut.

Zawartość garnka odcedź na sitku wyłożonym warstwą gazy i zostaw do przestudzenia. Gdy serek nie będzie już bardzo gorący, zawiń go w gazę i odciśnij z nadmiaru serwatki. Możesz użyć do tego celu specjalnej praski. Mocno odciśnięte tofu będzie twardsze i bardziej zwarte, idealne do przygotowania tofucznicy (s. 137). Tofu lekko odciśnięte będzie miękkie, kremowe, dobre jako dodatek np. do past kanapkowych czy farszów.

Odsączony serek sojowy, zawinięty w gazę, wstaw do lodówki na 2–3 godziny do całkowitego stężenia. Najlepiej go czymś obciążyć. Serek umieszczony w prasce będzie miał ładny prostokątny kształt. Jeśli nie masz praski, przełóż ser np. do pudełka po twarożku lub innego prostokątnego pojemnika. Wyjmij serek z gazy, włóż do pojemnika i zalej zimną wodą. Tofu przechowuj w lodówce 4–5 dni, codziennie zmieniając wodę.

TWAROŻEK (PANEER)

Na 400–430 g sera

2 litry pełnotłustego mleka
2–4 łyżki (lub więcej) soku z cytryny/limonki albo octu ryżowego, winnego lub owocowego

Ważna uwaga na początek: im tłustszego mleka użyjesz, tym lepiej – ser będzie smaczniejszy i otrzymasz go więcej. Najlepsze jest pełnotłuste mleko od zaufanego gospodarza lub z mlekomatu, ale serek uda się również z mleka kupionego w sklepie, w szklanej butelce, o zawartości tłuszczu 3,2%.

W garnku z grubym dnem podgrzej mleko do 80°C (do zmierzenia temperatury użyj termometru kuchennego). Odstaw i wlewaj po łyżce soku z cytryny lub octu, za każdym razem delikatnie mieszając mleko. Powoli na powierzchni płynu zaczną się tworzyć grudki twarożku. Jeśli się nie pojawiają, dodaj więcej zakwaszacza lub lekko podgrzej mleko, mieszając i uważając, by go nie przegotować. Kiedy grudki się utworzą, odstaw garnek do przestygnięcia – ale tylko na tyle, by nie oparzyć się przy odcedzaniu.

Na misce rozciągnij chustę serowarską (albo czystą ściereczkę kuchenną lub złożoną gazę) i wylej na nią zawartość garnka – w ten sposób odsączysz twarożek od serwatki. Zawiń paneer w ściereczkę i mocno ściśnij kilka razy, by odcisnąć resztki płynu. Uformuj ser w dowolny kształt ręcznie lub umieść w pojemniku. Jeśli czymś go obciążysz, będzie bardziej zwarty. To ważne, jeśli chcesz później kroić ser na ładne kawałki, które nie będą się rozpadać. Z kolei do przygotowania np. twarożku kanapkowego paneer nie powinien być mocno sprasowany i odciśnięty.

Podobny twarożek możesz zrobić także bez dodatku kwasku. Zostaw mleko w temperaturze pokojowej, aby skwaśniało, a później podgrzewaj powoli, aż do wytrącenia się grudek sera. Tak robiły nasze babki!

TWAROŻEK NATURALNY Z NERKOWCÓW

200 g nerkowców
120 ml gorącej wody
20 ml soku z cytryny (lub octu winnego)
sól

Nerkowce namocz na 10 godzin w wodzie (odstaw w chłodne miejsce). Po namoczeniu wylej wodę i opłucz orzechy. Włóż wszystkie składniki do blendera i zmiksuj. Miksując dłużej, na gładko, uzyskasz twarożek o konsystencji homogenizowanej. Masa miksowana krótko da w efekcie twarożek typu „grani". Przełóż twarożek do szczelnie zamykanego pojemnika. Po schłodzeniu przechowuj w lodówce do 2 dni.

Wybierz ulubione dodatki i przygotuj twarożki smakowe! Wiosenny z wkrojonym świeżym szczypiorkiem, rzodkiewką, ogórkiem i koperkiem; ziołowy z ulubionymi świeżymi lub suszonymi ziołami i przyprawami; warzywny z pokrojoną lub zmiksowaną świeżą słodką papryką albo ogórkiem; owocowy z całymi owocami lub pokrojonymi, dodanymi na końcu lub do miksowania.

ALFABETYCZNY INDEKS PRZEPISÓW

TEMATYCZNY INDEKS PRZEPISÓW

CIASTA

CIASTECZKA I DROBNE WYPIEKI

DANIA I PRZEKĄSKI Z MIĘSEM

DESERY BEZ PIECZENIA

GOFRY

INNE DANIA

KLUSKI, KNEDLE I KOPYTKA

KOTLECIKI

MAKARONY

MASŁA I SMAROWIDŁA

MIĘSNE WĘDLINY I PASZTETY

NALEŚNIKI

OMLETY, JAJKA I NIEJAJKA

PIEROGI I CIASTA PIEROGOWE

PIZZE I TARTY

PASZTETY I PASTY

PLACUSZKI I RACUSZKI

PRZEKĄSKI I DODATKI

PRZYPRAWY

RYBY I OWOCE MORZA

SAŁATKI I SURÓWKI

SERKI, TWAROŻKI, JOGURTY, MLEKA

SŁODKIE MUFFINKI I BABECZKI

SŁODKIE ŚNIADANIA ZE ZBÓŻ I Z KASZ

SŁODZIKI I POLEWY

SOSY

ZBOŻA I KASZE NA SYPKO

ZUPY I BULIONY

SPIS TREŚCI